《直面成长的烦恼》编委会

主　编　杨　娜

副主编　姜红霞　李慧梅

编　委　丁丽娜　王　岚　王焕轶　刘　波

　　　　许黎剑　吴晶京　余也冰　张　越

　　　　张贻波　张骏乐　周耀飞　赵志邈

　　　　龚锦茹　韩文莲　詹霄武

（按姓氏笔画排序）

直面成长的烦恼
中小幼心理辅导101例

ZHIMIAN CHENGZHANG
DE FANNAO

ZHONGXIAOYOU
XINLI FUDAO 101 LI

杨 娜 主编

宁波出版社
NINGBO PUBLISHING HOUSE

图书在版编目(CIP)数据

直面成长的烦恼：中小幼心理辅导101例 / 杨娜主编. — 宁波：宁波出版社，2022.6
ISBN 978-7-5526-4604-7

Ⅰ.①直… Ⅱ.①杨… Ⅲ.①中小学生－心理辅导－案例②学前儿童－心理辅导－案例 Ⅳ.①G444②B844.12

中国版本图书馆CIP数据核字(2022)第093033号

直面成长的烦恼——中小幼心理辅导101例
杨　娜　主编

出版发行	宁波出版社(宁波市甬江大道1号宁波书城8号楼6~7楼　315040)
网　　址	http://www.nbcbs.com
责任编辑	黄　彬
责任校对	陆红亚
内文排版	晨之曦
印　　刷	宁波白云印刷有限公司
开　　本	787mm×1092mm　1/16
印　　张	18.5
字　　数	370千
版　　次	2022年6月第1版
印　　次	2022年6月第1次印刷
标准书号	ISBN 978-7-5526-4604-7
定　　价	49.00元

如发现缺页或倒装，影响阅读，请与本社发行部联系调换。电话：0574-87279895

代序：走在教育富裕的大路上

欣闻《直面成长的烦恼——中小幼心理辅导101例》即将出版，谨表示衷心祝贺！

时间过得真快，近15年前的2008年10月28日，应时任宁波市中小学德育研究会会长张骏乐先生的邀请，我在宁波联谊宾馆明珠厅参加了《三江弄潮儿——甬上企业家的创业足迹》首发式暨德育学术报告会。这是我第一次与宁波市教育同行面对面交流学习，从此我也与宁波教育界同人结下了深厚的友谊。毫无疑问，宁波市中小学、幼儿园的心理健康教育工作，一直走在全国的前列，是名副其实的模范生。全国各地主流教育媒体都多次予以报道。

前几年，在张骏乐先生的领衔下，宁波市在德育和心理健康教育方面取得了突出的成就，出版了6本来自一线教育工作者实践的著作，形成了"'101例'德育·心育系列丛书"，集中展现了宁波市德育和心理健康教育的成果。可喜的是，宁波市教育科学研究所副所长、宁波市中小学生成长指导中心主任杨娜女士上任伊始，就提出延续原先"'101例'德育·心育系列丛书"出版的方式，推出《直面成长的烦恼——中小幼心理辅导101例》，实现了该系列丛书的"再续前缘"，不断创新。

与以往不同的是，这本书以"成长"为主题，是宁波市中小学心理健康教育进一步"破局"的体现。据悉，这源于宁波市教育局党委书记、局长毛才盛先生积极筹划，多方协调，牵头成立了宁波市中小学生成长指导中心。该指导中心的建立及有效运作，必将充分发挥学校、家庭、社会的合力，构建起基于全生命周期的学生成长指导工作体系，使宁波市中小学心理健康教育工作有更高的追求目标和实施力量。

《直面成长的烦恼——中小幼心理辅导101例》一书，凝聚着宁波市中小学心理健康教育一线工作者的智慧，其显著特点是对实践问题的积极回应。例如，面对生育率下降、人口老龄化日益严重等重大问题，国家出台了"三胎"政策。这是一个关系到我国人口可持续发展的大政方针，但在具体的家庭关系中，如何让"大宝"的成长不受困扰，使他依旧感到家人对他的理解、重视和接纳，就是一个很值得关注的现实问题。在本书中的"多胎共育"版块，作者们从不同的视角阐述了破解这一问题的思路，《"老大"的华丽转身》可以为很多碰到同类问题的教师提供参考。又如，教育部提出努力落实"双减"（即有效减轻义务教育阶段学生过重作业负担和校外培训负担)任务。"双减"政策有效减轻了学生的学业负担,一定程度上缓解了家长的教育焦虑。但同时由于不习惯和不适应,一些学生和家长出现了新的焦虑和迷茫。在本书中的"'双减'时空"板块,作者们站在"我们需要培养什么样的学生""我们该让学生享受什么样的教育"的高度,及时为这些学生和家长制订出有针对性的心理辅导策略,终使他们理解"双减"的本质是减去学生过重的学业负担,让学生学得主动,让教育回归本真,极具借鉴意义。更为现实而紧迫的挑战是,2020年伊始,一场突如其来的新冠肺炎疫情打乱了人们原本的生活秩序,尤其是中小学生,为有效遏制疫情的扩散和蔓延,须进行"停课不停学"的线上学习。这种模式不可避免地会让学生产生焦虑、恐惧等情绪。在本书中的"危情应对"板块,作者们运用各种技术手段对学生进行心理辅导,从而让学生找到安全感、稳定感,实现心育抗疫、阳光成长的目标,无疑很有效仿和参考的价值。这种既关注学生常见心理困惑,又聚焦新时代新问题的精神,就是宁波教育人敢于直面问题、勇于解决问题的集中体现。

目前,我国正大力推进共同富裕,宁波正在加快构建教育高质量发展新格局,落实"甬有优学"目标任务;在浙江省推进建设教育高质量、发展建设共同富裕示范区中宁波先行,在全市高质量发展建设共同富裕先行市中教育先行。共同富裕既包括物质富裕,又包括精神富裕。心理健康教育毫无疑问是精神富裕的重要内容。中小学、幼儿园的心理健康教育既要起到锦上添花的作用,又要发挥雪中送炭的作用。培养具有阳光心态的学生和家长,就是教育推进共同富裕的重要体现,这也是心理健康教育大有作为的地方。

相信《直面成长的烦恼——中小幼心理辅导101例》的出版,对新形势下宁波市更好地推进中小学、幼儿园的心理健康教育,将会起到进一步的促进作用。正如先富带动后富,实现共同富裕一样,衷心希望宁波市在心理健康教育方面带动更多区域实现共同富裕。

愿宁波在物质富裕、精神富裕,尤其是教育富裕的大路上,走得更踏实,更辉煌!

《德育报》总编辑　张国宏
2022 年 3 月

目 录

第一辑　心理辅导之危情应对

1. 接纳焦虑，"疫"路成长 …………………………… 孙恩伟　丁丽娜　002
2. "好"学生也有烦恼 …………………………………………… 周维佳　004
3. "童"心战疫，与你同在 ……………………………………… 皇甫静娟　007
4. 再见吧，"无力感" …………………………………………… 周雪燕　010
5. 疫情中厌学情绪的云辅导 …………………………………… 刘郁娜　012
6. 走出死亡的焦虑 ……………………………………………… 王　菁　015
7. 我真的能管理好自己吗 ……………………………………… 王　琴　017
8. 我的妈妈被隔离了 …………………………………………… 姚丹丹　020
9. 尊重的力量 …………………………………………………… 胡科娜　022

第二辑　心理辅导之"双减"时空

10. 他打开了心灵之窗 …………………………………………… 钟玲娜　026
11. 妙计破"拖延" ………………………………………………… 徐　璐　028
12. "双减"之下的"躺平" ………………………………………… 俞晓妍　031
13. 离园之后 ……………………………………………………… 刘芳芳　033
14. 从趣玩篮球开始 ……………………………………………… 顾琼洁　036
15. 你好，小学 …………………………………………………… 李梦璐　039

16. 兴趣班的风波 …… 罗锋敏 043

17. "双减"后的焦虑 …… 许霄雯 045

18. 我喜欢现在的作业 …… 蓝海味 048

第三辑　心理辅导之同伴携行

19. 天青色等烟雨 …… 霍施称 052

20. 我不再感觉被抛弃了 …… 沈燕瑜 054

21. 孤立男孩合了群 …… 王潇曼 057

22. 友谊保卫战 …… 许幼玲 059

23. "小拳王"不再出手 …… 蓝海燕 062

24. 落单的"小狮子"回家了 …… 顾菁菁 065

25. 糖果的"占有欲" …… 贺金儿 068

26. 书包里的情书 …… 施亚琴 071

27. "好闺蜜" …… 黄　晨 073

第四辑　心理辅导之师生桥梁

28. 你的心声，我愿意听 …… 宋艳龄 078

29. 化静为动，君心柔焉 …… 林嘉欣 080

30. 我不是一个笨孩子 …… 干楚楚 083

31. 叛逆男孩不叛逆 …… 王亚西 086

32. 阳光正好 …… 王雪芬 088

33. 听听孩子的声音 …… 唐小园 091

34. "我要让警察抓你！" …… 胡文龙 093

35. 促进师幼沟通"零"距离 …… 周维琴 096

第五辑　心理辅导之亲子纽带

36. 让孤独的心灵重享阳光 …………………………………… 陈　艳　100
37. 小静不再自责 …………………………………………………… 王　宁　102
38. 我喜爱的妈妈去哪了 …………………………………………… 王岱莹　105
39. 手机说"我不是背锅侠" ………………………………………… 胡海红　107
40. 我的爸爸是老师 ………………………………………………… 陈里丹　110
41. 父女间的较量 …………………………………………………… 黄晓燕　112
42. 做一个"三心"级家长 …………………………………………… 李梦清　115
43. 别让爱在春天里寂寞 …………………………………………… 胡　燕　118

第六辑　心理辅导之多胎共育

44. 悠悠的变化 ……………………………………………………… 方　丹　122
45. 成为小姐姐 ……………………………………………………… 乌建波　124
46. 我也需要一位温柔的妈妈 ……………………………………… 袁海飞　127
47. 小宇"寻爱" ……………………………………………………… 吴　清　129
48. 二胎姐姐的"心路历程" ………………………………………… 倪雪琴　131
49. 大宝攻心计 ……………………………………………………… 张艳华　134
50. "老大"的华丽转身 ……………………………………………… 沈群叶　137
51. 接纳弟弟的小优 ………………………………………………… 王倩霞　139

第七辑　心理辅导之学业乐成

52. 打破恶性循环 ……………………………………… 邬洪妙　陈锋英　146
53. "学霸"不失眠了 ………………………………………………… 楚冬梅　148

54. 不肯进校门的女孩 …………………………………… 毛彬玲 151

55. 和"伪参与"说"拜拜" …………………………………… 江笑渔 153

56. 学习,想说"爱你"不容易 …………………………………… 杨泽仪 156

57. 拨开阴霾的女孩 …………………………………… 陈 磊 158

58. 小张的尝试 …………………………………… 潘家琪 161

59. 拒学风波 …………………………………… 廖夏俊 163

第八辑　心理辅导之生涯规划

60. 老师,我能做什么 ……………………………… 王 岚　陈 艳 168

61. 我想当主持人 ……………………………… 张 越　楚冬梅 170

62. "C位选择" …………………………………… 米晓丽 172

63. 专业选择向左走,向右走 …………………………………… 蒋立群 175

64. 拨开云雾见出路 …………………………………… 陈锋英 178

65. 我该做老师吗 …………………………………… 康秀华 181

66. 照亮人生地图的灯 …………………………………… 卢金莹 183

67. "普高"线上的"职高"少年 …………………………………… 孙碧琼 186

68. 未来的米其林主厨 …………………………………… 周 艳 188

第九辑　心理辅导之知行升华

69. 雨季里的"拒水孩" …………………………………… 邱丽霞 192

70. 无法摆脱心事的男孩 …………………………………… 叶腾辉 194

71. 赶走"火山人" …………………………………… 郭科琦 197

72. 东东不再蹲马桶了 …………………………………… 王晓萍 199

73. 从"火暴辣椒"到"棉花糖" …………………………………… 陈敏飞 202

74. "恐龙姐"也有温柔心 …………………………………… 胡 斐 204

75. 静待天晴 ………………………………………………… 胡晶晶 **206**

76. 体育生的烦恼 …………………………………………… 郏蒙蒙 **209**

77. 揭开 TA 的神秘面纱 …………………………………… 蒋 琼 **211**

第十辑　心理辅导之自我重塑

78. 易"炸毛"的男孩 ………………………………………… 方红维 **216**

79. 摘掉心尖上的"帽子" …………………………………… 杨静娜 **218**

80. 一个自命"再世华罗庚"的孩子 ………………………… 段静静 **220**

81. 让"自卑精灵"走出心灵迷宫 …………………………… 阮亚君 **223**

82. 请别讨厌我 ……………………………………………… 鲍莹莹 **225**

83. "我"不是"局外人" ……………………………………… 朱 英 **228**

84. "青蛙"变"王子" ………………………………………… 李明艳 **230**

85. 美丽女孩破"茧"化蝶 …………………………………… 林蓓聪 **233**

第十一辑　心理辅导之校园无欺

86. 杜绝"狐假虎威"式的校园欺凌 ………………………… 沈丽萍 **238**

87. "霸王龙"变形 …………………………………… 童维维　姚丹丹 **241**

88. 小老虎"拔牙" …………………………………………… 黄玉环 **243**

89. 不想被欺凌的小文 ……………………………………… 王红梅 **246**

90. 长跑女孩的逆袭之路 …………………………………… 张 菱 **248**

91. 我不是"矮冬瓜" ………………………………………… 丁岑维 **251**

92. 对欺凌说"不",其实很简单 …………………………… 王凌燕 **253**

93. "丑陋"的是欺凌 ………………………………………… 熊周红 **256**

第十二辑　心理辅导之转危为机

94. 女孩手臂上的 100 道疤痕 …………………………… 丁丽娜　260
95. 更好地接纳自己 …………………………………………… 吴红花　263
96. "自残君"别烦我 ………………………………………… 张　昕　265
97. 刘海风波 ……………………………………………………… 卢珊珊　267
98. 奇妙的沙盘转化之旅 ……………………………………… 黄晶璐　270
99. 走出自责的旋涡 …………………………………………… 马倩姿　273
100. 说出你的想念 ……………………………………………… 鲁盼盼　275
101. 忧郁的"云"消散了 ……………………………………… 韩　英　277

后　　记 ………………………………………………………………… 280

第一辑

心理辅导之危情应对

新型冠状病毒肺炎(以下简称新冠肺炎)疫情打乱了人们原本的生活秩序,增加了人们的心理压力。尤其是中小学生需要进行"停课不停学"的线上学习,这种模式难免会让学生因不习惯、不适应而产生焦虑等情绪。由此,各位作者在案例中采用接纳焦虑、宣泄情绪的方法,并施以各种技术手段进行辅导。在这里,有的作者使用了"例外提问""量尺问句""情绪滚雪球""四象限模型""蝴蝶拍"等辅导技术,以缓解学生的焦虑等情绪;有的作者通过认知行为疗法等引导学生找出不合理的信念,通过完善生命支持系统,让学生找到安全感、稳定感,从而实现心育抗疫、阳光成长的目标。

接纳焦虑,"疫"路成长

孙恩伟　丁丽娜

A 烦恼来袭

2020年伊始,突如其来的新冠肺炎疫情,打破了原本欢乐祥和的春节气氛。每日攀升的数据,不断闪现的镜头,随时更新的消息,无不显示着新冠肺炎不仅威胁着民众的身体健康,还影响着民众的心理健康。居家隔离期间,停课不停学,线上教学有序开展,心理辅导也改成热线形式。

一天下午两点,元元(化名)主动打来电话寻求心理帮助。她一开口就急切地表示自己很焦虑,每天静不下心来,线上课程听不进,作业很凌乱,生活一团糟……元元滔滔不绝,倾诉了很多。交谈中,我了解到,元元是一名六年级学生,三天前她所在的社区发现新冠肺炎确诊病例,元元一家被要求居家隔离。刚开始她没有一丁点担心,因为自己一直过着"学校—家庭"两点一线的生活,没有跟病例有过任何交集。但吃晚饭时妈妈突然回忆起前几天去过社区超市,担心会不会那个确诊病例也去过。元元开始坐立不安了,她感到恐惧,白天学不进去,晚上睡不着觉,甚至内心有点埋怨妈妈,但又不能在家里发泄情绪。因为妈妈去年做过心脏手术,有轻度焦虑症,平时一直在吃药,疫情的发生让她的焦虑症加重了。元元一方面要努力克制自己的焦虑情绪,另一方面要假装镇定地安慰妈妈,精神濒临崩溃。

B 烦恼成因

焦虑是对亲人或自己的生命安全、前途命运等过度担心而产生的一种烦躁情绪,其中隐含着紧张、恐慌、不安、忧愁、着急等成分,它与危急情况和难以预测、难以应付的事件有关。元元正处在对世界的认知、探索过程中。她生活在媒体高度发达的时代,获取信息的渠道广,情绪体验多,但分析和控制能力不足,对疫情的过度关注,以及生活空间的缩小,会让她在认知、情绪和行为上产生不良反应。对元元烦恼的成因分析如下:

(一)生理方面

元元12岁,正值青春期,她的身体迅猛发育,情绪变化强烈而易冲动。

（二）心理方面

第一，认知上，元元由于年龄尚小，社会经验不足，对网络媒体报道缺乏鉴别能力，无法对疫情做出科学判断，加上妈妈的病情，可能出现灾难化的想法。

第二，情绪上，元元被紧张、焦虑、烦躁、恐慌等不良情绪困扰，无法自行缓解；家人的不良情绪也感染着她，让她倍感苦恼。

第三，行为上，居家隔离期间的网课要根据教师的空余时间临时安排，学习上更多要靠元元自学，但她没有主动学习的良好习惯，想到一个月后即将面临期末考试，她内心无比着急。

（三）其他原因

第一，家庭方面：妈妈经常会向元元传递一些负面信息，小小年纪的她无力承担这些情绪压力。

第二，学校方面：大多数同学在按部就班地学习，教师每天会通过微信布置学习任务。学生之间和师生之间缺少倾诉内心烦恼的机会，碰到困难时，元元能获得的人际支持不足。

第三，社会方面：国际和国内疫情的不确定性，让元元增添了很多无意义的"空想"。

C 烦恼消解

（一）接纳焦虑，看见背后价值

处理焦虑最好的方法，就是接纳它，每一种负面情绪的背后都承载着正向的期待。首先，我引导元元尽可能地说出自己的焦虑感受，并告诉她所有这些情绪是正常人在遇到危急情境下的正常反应。接着，我们一起探索焦虑背后的价值。元元发现，因为焦虑，她不敢到处跑，选择居家保护自己和他人；因为焦虑，她不敢什么都不学，选择自学以缩小和同学的差距；因为焦虑，她才会打电话求助，寻求突破。当她看清自己真实的模样，理解和接纳焦虑后，她的内心迅速平静了下来。

（二）调整认知，形成正向思维

焦虑情绪的背后，往往是不合理认知在作祟。元元有时会说："每天的确诊病例不断增加，这样下去疫情肯定控制不住了。""我必须控制自己的焦虑，否则妈妈会焦虑加重到再犯心脏病。"我引导元元用积极正向的思维取代焦虑情绪，如："虽然这几天疫情在加重，但国家防控疫情更有经验了，反应也更迅速了，相信局面很快就会被控制住。""妈妈是成年人了，她会学着自己调节情绪，我和妈妈一起努力就行。"认知变了，情绪也随之改变。

（三）积极行动，增强自我掌控

我鼓励元元调整作息，养成规律的居家学习和生活习惯；聚焦自己能做的事，如看书、写字、上网课、听音乐、适量运动，可以给自己列目标，增强行动力；适当转移注意力,如转移对疫情的关注,减少手机的使用;情绪低落时,用正确的途径宣泄出来,如找人倾诉、打电话、记心情日记、做身心放松训练等,也可以拨打心理热线进行求助,增强社会支持。通过多方积极行动,元元的自我掌控感越来越强,她觉得自己拥有了战胜困境的力量。

通过三次线上辅导,元元在逆境中不断进行自我反省、自我觉察、自我成长,她的焦虑状况明显减轻,心态变得积极,作业能按时、保质完成,亲子关系也得到很大改善。

作者单位:宁波市慈溪市城区中心小学　宁波市慈溪市教育科学研究所

编者微评

面对疫情,适度的焦虑是正常的,只有接纳它,与它和平共处,才能进一步战胜它。辅导过程中,作者让个案尽情宣泄情绪,看清焦虑的真面目,体会其背后的价值,这样更有利于个案接纳焦虑。在此基础上,作者通过调整不合理认知,引导个案采取积极的行动,寻找有效的社会支持,从而帮助个案在逆境中"疫"路成长。

由于本个案为线上辅导案例,学生返校后,作者需要进一步追踪观察,以加强和巩固辅导效果。

2 "好"学生也有烦恼

周维佳

A 烦恼来袭

小陈(化名)是一名八年级女生,在上一次期中考试中,她的班级排名是第八名。在教师和同学眼里,小陈是一名"榜样学生",因为她从七年级入学时的中下游,一路刻苦学习冲刺到了班级前列的名次。小陈的父母是个体工商户,平时的工作虽然时间相对自由,但是会比较忙碌,对于小陈的教育只能利用一些碎片化的时间,且方式方法比较"简单粗暴"。

因本地疫情突发,学校停课,原本期末复习的计划被打乱,小陈开始变得焦虑并且陷入了担忧。学校虽然有上网课的安排,但是授课的方式并不能让她充分投入。我在和小陈的沟通中了解到她时常会陷入灾难化的思维,觉得这次期末考试自己的成绩会"滑铁卢"式地下降,会辜负教师和父母的期望,她给自己布置了额外的复习作业,但效果不甚理想。小陈担忧地说道:"这下'好'学生的头衔可保不住了……"

B 烦恼成因

(一)内因

小陈对自我的评价不高,遇到问题归因时,习惯于向内归因,总是觉得自己不够好。不稳定的自我认知容易让她产生自卑心理。尽管成绩稳步提升,但她仍然担忧如果做不到加倍努力就很容易被同学超越,所以只能不断提高对自己的要求,逐渐形成了用完美心理来抵消自卑心理的方式。这两种心理在小陈自身内部互为矛盾,形成了内耗。

(二)外因

正是由于小陈缺乏强大、稳固的自我认知,外界的评价和认可对她而言十分重要。教师和同学对她的表扬无形中变成了一种枷锁,让小陈不敢放松。父母长期以来对小陈灌输"只有读书才有出路"的思想,也让她无法真正地从学习中获得乐趣。家长不擅长和小陈进行有效沟通,不了解她所承受的这些压力。当面对疫情冲击时,小陈的情绪逐渐失衡。

C 烦恼消解

四象限模型是焦点解决疗法的新技术。我通过搭建起"过去—现在—未来"和"正向—负向"的四个象限,将小陈的烦恼进行归类。

无论我们叙述什么,总存在着一个时间轴,横轴是表示自我表达的时间,纵轴则是表示自我实现的成败。当我们把横轴和纵轴结合起来时,就能获得一张四象限模型图(如图1)。

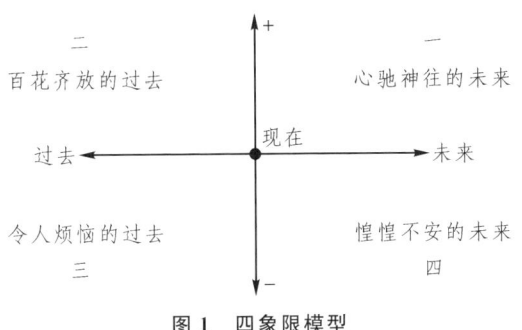

图1 四象限模型

为了更好地为学生所用,我在理论模型的基础上做了一些修改,与目标管理模型(如图2)进行整合,并将小陈描述的内容按照四象限模型进行分类,通过不同象限的互动帮助小陈发现自己原本拥有的资源，建构思考问题的新方式，使她成为解决自我烦恼的专家。

图 2　目标管理模型

第一步，不批判不评价，在第三、四象限"等待"一会儿

当身陷困境的时候，我们通常会在"令人烦恼的过去"和"惶惶不安的未来"两个状态中来回摇摆。小陈也开始"大倒苦水"，表达自己对期末考试的担忧，认为可能会前功尽弃。头脑中充斥着对未来的各种怀疑，让她无法提高学习效率。这个时候，我运用倾听和同理的技术给小陈一个"暴风吐槽"的机会，并且通过开放式提问的方式让小陈逐渐清楚地了解自己的困境。

第二步，明确谈话目标，在第一象限"畅想"一会儿

在充分的"吐槽"之后，小陈的情绪得到了一定的缓解，接下去就是做"白日梦"的时间了。做好这个"白日梦"的关键在于不断地聚焦目标。在"做梦"的过程中，我引导小陈正确运用目标管理模型来帮助她把这个"白日梦"尽可能地具体化、可视化。

第三步，唤醒已有资源，在第二象限"回忆"一会儿

在聚焦目标后该如何继续呢？我通过以下几种问句进行提问，带领小陈往第二象限（已有资源）移动：

"这已经不是第一次经历疫情了，过去疫情发生的时候你是如何应对的呢？"

"是什么让你现在的情况没有变得更糟糕呢？"

"你现在的焦虑真的没有一点意义吗？"

以上这些都属于"例外提问"，可以让小陈更好地关注自己曾经拥有的资源。在这个阶段，小陈可能再次跑到第三或第四象限并表达自己的担忧，我就继续温柔地对她进行鼓励，让小陈充分感受"过去的资源"带给自己的能量。

第四步，细化量尺行动，向第一象限"迈进"一小步

到了行动阶段，我对小陈的建议是：迈进只需要从一小步开始，因为小变化简单、可行，最终可以引发大的改变。对此，我用"量尺问句"来实现：

"假设你最理想的状态是 10 分，那你现在是几分？"

"假设你想进步 0.5 分,你可以具体做些什么?"

当小陈通过打分来标定自己所处的状态位置时,她会对自己所面临的问题增加一些掌控感;当小陈充分投入"如何进步 0.5 分"的过程时,她会对自己接下来要做的事情有更加具体的计划。

作者单位:宁波市北仑区大碶中学

编者微评

焦点解决疗法的理念其实非常符合青春期孩子的心理特点:喜欢挑战、渴望认同、追求自主。作者利用四象限模型,快速地把小陈的烦恼划分到各个象限,并通过不同的辅导技术对她展开辅导。作者又结合目标管理模型让"心驰神往的未来"变得更加真实美好。在美好的体验中,作者引导小陈发现自己拥有的资源,并且鼓励她向美好的未来迈进。

但作者应该重点突出如何引导小陈发现自己的资源和如何小步迈进的细节,让此案例更有推广的价值。

③ "童"心战疫,与你同在

皇甫静娟

A 烦恼来袭

一场突如其来的疫情让宁波第一时间启动了应急响应,有一部分幼儿因此被隔离。隔离期间,我们通过电访、视频通话等方式,了解到他们的正常生活受到影响,心理也产生了多种复杂的感受和困惑。

在与大一班帆帆(化名)的心理连线中,我了解到"14+7"(即 14 天集中隔离医学观察+7 天居家健康观察)的管控措施是帆帆第一次真正意义上直面新冠肺炎的威胁,小区的隔离措施、正门口安装的摄像头……让他感到分外紧张,他时常过度担心:"我会不会被病毒感染?感染了有生命危险吗?我是否很长时间不能出去玩?"诸多非理性的认知,让他时常感到焦虑、紧张、失落。因帆帆年龄尚小,无法识别自己的这些情绪,缺少应对策略,在行为上会出现无理由哭闹、无端发脾气、情绪暴躁以及睡觉多梦等现象。

B 烦恼成因

（一）未知引发焦虑，呈现非理性认知

心理学研究表明，焦虑的情绪往往是由事物的不确定性和不可控因素导致的，在焦虑情绪的作用下，幼儿的认知会呈现出非黑即白的特点。该案例中，帆帆对有关新冠病毒的诸多认知（病毒的危害、影响、防疫措施），以及第一次被隔离的困惑，均带有心理上的未知和不确定性。在不确定性的引发下，幼儿容易产生对病毒的恐惧、对被隔离的紧张和焦虑，于是在认知情绪的交互作用下，就会把问题严重化、持久化。

（二）微生态环境突变，凸显心理应激不适

心理学家布朗芬布伦纳认为：微生态环境由幼儿园、家庭、社区等组成，其中的活动和事件一般比任何其他系统对人的行为影响更大。案例中，帆帆因为被隔离，其生活环境从幼儿园、家庭、社区等空间，局限到家庭这个唯一的空间，而摄像头的安装、防疫人员高度戒备的状态等活动和事件形成的紧张氛围，都使微生态环境发生改变。

1. 幼儿缺乏应对策略，造成"隐性"压力

上述微生态环境的改变，在时间上比较突然，成了幼儿的心理应激源，他们在中介因素（认知评价、应对策略、社会支持、个性、生活经验等）的综合作用下，由于缺乏积极的应对策略和生活经验，导致了心理上的压力的出现。

2. 家长传递过多焦虑，强化心理不适

案例中，帆帆一家在被隔离后，他们原有的工作计划、生活节奏被打乱；而被隔离所产生的不安、焦虑等情绪反应，也难免地从父母的言行举止传递给帆帆，强化了他心理应激的不适。

C 烦恼消解

（一）同步共情，科学认知树立信心

我通过共情、接纳等方式，引导帆帆识别、理解并表达他在这次环境改变中体验到的焦虑、无助等情绪。在此基础上，我通过线上多元活动，如学习绘本《病毒来袭我不怕》，认知护目镜、防护服等防疫物品等，拓展科学常识，消减帆帆认知上的未知和不确定性，调节其焦虑情绪；并通过故事讲述，引导帆帆了解人类与疾病较量的"高光时刻"，用正能量的素材缓解他的负面情绪。

（二）转换视角，体验快乐自律成长

为帮助帆帆更好地适应微生态环境的突变，我利用"反脆弱"的视角，引导他在困难中感知自我成长。

1. 既是困难，更是机会

幼儿应对策略的缺失导致的心理应激压力，主要是因为他不知如何重新安排自己的生活。因此，我请帆帆设计"美宅一日作息时间表"，启发他科学合理地安排宅家生活，使他在困难中创造学习的可能，让不可控的状态变成可控的状态。此外，"跟我来锻炼""科学实验 do re mi""亲子手工秀"等活动，让帆帆学会了自我管理、规划时间的本领。

2. 亲子互动，释放压力

家长的焦虑情绪也是我必须关注的。我通过线上沙龙，向家长介绍有效的情绪调节方法，并且建议他们借助微视频录制一些室内游戏，鼓励亲子互动，开展"医生与病人""病毒被赶跑"等游戏，提升亲子沟通的能力，缓解和释放家长、幼儿共同的压力。

（三）抱团取暖，社会支持感受温暖

对幼儿而言，社会支持系统对他们心理应激过程的正向调节有很大的作用。对帆帆来说，同伴和教师的支持，都是有效社会支持系统的体现。

1. 抗疫英雄，可亲可爱

我通过抗疫英雄钟南山爷爷、李兰娟奶奶以及勇敢的"白衣天使"等故事的讲述，激发帆帆宅家抗疫的斗志，同时告诉帆帆，他也是一名配合"战疫"的小英雄，一定可以坚持到解封时刻。

2. "童"心战疫，与你同在

我邀请班级教师在空余时间与宅家的帆帆连线，让他看看班级的小伙伴们，引导同伴跟他聊聊天，互诉思念之情，从而消除长时间宅家与幼儿园生活脱节的问题，传递"我们始终在一起"的信息，在移情和共情中，共克时艰。

作者单位：宁波市鄞州区东吴镇中心幼儿园

❤ 编者微评

突如其来的新冠肺炎疫情打乱了人们正常的生活和学习节奏，而幼儿属于社会弱势群体，他们缺乏相应的方法和能力去预防、抵御本次病毒。作者以情感为主线，设计了不同的主题活动，让幼儿感知新冠肺炎疫情给我们生活带来的影响，并引导他们正确看待新冠病毒。同时，作者利用生活中的一些情景，自然而然地进行随机教育，提高幼儿自我保护的意识和能力。

当然，作者还可以通过社区、家长资源的挖掘，让幼儿感知更多的温暖，坚信众志成城，定能共渡难关。

4 再见吧,"无力感"

周雪燕

A 烦恼来袭

小敏(化名)是个性格内向的小姑娘,在一所寄宿制学校读五年级。最近她遇到了一件烦心事,来向我求助。原来,就在前几天(2021年12月初),宁波市镇海区因为出现疫情实施了封闭管理。小敏的爸爸在镇海区工作,因为是密切接触者被隔离了,后来还被确诊得了新冠肺炎,住进了医院,而妈妈因为是密切接触者,也被隔离了。小敏得知这个消息之后真是六神无主,她第一次觉得新冠肺炎离自己这么近。她彷徨、焦躁、坐立难安,可是,面对这突如其来的一切,她又无能为力……

B 烦恼成因

看到亲人被确诊、隔离,自己对此却无能为力,这是疫情之下令人痛苦的经历,的确会使人产生一种无力感。持续而强烈的无力感,会使人失去对生活的热情和信心,产生过低的自我评价,甚至感觉失去生活的意义。这种无力感既强烈又长期存在,对个体产生巨大困扰,需要及时调节。

有心理学研究表明,当人们将内在能量的掌控权交给了外界的人或事,觉得与外界建立的关系处于一种失控状态时,无力感就会油然而生。要使人摆脱无力感,重新树立信心和希望,就需要唤醒其内在的能量和资源。

C 烦恼消解

我首先联系了小敏的班主任了解详细情况,取得了班主任的支持。随后,我又运用焦点解决短期治疗中的奇迹问句、刻度问句和滚雪球技术对小敏进行辅导,帮她调节这种无力感。

(一)第一次交流:"假如奇迹发生了"

师:面对亲人的病情,你似乎真的一筹莫展,找不到任何可以出力的地方。面对这个局面,你可以问自己一个奇迹问题。假如有一天,一觉醒来发生了奇迹,所有的问题都解决了,那会是什么样子呢?那时的情形和现在有什么不同?如果奇迹是在你睡着的时候发生的,醒来后你发现的第一个小小的不同是什么?请你认真地把自己带入这个奇迹情境,仔细体会你在这个情境中的想法、做法和情绪感受。"假如奇迹发生了"——许多人在身处困境的时候,都问过自己这个问题,并从中看到了自己的憧憬和渴望实现的愿望。现在请你把这些愿望一一列出来,并且找出一个最有可能实现的小目标。

小敏很快列好了自己的愿望,大多与希望父母平安健康有关:(1)希望爸爸早日康复;(2)希望妈妈不要有事;(3)希望爸爸能跟自己视频通话;(4)希望爷爷奶奶不要太担心;(5)希望镇海区的疫情快点结束。从小敏所列的愿望来看,一个最能实现的小目标是能与爸爸视频通话。经过班主任的多方努力,小敏的小目标实现了。

(二)第二次交流:"1—10分,打几分"

师:现在有一把尺,它的刻度是1—10分。现在请你给自己打3个分数:第一个分数,10分代表你理想中的生活状态,你会给自己现在的生活打几分?第二个分数,聚焦你刚才确定的小目标,假如10分代表这个目标完全实现了,你给现在的状态打几分?第三个分数,10分代表你能为患病亲人做很多很多事,你给现在的自己打几分?打完分数,你很可能会惊奇地发现,自己并非一无所有,也不是无能为力。你在现在的生活中有很多可以帮助别人、帮助自己的条件和资源,你现在就可以做一些力所能及的事情。

小敏的第一个分数是8分,因为不能与父母团聚,也因为自己目前的确帮不上什么忙,她觉得有点糟糕。第二个分数是10分,因为她与爸爸视频通话的小目标实现了。第三个分数是8分,经过思考与讨论,她发现自己还能通过电话、书信或者委托他人的方式,为父母和家里其他亲人做一些事。

(三)第三次交流:"每天做一件小事"

师:现在你可能会发现自己有很多愿望、很多目标想要去实现,那么,找出自己最想实现、最有可能实现的一个目标,列出行动计划。你可以先列出一个行动清单,然后确定一件自己马上就想做的事情,立刻行动起来。

小敏在我的帮助下,通过电话给爸爸打气、送祝福,安慰妈妈和家里其他亲人,给家人捎去亲手折的千纸鹤等。在这个过程中,我还提醒小敏要给自己肯定和鼓励:"哇!我是怎么做到的?""我成功安抚了奶奶,太棒了!""妈妈说我懂事了,她很欣慰。真是太好了!"当小敏积极行动起来时,一切都在慢慢变好。

很快,小敏在我的开导和班主任的关心下,缓解了情绪,学习和生活状态恢复了正常。

作者单位:宁波市海曙区教育局教研室

编者微评

奇迹问句、刻度问句和滚雪球是焦点解决短期治疗的重要技术,作者很巧妙地将三种技术结合在一起,一步步帮助小敏调节无力感。同时,作者又与班主任积极配合,从各方面关心小敏的学习和生活,帮她实现小目标,从而缓解焦虑、消解烦恼,最后成功帮助小敏走出困境,辅导获得了积极的效果。

5 疫情中厌学情绪的云辅导

刘郁娜

A 烦恼来袭

小昕(化名),女,12岁,五年级学生,期中考试前后学习积极性不高,学业成绩处于班级中等偏下水平。期末考试复习期间,小昕能基本跟上班级学习进度和作业进度,学习表现稳定。2022年元旦休假期间,小昕所处地区出现新冠肺炎疫情,网课重出"江湖"。小昕在家上网课,每天没法完成当日的很多作业。小昕跟我表示,她也想好好学习,认真做作业,但她就是没有动力去完成。

B 烦恼成因

(一)家庭之关系

小昕父母在她3岁时离异,小昕随父亲生活;父亲在小昕7岁时组建新家庭,他平日工作时间日夜颠倒,缺少对小昕的关心和陪伴。继母一人在家带1岁的弟弟和照顾小昕的生活起居,同时监督小昕的学习。

家庭对小昕的教育和引导是有缺失的,她没有养成良好的学习习惯。我数次跟家长反馈孩子在家庭作业上的陋习,继母也尝试努力去引导孩子完成每天的家庭作业。对于继母的管教,小昕越来越抵触,她感觉不被继母信任,被管束太多,母女关系因为小昕学习的状态而恶化。由于缺少家庭系统的支持,小昕的学习积极性越来越低。

(二)青春期来袭

小昕正处于青春期,青春期是一个人成长的重要时期,是发展自我认知和归属感的时期。家庭的特殊性,使小昕得不到较多的关注和引导。同时她属于发育较早的孩子,平时的打扮也比同龄人成熟很多。而网络上的各种刺激,使得小昕的各种表现偏社会化。

此时的小昕需要更多的自主权和自我表达机会,她有时会出现迷失,不知道为什么要学习和做作业。她认为自己已是个大人,不希望被他人管教,更不希望让一个没有跟她建立亲密关系的继母来管教。因此,小昕对继母在学习上的管教是抵触的,这种抵触让小昕讨厌做作业的情绪更加强烈。

(三)同伴之效应

青春期的孩子需要发展他们的自我认同和归属感,他们容易受朋友的影响。小昕在班里有两个形影不离的好朋友,她们的家庭情况跟小昕相似。因为有相似的经历和感受,所以小昕跟她们走得特别近。这两个孩子也经常不做作业,或作业质量低下,其中一个孩子的继母更是对她的作业不闻不问。

人都会有"攀比"心理,小昕特别羡慕有这样的继母,为此跟她的继母吵了好几次。小昕也希望继母能学学她那名同学的继母,不管她学习。这种同伴间耳濡目染的影响和"攀比"心理,使得小昕继母对她学习的监督难度不断增强,同时小昕对继母的学习监督抵触情绪也越来越强烈。

C 烦恼消解

根据小昕自身的特点和家庭情况,我决定通过以下几个方面进行辅导和心理干预。

(一)父"进"母"退"多关爱

疫情期间家校沟通一般是通过网络方式进行,我连线小昕父母,在充分了解小昕在家表现和父母目前所面临的教育困惑后,进行了家庭教育理念的渗透和方法的指导,最重要的是让家长了解青春期孩子的特点以及正确的教育方式。我希望小昕父亲每天能腾出半小时来陪伴孩子,多让孩子感受到有温度的父爱;希望小昕继母能跟小昕父亲协商,将一部分对小昕的学习监管责任交给父亲,加强父女亲子关系;希望继母在学习之外给予孩子更多的关心呵护,减少与小昕的冲突。

(二)激发孩子的内驱力

谁是问题的制造者,谁也是问题的解决者。疫情期间,我利用网络视频方式跟孩子进行一对一沟通。首先,我通过视频引导,运用空椅子技术中的倾听宣泄方式让小昕宣泄对父母的不满情绪，表达内心的诉求，使内心趋于平和。其次，我运用回顾小昕期末考试复习期间不错的表现，询问她当时是如何做到的，使得小昕清晰地感受到自己表现好的时候的心理状态和行为结果，并对她好的表现和行为进行肯定、赞赏。最后，我邀请小昕在一张A4纸上详尽地写下未来一周的作业计划，尽量用上自己心理状态好的时候的学习方法。

（三）积极小组三人行

我通过直播会议模式与小昕和她的另外两名朋友进行了"迷你小团辅"。首先，我倾听并了解她们三人当下共同面临的心理困惑，引导她们三人宣泄情绪，分别肯定三人最近在生活和学习上的闪光点，特别强化学习态度上的闪光点；其次，让小昕三人组每人分享最近学习上因自己努力而收获的成果，肯定自己已有的亮点，同时寻找可参考的学习方法；最后，鼓励三人各自提出自己在未来两周的学习计划和目标，建立三人互助学习小组，互相支持，互相鼓励，同时联系各科教师，希望给予孩子们更多的作业关注。

目前这一案例仍在辅导中，通过网络的云辅导，小昕复学后的学习积极性在逐渐提高，能主动完成所有课堂作业，家庭作业的质量有提高，对继母的抵触情绪也在减弱，与父亲的关系趋于和谐。

作者单位：宁波市北仑区三山学校

❤ 编者微评

原生家庭对孩子的影响很大。家庭中亲子关系处理得好坏，很大程度上影响着孩子在学业上的表现。在继母和孩子的关系上，那就是一个更大的亲子教育课题。作者根据孩子的具体情况，有的放矢地开展了一系列的云辅导，取得了不错的教育效果。

建议作者后续应继续跟进，同时可通过一些针对特殊家庭的家庭教育讲座，传播更多家庭教育的理念和方法；通过开展亲子沟通团辅活动，促进特殊家庭亲子间的互相理解和关爱。

❻ 走出死亡的焦虑

王 菁

A 烦恼来袭

集体活动开始,我刚打开电视机,想要将准备好的PPT课件播放给孩子们看。这时,豆豆(化名)突然大叫起来"好怕,好怕,不要看电视",一边说着一边还哭了起来。我赶紧走过去询问情况:"豆豆,你怎么啦?"豆豆说:"里面有死人,怕怕,怕怕。""不用担心,我们有这么多小伙伴在一起,老师也会保护你的。"我安慰道。豆豆的情绪好了一些,但还是不敢看电视,一看见电视,就会用小手蒙住眼睛。原来豆豆在家中看电视时看到过人死了的画面。面对豆豆多次的恐惧情况,我心里产生了疑惑,及时与其父母进行了沟通,得知疫情期间电视里常会出现医疗人员抢救高危病人的画面,孩子看到伤病、死亡的画面就会害怕,晚上睡觉也经常会做噩梦。

B 烦恼成因

我一直以为,害怕死亡是较大的孩子才会产生的恐惧心理。通过以上案例,我们不难发现,其实学龄前的孩子对"生死"已经有了初步的感知。正如心理教育专家张向葵先生所说,幼儿对死亡的认知,原比我们预想的要高。从2021年开始,控制新冠肺炎疫情形势不断好转,但是时不时也有突发情况,这对学龄前的儿童的心理产生了一定影响。究其原因分析如下:

(一)生理方面

豆豆才5岁,尚处在学龄前,由于年龄小,情绪还不够稳定,有时候还需要成人的安抚。

(二)心理方面

第一,认知上,豆豆缺乏相关的知识,不了解生命的过程,因此对死亡产生了恐惧心理。

第二,情绪上,豆豆在看到关于疫情的新闻报道、电视剧以后,产生了恐惧和抵触的情绪,但不知道如何排解,只能用哭泣来发泄。

(三)社会方面

第一,学校方面:学校缺少相关的生命教育活动,偏重关注幼儿的保育而容易忽视幼儿的心理问题。

第二,家庭方面:家长不知道如何跟孩子解释生命、死亡等相关话题,遇到问题只能束手无策了。

C 烦恼消解

(一)认识死亡,进行科学的生命教育

豆豆产生害怕、恐惧、抵触等情绪,最重要的原因是缺乏相关的认知。因此,我必须帮助豆豆直面死亡,让他认识生命,了解生、老、病、死等生命现象。首先,我接纳了豆豆的害怕和恐惧情绪,等他情绪稳定后告知他,这些都是正常的生命现象,因害怕产生的情绪也是正常的反应。接着,我告诉豆豆正是因为生命的宝贵,所以医护人员花费了很多精力与时间赛跑,和病魔斗争,用他们的努力挽救更多的生命。

简单的说教对学龄前的豆豆来说可能还不够具体,而绘本和动画简单易懂、生动有趣,是开展生命教育最简单、最适宜的媒介之一。我有意识地选取有关生命教育并且适合幼儿年龄特点的绘本,选取合适的时机讲故事给豆豆听。有一天上午,小朋友们集体去图书室看书,我看到豆豆心情不错,便走到他身边说要给他讲个故事,豆豆开心地坐在我的身边,我讲了《爷爷变成了幽灵》那个故事,平时活泼好动的豆豆听得特别认真。故事讲完了,他似懂非懂地看着我,我告诉他爷爷的爱永远不会改变,爷爷的生命会结束但爱永存。

(二)家园共育,培养积极的生活态度

在豆豆认识生命、走出恐惧以后,我在日常生活中让豆豆学会欣赏生命、尊重生命并且热爱生命,把对死亡的恐惧转化为对生命的珍惜和热爱。因为只有热爱生命,才会用积极乐观的人生态度来面对生活中的种种困境。

《寻梦环游记》是一部讲述墨西哥亡灵节的动画电影,它用孩子的语言讲述一个充满爱和温馨的故事,从孩子的视角谈论"生"与"死"的真谛,告诉我们应该庆祝生命、热爱生命。我建议豆豆的父母有空也可以和孩子一起观看这部电影,并告诉豆豆,要像电影里的小男孩那样永远乐观、坚强,追求梦想,热爱生活。

班里有个孩子的家长是医生,亲身经历了疫情时期残酷的现实,我请他来给孩子们讲讲疫情给我们生活带来的影响。豆豆看到穿着白大褂的医生爸爸来到教室里时大声说:"我在电视上看到过医生抢救病人。"医生爸爸和孩子们面对面的讲述,让豆豆及其伙伴对疫情有了更深刻的了解,懂得幸福生活来之不易,要学会珍惜现在的美好生活。

最后我鼓励豆豆,如果有什么害怕的事情不妨告诉教师或者父母,请大人给予

帮助,这样就不会感到害怕了。我同时建议豆豆的父母也要多留意孩子的心理状况,及时疏导,家园合作,一起解决问题。

通过以上一系列的活动,豆豆不再做噩梦,嘴里也不再挂着"死了"之类的词语,恢复了往日的活泼好动,这让教师和家长都倍感欣慰。

作者单位:宁波市鄞州区首南街道中心幼儿园

❤ 编者微评

在当前网络时代背景下,幼儿接收的信息较多也较杂,可能会看到一些超出年龄承受范围的内容。出于对幼儿的保护,很多家长都会回避与孩子谈论"生"与"死"的问题。该案例中,作者利用多种方式与幼儿交流,大胆地让幼儿直面死亡,认识死亡,从而引领他的心理趋向健康和强大,不会因无知而感到担心和害怕。但由于年幼的特点,幼儿可能无法完全体会到故事背后的深意,作者能做的也只是在他幼小的心灵中播下一颗有关生命的小种子,期待它未来能够生根发芽。

7 我真的能管理好自己吗

王 琴

烦恼来袭

2021年岁末,新冠肺炎疫情突袭宁波市镇海区。面对疫情,学校第一时间进行了全校师生排摸,为居家观察的学生提供同步直播网课,安排任课教师全面跟进学生的学习情况,并安排心理教师对居家隔离学生进行心理辅导。

家住镇海区的九年级学生小宣(化名)正被隔离在家,接到我的电话显得很开心。当我询问在家状态时,小宣停顿了一下,才犹豫着说:"还好。"交谈中,我了解到,小宣家所住的小区被封控后,她特别担心自己和父母的安全。作为九年级学生,虽然学校、教师为她准备了直播课,可她还是感觉少了和同学们在一起学习的氛围。课上不懂之处,隔着屏幕寻求教师解答总觉得不方便,问题越积越多,她担心成绩会一落千丈。父母的催促和不信任更让小宣无所适从。"当梦寐以求的自主学习时间来临时,我真的能管理好自己吗?"小宣充满了迷茫。

B 烦恼成因

(一)心理因素

正值青春期的小宣,自主意识和独立要求增强,渴望得到他人的尊重和认同,也很容易受到情绪的困扰。居家上网课,打乱了正常作息规律,小宣独自面对屏幕,不能和教师、同学面对面交流,听课注意力不集中,学习效率降低。

(二)家庭因素

疫情发生前,父母忙于工作,小宣上学,双方有回避和喘息的时间。居家隔离期间,双方朝夕相处,父母将注意力全部放在小宣身上,时刻提醒小宣"快点""别看其他东西"。小宣因为疫情被隔离在家,和同龄人交流受到限制,又无法得到父母的接纳和支持,产生了孤独、焦虑等情绪。

C 烦恼消解

(一)消解方法

焦点解决短期治疗+认知疗法。

(二)消解过程

以下为代表性对话:

师:小宣,最近状态怎么样?

小宣:还好。(犹豫)

师:从你的回答中,我听到"好"。这个"好",能具体说说吗?

小宣:我每天通过网络直播和同学们一起听课,感觉还不错。

师:你能为我解释具体是怎么样的"感觉还不错"吗?

小宣:和同学们同步听课,跟平时上课没什么区别。

师:还有吗?

小宣:作业也可以通过网络直接上传给老师,老师在线上帮我批改纠错。

师:这会让你想到什么吗?

小宣:学习好像可以不受时空等客观因素的限制。

师:你好像已经发现,只要你想学习知识,不一定要在学校,这个场所也能被搬到家里,或老师当面授课,或网络直播,形式可以千变万化。

小宣:嗯。

师:而在这个过程中,主要取决于你,你可以掌控它。

小宣:是的,我一直希望可以自主安排时间,每天上下学节省下来的空白时间,我能多阅读,有时候还能补个觉。

师:听上去的确挺不错的。除了以上谈到的这些地方,你还觉得哪些方面也有收获吗?

小宣:可以静下心来思考。

师:看来这段时间的自学,确实给你带来了不少收获。

小宣:嗯,可是爸爸妈妈让我很烦!

师:为什么会感觉烦?爸爸妈妈的哪些表现让你感到烦?

小宣:我喜欢在自己的房间上网课,可以不受干扰,可是他们会找各种理由来我房间。我知道他们不放心,怕我看视频影响学习。

师:你喜欢在自己房间听课,可以屏蔽干扰,让自己更专注,而父母对你不放心,让你有不被信任的感觉,你感到很难过,是这样吗?

小宣:是的,我说再多也没用,他们一直都自以为是。

师:自以为是,是指?

小宣:有一次,我想看一下同学给我的留言,没想到刚打开手机,我妈就进来了,并指责我不抓紧时间学习。

师:听起来你一直在尝试和爸爸妈妈沟通,效果并不好,你很沮丧?

小宣:是的。我和他们说了,我能安排好学习时间,每天老师布置的作业我都按时上交,背诵也完成了。

师:让父母学会倾听确实是一件困难的事情,有没有可能避免这个误会发生呢?

小宣:……(思考)

师:如果存在这个可能,应该怎么样做呢?

小宣:我可以制订一个学习计划,安排好一天的学习时间和休息时间。

师:这是一个好主意!还有吗?

小宣:上网课前我先预习,上课时认真听老师的讲解,课后及时做好作业。

师:听起来你已经针对网络课程带来的效果打折问题有了应对策略,课前预习、专注听课、课后巩固,做好这三个部分会怎么样呢?

小宣:自学能力会提高。

师:学习效率会怎么样?

小宣:也会提高。

师:看来你已经找到了提高学习效率的几种方法,我们来想想还有没有其他方法,会让你的学习满意度更高呢?

小宣:空余时间我还可以听听音乐,在跑步机上运动一下,这样我学习起来就更有动力啦!

师:太棒了!你已经找到了提高学习效率的方法。

作者单位:宁波市曙光中学

编者微评

新冠肺炎疫情和迎接中考都是压力事件,孩子在面对压力事件时会在情绪、行为、认知等方面出现反应。本案例中小宣需解决的问题是学习效率问题,作者采用焦点解决短期治疗和认知疗法,采用"解决式"谈话,引导小宣发现自己的问题,挖掘自身资源并鼓励其尝试,最终实现目标。

焦点解决短期治疗具有较强的引导性和目的性,让当事人情感的宣泄较少,建议作者后续应该在情绪管理方面加强疏导。

8 我的妈妈被隔离了

姚丹丹

A 烦恼来袭

那是一个阳光灿烂的冬日上午,全校学生都在操场上热火朝天地进行大课间活动。活动快结束的时候,小旭(化名)拖着书包从校门口缓缓走进来,看上去无精打采的样子。在教室放好书包,他跑到队伍中和同学们一起跳绳,但全然不在状态,看起来一脸忧郁。咦,小旭今天这是怎么了?平日里的小旭可是个乐天派,每天早上都是全班第一个来上学的,到校之后主动开启教室的多媒体,组织班级同学早读,并主动管理好班级纪律。他还是年级里的跳绳王,一年级的他一分钟已经能跳180下啦!究竟发生了什么让小旭如此忧心忡忡呢?于是,我决定课后找小旭聊聊。

在办公室里,我关切地询问小旭最近是否遇到了什么事情。小旭沉思片刻,开始诉说自己的苦恼:"老师,你知道吗?我妈妈回不来了!""哦?能说说具体是什么情况吗?"我不禁有些好奇。"前天我妈妈带着妹妹去绍兴市上虞区看望外婆,本来说好当天就回来的,没想到上虞区发生疫情了,外婆住的那个小区都被封了,我妈妈回不来了!"小旭说着说着几乎要哭了,"我妈妈会不会得新冠肺炎死去呀?我前天晚上和昨天晚上都没睡好,一直担心着这个事情,我以后怎么办呀?"小旭急得掉下了眼泪。小旭的爸爸在别的城市打工,小旭的爷爷奶奶也远在安徽,没法照顾他,他的妈妈委托老乡暂时照看小旭。难怪小旭会如此焦虑!

B 烦恼成因

2020年的新冠肺炎疫情不仅给人们的生活带来了严重的影响,还给人们的心理造成了不小的创伤,以至于现在很多人还是"谈疫情色变"。目前,全国上下疫情控制总体平稳,但各地还是会陆续暴发一些零星的小疫情。在全民都接种疫苗的情况下,疫情已不足以给人们的生命和健康带来太大的威胁,但为什么对于小旭这样的孩子,还会带来如此严重的焦虑情绪呢?细析原因大致有以下几个方面:

(一)生理、心理方面

小旭今年刚上一年级。一年级的学生年龄尚小,生理和心理发展尚不完全,认知能力较差,独立生活能力不够,内心对父母的依赖性较强,认为父母是自己唯一的安全港湾。小旭的父亲在其他城市打工,母亲被隔离,家里留下他一个人独自生活,他觉得生活没有安全感。小旭还知道新冠肺炎会让人丧失性命,因而他特别害怕失去母亲。由此可见,他对新冠肺炎的认知也是有限的。

(二)家庭方面

因为上虞区疫情的暴发,小旭的母亲处于极度恐慌之中。在被隔离的日子里,小旭母亲不断地把自己的负面情绪传递给小旭,经常在电话里抱怨自己去的不是时候,担心自己会不会因此失去生命等等。小旭父亲在外忙于打工养家,跟妻子和孩子的沟通极少,更没有提供心理支持,其他亲人也距离遥远,因此小旭的家庭支持系统比较缺乏。

(三)学校方面

班级里,当其他学生知道小旭母亲被隔离之后,也对小旭敬而远之,有的同学甚至嘲笑小旭是个没妈的孩子。这些做法都给小旭的内心造成了极大的伤害,让他在恐慌的同时,又陷入极度的自卑。原本跟同学关系融洽的小旭,开始变得沉默,不再跟同学们交流了。小旭缺乏同伴支持。

C 烦恼消解

在了解到以上原因之后,我决定立刻为小旭提供相关心理辅导,具体如下:

(一)缓解焦虑情绪

因为焦虑,小旭已经连续两夜睡不好觉,非常痛苦,因此,我决定教授小旭"蝴蝶拍"技术。"蝴蝶拍"是通过有规律地拍打身体来增加自身安全感与保持情绪稳定的心理技术。我提醒小旭在双手轻轻拍打身体的时候,注意呼吸的节奏。由于这项技术简单易操作,聪明的小旭很快就掌握了,在跟着我做了若干遍"蝴蝶拍"的练习之后,他感觉自己的身体开始放松起来。

（二）改变错误认知

做完放松练习之后，我决定采用认知行为疗法对小旭开展辅导，帮他寻找不合理的信念。我试探地问道："你害怕新冠病毒夺走妈妈的性命吗？"小旭点头。"是不是目前所有在上虞封控区的人都感染了新冠病毒？"我追问。"那好像也不是。"小旭摇头。"相对于居住在上虞区的人口而言，被感染的只是极小部分人，不是吗？"小旭恍然大悟地说："那么说，我妈妈并不一定会被感染！"小旭如释重负。

（三）完善生命支持系统

为彻底帮助小旭消除焦虑情绪，我还进一步帮助他完善生命支持系统。首先，我让小旭母亲多了解新冠知识，积极向孩子传递正面情绪；其次，我引导小旭通过微信、电话等方式鼓励被隔离的母亲，给她传递温暖；最后，建议其他家庭成员多渠道陪伴小旭，让班级任课教师、同学多关注小旭，给予他必要的帮扶，联系社区给予必要的生活帮助。

几天之后，阳光、快乐的小旭又回来了。

作者单位：宁波市慈溪市周巷镇潭北小学

编者微评

2020年的新冠肺炎疫情在人们的心里留下了不小的阴影，尤其是认知水平不高、缺乏生命支持系统的一年级流动儿童。辅导过程中，作者利用"蝴蝶拍"技术帮助学生缓解焦虑情绪，通过认知行为疗法引导学生找出不合理的信念，通过完善生命支持系统让学生找到安全感，更阳光地成长。

当然，本案例辅导只是针对个体，作者如何帮助全体学生摆脱疫情引起的焦虑，提升应对疫情的能力，是后续团体辅导值得探索的方向。

9 尊重的力量

胡科娜

A 烦恼来袭

"冠状病毒是恶魔，严加防范能防疫。不走亲戚不访友，不去人多热闹地。蔬菜水果要多吃，运动提高免疫力。戴好口罩讲卫生，七步洗手要牢记。小朋友们齐努力,病毒就会远离你……"那是2020年9月的一个上午,我正在备课,耳边突然传来幼儿们朗朗的儿歌声。原来是刚入职不久的搭班李老师带领幼儿们上抗疫主题教育活动课——"可恶的病毒,我不怕"。

刚下课,两个幼儿急匆匆地向我跑来,边跑边喊:"胡老师,不好啦!不好啦!小昊(化名)打老师了。"我赶紧三步并作两步地冲向教室。只见教室里一片狼藉,桌椅东倒西歪,幼儿们表情各异,李老师正在拉小昊,而小昊一边哭喊着想挣脱,一边还用小拳头打李老师。看到我来到教室,小昊一下子停止了哭闹,李老师则一脸尴尬……我马上嘱咐班上几个大男孩一起整理桌椅,恢复秩序,接着便拉着小昊的手去办公室。

B 烦恼成因

小昊是中班时插到我们班的,那时他的父母刚离婚,小昊随他母亲生活。他的母亲因为疫情,失去了餐饮店服务员的工作,在我们幼儿园旁边租房,找了份小区保洁的工作,艰难度日。

我在与他娘俩的交流中,知道他们非常渴望被尊重。但在不良家庭氛围的长期影响下,小昊的脾气变得十分暴躁,他母亲也不会正确地教导孩子,经常对小昊说"别的小朋友如果打你,你就打他"。再加上岁末年初那场突如其来的新冠肺炎疫情,小昊经常独自一个人待在家里,没有玩伴,他的情绪十分低落。直至疫情过去,幼儿园复学以后,他的火暴脾气仍时常发作,班级里的东西常常被他弄得乱七八糟。

为了管教好小昊,那一年来,我不知多少次上门家访,耐心细致地与他们沟通。可能是我的尊重和爱意最终感动了他们,小昊情绪失控的频率才慢慢变低。

可是,新来的李老师刚刚从幼儿师范学院毕业,缺少教育经验,特别是对班上幼儿的个性特点和感情需求的了解一片空白。这不,一下子遇到了小昊这样情绪难以管控的幼儿,就一筹莫展了。

班上的幼儿原本在我和搭班教师的多次教导下,都知道尊重小昊,事事都让着他:课间餐让他先取,发言让他先说,游戏让他先玩……可是,由于这学期搭班教师换了,小朋友们都想在李老师面前留下一个好印象,所以就没有让着小昊了。快下课时,李老师提问,小昊说错了话,大家都嘲笑他,于是小昊又一次情绪失控了。

C 烦恼消解

俗话说:一把钥匙开一把锁,方法总比困难多。对小昊这次过激情绪的疏导,我分以下四步进行:

(一)一场真心的谈话

到了办公室,我先奖励小昊一根棒棒糖,接着笑眯眯地说:"小昊,你虽然犯了错,但老师一来,你就安静了,说明你也是个挺懂事的孩子!"然后,我话锋一转,严肃地说:"要让别的小朋友对你好,不能老是靠别人让着你,而是要靠你自己有真本事。比如,你的手特别灵巧,你做的手工作品常常让小朋友们交口称赞。如果你上课时专心听讲,认真回答,与小朋友们一起动手动脑,大家也都会对你好的。遇到让你生气的事时,你能不能先闭拢小嘴,再松开小手,最后想一想,我怎么做怎么说,才会让别的小朋友喜欢。这样你的火暴脾气就会被你赶跑啦!"小昊听了,若有所思地点点头。

(二)一次坦诚的家访

这天放学后,我趁着小昊母亲来接他,跟着去他家进行了一次特别坦诚的家访。我告诉小昊母亲,要得到别人的尊重,一方面要自立自强,教育孩子在园里和家里有好的表现;另一方面,也要教育小昊学会尊重别的小朋友,不能一味地希望别人谦让自己。小昊的母亲连连点头,她情不自禁地说:"感谢老师的坦诚和爱心,这一年来我是真切地感受到了。您放心,我一定耐心劝说,严加管教!"

(三)一堂走心的心理课

第二天刚巧有健康领域的集体教学活动,我就拿着精心设计的教案《尊重别人朋友多》走进了教室。通过小朋友们喜闻乐见的游戏活动,我让他们知道了健康不仅仅指身体方面的,更有心情方面的;同时,我也告诉他们,尊重别的小朋友,不讽刺、嘲笑别人的错处或缺陷,也是心理健康的表现,会交到更多的好朋友。这次活动中,不少小朋友真诚地和小昊拥抱,向他道歉,而小昊也眼含泪水连声说"对不起"。

(四)一个特别的协调会

这一周,我邀请我们班的搭班教师李老师和保育员阿姨开了一个简短的保教工作协调会。会上,我介绍了小昊的近况和他这一年来的进步,拜托她们多多关注小昊,尤其要注意管控好他的情绪,必要时转移他的注意力,让他也能和普通孩子一样健康快乐地成长。李老师和保育员阿姨纷纷表示会积极配合、科学引导。

以足够的耐心和细心去尊重和呵护特殊幼儿,他们的情绪失控问题一定能得到疏解。后来,小昊再也没有打过人,性格也变得温和了。

作者单位:宁波市鄞州区春江花城幼儿园

编者微评

在疫情反复出现、防疫形势严峻、人们普遍焦虑的情况下,正确管控和处理特殊幼儿的过激情绪,已成为幼儿园教师需要认真研究的课题。作者秉承尊重幼儿的原则,通过环环相扣、多方协同的四个步骤,有效地对小昊的过激情绪进行了疏导,达到了比较理想的教育效果。

建议作者在后续教育活动中,给予类似小昊的幼儿更多的呵护与关爱,相信一定会培养出更多性格温和、活泼可爱的乖孩子。

第二辑

心理辅导之"双减"时空

"双减"政策有效减轻了学生的学业负担,一定程度上缓解了学生和家长的教育焦虑,同时也使一些学生和家长产生了心理落差,出现了新的焦虑和迷茫。如一些学生感觉无聊和空虚,不知怎样去打发时间,甚至选择"躺平";一些家长则担心"双减"以后,孩子不会自主管理时间,形成贪玩、看电视上瘾等不良习惯。由此,作者在案例中及时制订出适合这些学生的心理辅导策略,采用"代币奖励法""合理情绪""成功补偿""兴趣培养"等方法,陶冶学生高雅的情趣,增强学生的自我效能感,并与家长沟通互动,终使学生和家长理解"双减"的本质是减去学生过重的学业负担,让学生学得主动,让教育回归本真。

10 他打开了心灵之窗

钟玲娜

A 烦恼来袭

我班的小艾（化名），学习成绩优秀，长期保持在班级前十名；性格内向，平时不爱说话，兴趣不广。以前课内作业多，课外培训班多，所以他每天都处在疲于奔命的状态。但"双减"政策落实之后，作业突然变少，又不用课外培训了，这突然的"减负"给小艾带来一种强烈的"空虚"感。他开始担心学习成绩变差，其他同学会超过自己，又想到父母对自己期望很高，慢慢地就越来越焦虑，整天愁眉苦脸。很显然，小艾的焦虑已经影响到了他的学习和生活。我用汉密尔顿焦虑量表（HAMA）为他测量，结果是 65 分，这属于中度焦虑，亟需外在的心理干预。

B 烦恼成因

通过调查，我发现小艾产生焦虑的原因主要有以下几个：

第一，自我认知不足。对人生理想的不明确、对学习方向的迷惘、对个人能力的不自信等，导致小艾缺乏学习动机，不够主动、积极。以前课内作业和课外培训较多，每天的时间都被机械的学习占满，他没有时间思考这些问题，而现在这些问题都成了他的焦虑来源。

第二，父母要求过高。缺乏有效的沟通，甚至存在沟通不平等、不尊重的现象，由此产生了一些家庭矛盾，甚至有过多次争吵，这进一步地加重了小艾的焦虑。面对问题，家长也缺乏有效地解决问题的手段。

第三，学业压力较大。小艾长期以大量课内作业和课外培训作为主要学习形式，现在突然失去了熟悉的学习路径，加上个人自主学习能力和情绪调控能力不够强以及应变能力不足，不能主动运用各种学习方法去适应变化，从而引发强烈的"失落感"，由此也带来了应激焦虑。

总体来看，这些原因大致可以分成内因和外因两方面——个人认识问题和外在环境影响。

C 烦恼消解

根据以上分析，我制订了"一体四翼"的活动参与式策略：一方面，在教育的各个专项工作中融入"生命价值教育"这个核心；另一方面，我着力抓四大活动，即心理辅导、班队活动、环境建设、家校互动,旨在让小艾通过对各种活动的参与,打开心灵的窗口,消解焦虑,逐渐使学习、生活等各方面走上正轨。

"一体四翼"活动策略图

(一)心理辅导,洞悉生命价值的真谛

我对小艾的心理辅导,主要围绕人生理想、生命价值这些关键命题展开。我力求让他明白,人生的价值在于个人能力的强大以及对社会的贡献;要做一个建设国家的栋梁之材,将人生的意义和国家、民族的发展联系起来;一个人如果有理想、有境界,自然会激发强大的自主学习积极性,意志会变得更加坚定,格局会变得更加宽广。在我的心理辅导之下,小艾明显变得有活力了。

(二)班队活动,激发主题教育的力量

针对小艾的心理状况,我开设了几次主题班会,同时以点带面,预防班级里类似的现象再发生。如开设了主题为"结构化思维在学习中的应用"的班会,邀请有学科特长的学生,畅谈学习经验,共享结构化思维技巧。另外,我还开设了主题为"我的未来我做主""记忆的秘密""精细的时间管理策略"等主题班会,既帮助类似小艾这样有焦虑情绪的学生树立正确的人生价值观,又提升他们的自主学习能力。通过这些努力,小艾树立了远大理想,并且找到了科学有效的学习方法,自信心大增。

(三)环境建设,陶冶高雅向上的情趣

我根据环境心理学中的"减压理论"和"注意恢复理论"进行了班级环境建设,并且特意安排小艾参加"环境建设小组",要求他从视、听等五官感受出发,多维度地改善班级环境,如摆放绿植,力求让环境变得亲近自然;将图书柜更名为"解忧杂货铺",增加大量解压治愈性质的书籍、摆件等,如莉兹·克里莫的《你今天真好看》、约翰·施利姆的《我在天堂那五年》等。环境的优雅舒心,以及小艾自身参与建设带来的满足感和成就感,都让小艾内心更加轻松,性格也变得坚毅起来。

(四)家校互动,建立共同教育的桥梁

通过家访,我与小艾家长进行了深入沟通,了解了小艾在家的各方面情况。家长在我的建议下,选择合适时机,重新与小艾交流了学习的愿景,减少了一些不必要的压力。我也给家长推荐了亲子活动计划,包括运动、旅游、公益项目等。我还为他们设计了"亲子读书马拉松"活动,加强亲子共读,让他体会到家庭的爱与关怀。这些努力使小艾的生活更加充实,也让他真正主动地打开了心灵之窗。

通过以上教育实践,小艾的焦虑情绪得到了明显的消解,整个人变得自信、冷静,并具有强烈的进取心,散发着蓬勃的生命力。

作者单位:宁波市鄞州区蓝青学校

♥ 编者微评

作者"一体四翼"的活动策略,兼顾了内、外因,有效地帮助学生"减负"又"减忧"。作者设计的丰富多彩的德育活动,融入了"爱"的温暖,让学生主动参与,并深受感染,无形中接受了价值观、意志力等多种教育,从而打开了心灵之窗。另外,活动不仅解决了小艾的心理问题,也在整个班级内部产生了示范效应。其中"生命价值教育"在班队活动中进行,让活动受众面更广,同时能够在一定程度上预防其他同学潜在的心理问题的产生。

11 妙计破"拖延"

徐 璐

A 烦恼来袭

"双减"政策既减轻了学生校外培训负担,又减轻了学生的作业负担,家长的朋友圈里出现了各种"才艺比拼"。但是小圆(化名)和他的父母却更加焦虑了,因为小圆仍旧每天磨磨蹭蹭做作业到晚上十点。小圆一年级时,基本是最晚到校的,经常不及时上交作业。三年级开始,拖延现象更加严重,学校里的学习任务经常是在教师的监督下完成的,每天傍晚都要补做作业;后来甚至学会了撒谎,有时说忘在家没带,有时说找不到了,这令家长和各科教师都非常头疼。

B 烦恼成因

小圆的学业拖延严重影响了他的学习生活,不仅给他自己造成了麻烦,还给家庭带来了许多困扰。三年级正是学习习惯和学习品质养成的关键时期,拖延这个习惯将会对小圆在这一关键阶段的发展产生不利影响。综合他的情况,我在日常观察与行为介入的过程中,发现了背后的深层原因。

(一)个人层面——自我效能感低下

通过面谈交流,我发现小圆自我效能感较低,缺乏自信,总是认为自己比别人要差、要笨。因为作业质量差常被家长和教师批评指责,于是他对作业有了畏难和厌倦情绪,也渐渐产生了"破罐破摔"心理,对作业能拖就拖,不能拖就逃避。

(二)家庭层面——隔代教育致娇气

小圆是独生子,父母工作比较忙,他从小跟爷爷奶奶生活在一起。爷爷奶奶为了让小圆不吵不闹,什么事情都依着他。他们老是觉得小圆还小,有些事情就包办代之,慢慢使小圆养成了过分娇气、做事懒惰的习惯。上学以后,只要学习上遇到些困难,他就开始逃避,渐渐形成了拖延的习惯。

(三)班级层面——弹性管理力度低

在班级管理过程中,为便于操作和管理,学校更多采用普适性的教育方式,缺乏基于学情的弹性管理。全班同学每天相同的作业量,使得接受能力较低的小圆承受着越来越大的学业压力。随着年级的增高,作业难度加大,他需要花费越来越多的时间来完成作业。久而久之,和同学之间的差距造成了小圆学习内驱力的逐渐丧失。此外,单一化的评价方式,也让成就感低下的小圆很难从中获得自尊和自信,取而代之的是更多的挫败和焦虑。为了暂时逃避那些消极的感受,小圆采取拖延手段来应对。

C 烦恼消解

(一)自主参与,制订计划

我决定抓住"双减"的时机,和小圆一起改掉他拖延的坏习惯。正面管教中有一个重要的概念是,学生们更愿意遵从他们自己参与制订的目标,于是我和小圆协商制订每天课后的学习计划。我们依照每天的作业量,根据小圆自己认为可以完成的时间,制订了每天课后的学习计划,并且根据他的具体学习情况随时进行调整(见下表)。

小圆每日课后学习与生活计划

时间	项目	评价	实际用时	备注
16:00—16:30	英语			
16:40—17:10	数学			
17:20—18:00	语文			
18:15—18:45	晚饭			
18:55—20:30	自由活动			
20:30—21:00	洗漱			

(二)门槛效应,改变目标

由于是自己制订的计划和目标,小圆的积极性非常高,做作业效率明显提高。但是,他在做计算练习和抄写作业时仍存在拖延情况。门槛效应提出,人们乐于接受较小的、较易完成的目标,在实现了较小的目标后,人们才慢慢接受较大的目标。所以我将计算练习从整张变成4列,抄写从页变成排。通过这种方式,小圆有了挑战的勇气。例如,小圆自制了第三周阶段计划:(1)认认真真完成口算,计时8分钟;(2)抄写书写端正,计时25分钟。

(三)设置奖励,正面强化

为了激励他,我采用代币制——用星星兑换奖品的方式,每天每科都设置了评价和奖励措施。每天的学习计划,采用每科10颗小星星,只要每天得到25颗以上小星星就奖励一颗大星星,大星星可以用于兑换奖品。如完成每周任务额外奖励一张"超人卡",它能"变身"为"班级助手""领操员""路队长"等。通过给予奖励,小圆的积极性明显提高。此外,小圆这一年龄阶段的学生对外界的积极评价是十分渴求的,为了让他树立信心,我一旦发现他的进步,就用语言赞赏他,用奖励激发他,不断提高小圆的自我效能感。

(四)家校合力,共促成长

为了让家人帮助小圆进步,我与小圆家长加强沟通,共商帮扶计划。我建议小圆父母克服工作忙碌的困难,每天抽时间陪伴小圆,倾听小圆的心声,表扬小圆的进步;建议爷爷奶奶尽量放手让小圆自己去应对生活上的小事。渐渐地,家里少了批评指责,多了鼓励关切,亲子关系越来越和谐。

乘着"双减"政策的东风,现在小圆的学业拖延情况有了很大改善,家庭作业完成时间大幅度缩减。他现在对自己很有信心,也想跟其他同学一样在作业完成之余跟父母出去游玩。

作者单位:宁波市慈溪市实验小学教育集团

❤ 编者微评

乘着"双减"政策的东风,作者让学生与教师一起量身定制适合其个人能力的目标,激发了学生参与的积极性。在整个过程中,师生一起调整对策,目标由大变小,降低了完成的难度,缓解了学生的畏难情绪;同时,作者有趣的"超人卡"等奖励措施不仅增加了学生的自信,还培养了他的能力;最后,家校合力,效果显著。

但是,除了教师和家长,同伴互助在这个年龄段也起着非常大的作用,建议作者也可以把同伴互助引入对小圆的帮助来。

12 "双减"之下的"躺平"

俞晓妍

A 烦恼来袭

"双减"政策落地,学生的作业量和课外补习时间大幅减少,学习负担和学习压力看似减轻了,但在我所在的学校,却出现了很多不愿意学习甚至厌学在家"躺平"的学生。琳琳(化名)就是这样一个孩子。她目前在读八年级,"双减"政策落实之后学习成绩大幅度退步,原本周末安排得满满当当的培训班突然停了,在家自主学习变成了睡懒觉;线上网课培训的学习效果也不尽如人意,有时候明明开着电脑上着网课,她却偷偷打开了小说网页;平时放学回到家后把房间门一关就开始躺着玩手机,无论父母怎么催促写作业她都无动于衷,说什么也不愿意做。同时,因为"双减"政策的执行,学校在周日返校下午增加了半天的课后服务时间。在这半天的自主学习时间里,琳琳经常趴在课桌上睡觉。有一次课后服务安排了自主学习测试,于是那天下午琳琳一直喊身体不舒服,不想去学校,父母再三劝说也无济于事,她开启了在家"躺平"的日子……

因陆续旷课好几次,琳琳妈妈通过班主任介绍来到咨询室,找到了我:"俞老师,为什么'双减'政策之后,明明学习负担减轻了,琳琳却越来越不喜欢学习甚至严重到厌学,不愿意来学校?"

B 烦恼成因

从生理上看,琳琳目前正处于青春期,生理上的急剧变化带来了各种各样的心理反应,她的独立意识增强,但心理成熟程度依然不够,特别是抗压能力。

从心理上看,琳琳小学学习成绩一直很好,进入宁波市鄞州区蓝青学校后因为竞争激烈,成绩处于班级中游,经常会对成绩有不切实际的幻想,缺乏吃苦精神,自制力较差。如果某次考试失利,她会在失利的情绪状态中沦陷很久,需要他人的鼓励和赞赏才能走出低迷状态。

从家庭关系上看,琳琳妈妈在咨询中反省了自己在家庭教育中出现的一些问题,比如因望女成凤心切而对琳琳要求过于苛刻,常常会有一些带有焦虑情绪的语言唠叨等。家长的焦虑心态也在一定程度上加重了琳琳的心理负担。在目前"双减"政策下,从原先的课外培训班安排密集、课业负担极重转变到现在以自我学习管理为主的学习方式,也是导致琳琳学习适应不良的因素。

C 烦恼消解

根据琳琳的上述情况,我决定采用"合理情绪"辅导结合"成功补偿"辅导两种方案同步进行。

针对琳琳焦虑烦躁、情绪低落的情况,我对她采用了合理情绪的治疗方法。具体采用了下面几种策略:首先,减压放纵策略,即突然解除她的学习压力,比如可以让她不参加一些学习活动,等到她的紧张情绪明显放松后,利用她要求自主改进的心理,启发她自主安排学习。其次,家庭辅助策略,即对她父母进行动之以情、晓之以理的说理劝解,让父母认识到"欲速则不达"的道理,消除琳琳的外在压力。再次,小组合作策略,即创造机会让她参与小组探究活动,因为小组探究活动不仅能激发学生对学习的内在兴趣,还有助于学生合作学习,相互取长补短。最后,师生交往策略,俗话说情感教育是润滑剂,也是化解厌学心理的良药。我经常和琳琳进行心灵上的交流,把爱和期望传递给她,对她身上的闪光点进行及时表扬,对其学习和生活中的困难进行及时的帮助。

经过一段时间的心理辅导和家庭辅助后,琳琳紧张焦虑的学习情绪得到了消除,对父母的期望有了理性的认知,学习热情上来了,后面几次考试成绩一直保持在班级上游水平。琳琳父母对她的学习要求也变得理性,改变了以前对她的不合理期望。

同时,我针对琳琳的不自信和挫败感,通过"局部成功补偿"的方法帮助她从挫败感和无助感中走出来,重新恢复学习的斗志和欲望。首先,改变琳琳"考前临时突击"的不良学习习惯,让她养成平时认真学习、脚踏实地的良好学习习惯。其次,针对她比较薄弱的学习技能进行单独强化训练,比如琳琳平时学习喜欢运用机械记忆的方法,我就针对某些学习内容让她运用理解记忆和机械记忆相结合的方法进行学习,提高学习效率。再次,创造成功的学习机会,比如在课堂中对她能够解决的问题让其多加"表演",并进行及时的鼓励与表扬,增添其学习的信心。最后,适当放低学习目标,让她在低起点、慢步子、分层次的要求中不断获得进步的机会,体验到成功的喜悦。同时,我也让她确立自我参照标准,促使她从自身变化中认同自己的成功,获得心理上的满足感和成就感。在大家的帮助下,琳琳很快改变了"破罐破摔"的学习心态,学习上变得积极主动,成绩也有了明显进步。

作者单位:宁波市鄞州区蓝青学校

❤ 编者微评

"双减"政策的落实很大程度上减轻了孩子们的学业负担,缓解了学生和家长的教育焦虑。但不可否认的是,学生和家长群体中又出现了一些新的焦虑和迷茫。作者通过和学生、家长沟通,从家庭教育切入,关注学生厌学的深层次原因,并层层深入,探究学生的内外部学习动机,制订了适合学生的个性化心理辅导策略和方法。手段多样的咨询调动了学校、家庭等多种资源,取得了良好的咨询效果。

13 离园之后

刘芳芳

A 烦恼来袭

离园时分,熠熠(化名)耷拉着脑袋,经再三催促才慢悠悠地背上水壶,排在队伍最后一个,左顾右盼。我经常看到,熠熠奶奶在幼儿园门口焦急地张望和呼唤,他却陶醉在游戏中,和小伙伴玩得不亦乐乎,迟迟不愿离开。之后,奶奶基本每天都很晚来接。

通过进一步谈话,我了解到,是熠熠主动要求晚接的。"双减"政策落实后,熠熠原先参加的托管班关闭了,起先熠熠开心极了,可后来他才发现每天回家后就是一个人玩,心里感觉非常寂寞和无聊。

B 烦恼成因

(一)追根——陪伴缺失

熠熠生活在"父母＋奶奶"三代同居的家庭里。父母平时忙于工作,下班比较晚,是奶奶照料着一家人的生活起居。"双减"之下,奶奶每天将熠熠接回家后,就忙于准备晚餐,这时父母还未下班,将近三个多小时都是熠熠一个人自由活动。熠熠渴望陪伴,但无奈的是父母无法满足。

(二)析缘——喜好索然

熠熠喜动不喜静,没有特别的爱好,很喜欢与人喋喋不休地聊天,喜欢和小朋友玩在一起,鲜少有一个人专注活动很久的时候。这样的特点与兴趣爱好使熠熠难以一个人长时间地独自活动。

(三)寻源——成长留白

熠熠妈妈比较重视教育,购买了许多学习活动材料。妈妈曾经尝试前一天晚上跟熠熠交代第二天回家后的活动内容,但5—6岁的幼儿依旧处于自律能力低下的阶段,熠熠没有足够的能力实施妈妈给予的学习计划。

C 烦恼消解

面对熠熠的困境,我通过集体活动观察发现,在"离园后想……"的创意活动分享中,熠熠沮丧地说:"我还是想待在幼儿园,因为家里只有我和奶奶。"我回应:"可那时小朋友都回家了,幼儿园也只有你一个人,可以吗?"熠熠低下了头,许久之后喃喃:"我喜欢滑滑梯……"我尝试从他的内心需求寻找突破点。

(一)兴趣使然——喜欢

阅读故事和绘画都是让人平心静气的活动,有助于和熠熠的现状形成互补,是独立活动极佳的载体。可是熠熠不喜欢……

做做玩玩时,熠熠拿着纸东瞧西望,总想和谁说上几句,我趁机坐到他旁边:"我们一起做好吗?"他挪挪椅子说"我不会",但并不排斥我参与。于是我拿来压花机压出一只小猫:"不会画可以想办法,粘上去,我们再来画一只。"熠熠看着自己画得歪歪扭扭的小猫笑了,他在感受美、欣赏美的基础上专注地创造美。

在图书角,只见熠熠三两下就翻完了一本故事书,然后就这个区瞧瞧,那个区瞅瞅,游荡在教室里。我拿着泡泡纸询问熠熠这是什么垃圾,他愣了一下。"去书中找找答案吧!"熠熠拿着垃圾分类的书认真仔细地看了好久,最后兴奋地喊起来:"我找到啦,泡泡纸是'其他垃圾'。"从读书小任务到小活动,熠熠参与着、体验着,看书时间慢慢地变长了。

(二)游戏体验——享受

我设计了"爸爸妈妈不在家"的游戏主题,幼儿模仿着生活情境展开游戏。熠熠参与其中,他扮演的娃娃没多久就离开了家;之后我创设连环情境,他先后遇到了坏人、警察,最后终于看见了爸爸妈妈。活动体验让熠熠初步感受离开家长独自一个人活动的危险,同伴讨论让熠熠感知到父母的担心,我随即将幼儿的分享绘制成"一个人出走很危险"和"一个人可以做什么"的海报,张贴在教室里供熠熠和其他幼儿进行浸润式学习。

传统民间游戏有着深厚的文化底蕴,玩法丰富,是适宜在家中游戏的不二之选。我提前筛选好适宜幼儿的民间游戏,然后在熠熠跟前饶有兴趣地玩起来。熠熠满心好奇地围观:"哇,这是什么啊?让我也玩玩……"然后他就玩得不亦乐乎。于是,我不断地向熠熠推出新的民间游戏,并联动妈妈制作或采购游戏材料,让熠熠在家也能享受趣玩民间游戏的愉悦。

(三)趣约任务——快乐

由于妈妈交代任务时生硬强加的方式,熠熠内心并不接受。我尝试通过下达任务挑战单和编制活动计划的方式,激发他主动参与活动的内驱力。

家园合作制作了任务单,当内容和熠熠经验兴趣共鸣时,他会兴奋地喊起来:"这个陀螺我会的。"后来,熠熠自主选择了打陀螺,阅读图书《恐龙大世界》《垃圾分类》,拼图雪花片和制作"小猫"等内容。可一段时间后,奶奶反映:熠熠只能好好地玩一阵子。于是我引导妈妈使用"代币奖励法",通过家园协商明确任务单内容,比如,成功挑战连续跳绳50下奖励多少币等。熠熠面对有一定难度的挑战表示为难,我就在幼儿园指导他具体落实任务单:明确挑战内容、如何渐进完成、花费多长时间、完成意义所在等。熠熠为了礼物,持之以恒地一步步接近任务单目标,终于在一星期后,他得到了心心念念的"挖掘机"。

熠熠在成就感和小礼物的驱动下,自律开展自主活动,居家活动饱满而不失童趣。

渐渐地,熠熠从被动消极等待到主动建构活动获得经验,从家园引导获得方法到在自己发现、分析、解决问题中习得方法……熠熠拥有了活动的自主权和独立解决问题的能力,"离园后"变得美好而有意义。

作者单位:宁波市北仑区霞浦中心幼儿园

> **编者微评**
>
> "双减"政策的实行,减少了超前、强化培训的托管机构,还给了幼儿一个纯粹的童年。作者为解决熠熠离园后看管难、无人陪的困难,积极分析他的性格特点与兴趣倾向,以培养独自活动能力为核心,联动家长,形成家园合力,通过游戏化途径帮助熠熠弥补无法专注活动短板,拓展熠熠离园后活动的内容与形式。
>
> 中国素有尊敬老人、热爱劳动的传统美德,建议熠熠的居家活动可以适当融入奶奶的角色,融合开展"五育"(即德育、智育、体育、美育和劳育)活动。

14 从趣玩篮球开始

顾琼洁

A 烦恼来袭

户外活动时,小明(化名)一会儿双手交替拍篮球,一会儿胯下拍球,后来居然一边拍篮球,一边滚轮胎。小红(化名)忍不住惊叹:"小明为什么这么厉害?"小明告知她是在宁波学的。小红也学着小明双手交替拍起篮球,可当小红尝试胯下拍球的时候,篮球跑掉了。小红试了很多次,都没有成功。

当天晚上,我接到了小红妈妈的电话,她告诉我,小红也想像小明一样学篮球,可是她打听了一下,这附近没有学篮球的地方,小红知道后很不高兴。我让小红妈妈不要太担心,大家一起来想办法。

第二天,我发现小红不笑了,而且一直用羡慕的眼光看着小明,我能够明显感受到她失落的心情。

B 烦恼成因

"双减"背景下,幼儿的业余时间增多,家长们的观念也发生了变化,越来越重视对幼儿兴趣的培养,所以当妈妈知道小红想学篮球时很想满足她的想法,但遇到了问题。小红看到同伴拍篮球时两眼放光,当知道不能学的时候,情绪消沉。分析原因主要有以下几点:

（一）想尝试止于没能力

当小红看到小明高超的篮球技能时,她觉得小明特别厉害,所以也想尝试一下,但尝试后才发现,自己没有专门学过篮球,并没有能力做这些有趣的篮球动作。

（二）感兴趣苦于没平台

小红在小明的影响下,对篮球充满了兴趣,想通过学习提高自身的篮球技能,但是妈妈却告诉她,附近没有幼儿学习篮球的机构。

（三）想满足迫于没条件

小红的爸爸、妈妈虽然想促成小红学篮球的愿望,但是迫于工作繁忙,没有过多的时间陪伴小红去宁波学习篮球;而且父母自己也没有任何的篮球技能,没有条件及能力满足小红的兴趣。

烦恼消解

鉴于小红的情况,我进行了思考:小红的爸爸、妈妈无法满足她的兴趣及愿望,那我呢？我园目前正在开展阳光健康课程,篮球就是其中一项内容,那何不有效运用我园特色,开展多样的趣味篮球活动来满足小红的学习愿望呢？"双减"政策实施后,小红的业余时间多了起来,如果能在幼儿园培养小红的兴趣,并将兴趣延伸,一定能让她的业余生活更加丰富。鉴于类似小红的幼儿也不少,领导采纳了我的建议,支持我园开启趣玩篮球系列活动。

（一）可行性分析

幼儿园有两名体育男教师,他们都具有十年以上的体育教学经验,并且掌握了扎实的篮球技能及有趣的教学方法。同时,作为体育特色园,师训部门还组织全体教师参加过篮球专项培训活动,使每位教师都能够担任幼儿趣玩篮球的指导者。

（二）丰富的活动

根据师资结构及对趣味篮球活动的分析,我和篮球教师共同商议,创设了一系列丰富的篮球项目活动,开展方式多样,并且不会影响小红参加正常的教学活动（见下表）。

篮球活动安排

项目	参与对象	时间安排	开展方式
篮球对抗赛	大班每班5人	每周二、四功能馆活动时间	以班级为单位组建篮球队,开展对抗赛活动
花样篮球操	园级篮球队	每周一、三、五区域活动时间	从大班中挑选篮球技能较好的幼儿成立花样篮球队,进行系统训练

续表

项目	参与对象	时间安排	开展方式
炫酷篮球馆	中大班幼儿	每周二、四功能馆活动时间	以班级为单位开展篮球馆活动
阳光擂台赛	中大班幼儿	每天晨间活动时间	提供篮球挑战内容,幼儿采取报名的方式进行挑战
欢乐篮球场	全园幼儿	每天户外活动时间	开辟专门的篮球场,各班轮流在场地上借助辅助材料开展篮球游戏

在做好一系列准备工作后,我和小红进行了交谈,告知她不仅可以参加面向全体幼儿的篮球活动,还可以尝试参加园级篮球队。小红听了后笑逐颜开,兴高采烈地投身到了趣味篮球活动:参与"炫酷篮球馆"→畅玩"欢乐篮球场"→挑战"阳光擂台赛"→评选"花样篮球手"→观看"爸爸表演赛"……篮球成了她密不可分的伙伴,而且她和小明的球技越来越接近。

她的爸爸、妈妈在放心的同时也非常开心。在我的倡议下,小红爸爸还当起了助教员,共同参与活动。

(三)活动见成效

在活动开展过程中,我经常去看小红,发现她的篮球技能有了较大程度的提升。在与小红交流的过程中,我能够明显感受到她愉悦的心情,她的爸爸、妈妈也不止一次对我表示感谢。活动成效可概括如下:

1. 提高了运动机能

不管是在幼儿园还是在家里,小红每天兴致勃勃地玩着不同的篮球游戏,在游戏中动作有了较好的发展,运动机能也得到了提高。

2. 增进了亲子关系

小红爸爸在我园篮球教师引领下,成为家长助教员,每天都能够带着小红玩各种各样有趣的篮球游戏,不仅帮助小红巩固了篮球技能,还在陪伴的过程中增进了亲子关系。

3. 减轻了家长负担

趣玩篮球活动不仅解决了小红家长找不到合适的培训班的苦恼,还为他们减轻了经济及时间上的负担。

作者单位:宁波经济技术开发区幼儿园

> **编者微评**
>
> "双减"政策下,怎么样填补幼儿的空白时间?幼儿的兴趣培养显得尤为重要。为了满足小红的兴趣,作者从园本课程出发,联动篮球教师开展了一系列趣玩篮球活动,不仅满足了小红的兴趣,还解决了家长没有时间陪伴的问题,同时小红的身体机能也得到了提高。
>
> 由于篮球特色教师有限,其余教师掌握的篮球训练技能有限,篮球兴趣活动的惠及面相对比较窄,建议幼儿园今后通过内培等方式增加篮球教师数量,以此满足更多幼儿的兴趣要求,让他们都能参与趣玩篮球活动。

15 你好,小学

李梦璐

A 烦恼来袭

开学以来,我发现班上个别家长对"双减"政策的出台,有比较强烈的焦虑情绪。特别是豆豆(化名)妈妈,在等待接送的时候,时不时和其他家长讨论:"现在哪里有拼音班?你们在学写字了吗?"有一次在电话联系中,豆豆妈妈问我:"老师,大班最后一年了,幼儿园学的知识够豆豆适应小学吗?你觉得我们需要在外面进行一些什么辅导呢?"

B 烦恼成因

了解了豆豆妈妈在"双减"背景下的焦虑表现,我们进行了一次有目的且深入的对话。在谈话中,我发现豆豆妈妈产生焦虑的原因主要有以下几个方面:

(一)家长对学前教育的认识不够

豆豆妈妈不清楚幼小衔接阶段幼儿的身心特点,不清楚小学与幼儿园教育的差异。因此,为了孩子的成绩,在进入小学前,她特别注重对孩子文化课的提前学习,忽视了德育、体育、美育等方面。

（二）盲目从众心理严重

现如今"双减"政策下，幼儿培训市场虽没有之前的"火爆"，但社会意识倾向"小学化"还是存在的。豆豆妈妈看到其他家长给孩子报班，也跟着盲目报班，以求心理安慰或者能够弥补家庭教育的不足。

（三）家庭教育的长期缺位

豆豆妈妈、爸爸工作比较繁忙，不得不把教育依赖于培训机构，导致家庭教育长期缺位。但"双减"背景下，教育回归家庭，要求家长更多地承担孩子的教育责任，豆豆妈妈就陷入了"教什么"和"怎么教"的困境。

C 烦恼消解

（一）正确认识，落实"双减"

在"双减"政策下，家长需要不断地学习，更新自己的教育观念，而不只是关注孩子的学习成绩。为了豆豆的家庭能形成一种民主平等的氛围，让孩子既听从家长的教导又有自己的主见，我建议豆豆妈妈多阅读几本教育书籍，像《自驱型成长》等，不断提高自己的科学育儿能力，和孩子一起成长。

（二）亲子谈话，聚焦小学

为消除豆豆妈妈的焦虑，我提醒豆豆妈妈应关注孩子的根本需要，听听孩子的内心想法，多和孩子聊聊关于小学的事。孩子除了憧憬，可能伴随着担忧和紧张。我建议豆豆妈妈为孩子准备一张表格，表格中设有"即将入学的心情""你认为的小学是什么样的""有哪些担心的事儿"等等，与孩子一起记录下来，从而了解孩子对进入新的学习阶段的憧憬与不安，为之后家园合作，解决这些不安提供依据。针对孩子的问题，家长可以通过关注目标小学的公众号、网站，收集小学的视频和照片，来一次特别的"云参观"，在参观结束后，鼓励孩子用画笔记录心目中的小学。这样既消除了焦虑，又增进了亲子关系。

（三）家园合作，实施推进

为排除豆豆妈妈在幼小衔接阶段的迷茫和不了解，我根据幼儿园每月"幼小衔接"的各个阶段和重点，设计了表格，供豆豆妈妈更加直观、有计划、有目的地进行家庭指导和实施，降低焦虑感。

"幼小衔接"实施计划

阶段	实施时间	工作重点	实施计划	家园配合
第一阶段（5月）	第一周	小学生活"一百问"	1.围绕"小学"话题进行谈话，交流关于小学的经验 2.能积极参加讨论，并用图表记录下自己关心的小学问题	关注孩子的想法，捕捉孩子的情绪

续表

阶段	实施时间	工作重点	实施计划	家园配合
	第二周	参观小学	1.通过参观小学,初步了解小学的环境设施、上课氛围、活动内容等,发现小学与幼儿园生活、学习的不同 2.大胆采访小学生,寻找自己想知道的问题的答案	与孩子聊一聊自己孩童时期的小学生活
	第三周	小学与幼儿园的不同	1.能大胆地说一说、画一画小学和幼儿园的不同之处 2.对小学生活感兴趣,萌发对小学生活的向往	周末可以递进式调整孩子的作息
	第四周	哥哥姐姐回来了	1.倾听小学生的介绍,进一步了解小学生的学习情况 2.初步知道成为小学生所需要的本领,提高为当小学生做准备的积极性	引导孩子与家周边的小学生交谈
第二阶段 (6月)	第一周	探秘小书包	1.设计自己的小书包;知道书包的作用 2.整理书包、文具比赛	协助孩子整理书包过渡到自主整理
	第二周	小学体验站	1.体验系红领巾;体验看课程表和课间十分钟 2.小学教师来上课	家里可以创设"小学角"进行体验
	第三周	毕业倒计时、"画别"幼儿园	1.设计倒计时牌,画一画幼儿园,感受毕业日期的临近 2.珍惜余下的幼儿园时光以及和师生、同伴的美好情谊	与孩子谈谈三年幼儿园美好的生活
	第四周	创新毕业照、毕业典礼邀请卡	1.设计自己喜欢的毕业照、纪念册、"我"的名片 2.回忆三年幼儿园美好的生活,设计毕业典礼邀请卡	聊一聊孩子最喜欢的同伴,关注情绪
第三阶段 (7月)	第一周	勇敢者之夜、毕业典礼	1.培养幼儿勇敢的精神和生活自理能力 2.组织庆祝毕业典礼,聊一聊毕业的心情	增强孩子升入小学的决心和动力
	第二周	毕业旅行	学会感恩;体验人生第一次毕业的成就感和幸福感	/
	第三周	学做小学生计划	能自己安排计划并对照计划,进行暑期"幼小衔接"活动	从协助孩子安排计划过渡到孩子自主安排
	第四周	幼小衔接习题	科学合理地进行必要的习题练习	练习幼小衔接习题

(四)日常沟通,加倍有效

在日常生活中,我和豆豆妈妈一直保持着良好的沟通,对豆豆妈妈的焦虑心理做好良好的引导和排解工作。在每一次交流中,对于豆豆妈妈的困惑,我都给予可实施的建议。

当豆豆妈妈对孩子的时间观念差感到焦虑时,我建议制订家庭作息安排表。表格制订之前,我让豆豆妈妈准备两个时钟(指针式时钟与数字显示钟),并有意识地在一日生活的起床、餐点前后、学习、游戏活动等环节中引导孩子观察时钟、认识时钟。之后,豆豆妈妈和孩子一起制订了家庭作息安排表的内容。表格内容劳逸结合,分层细化,既能培养孩子良好的学习习惯和整理习惯,又可以改善孩子的拖拉现象。

实施一段时间后,豆豆妈妈又反馈孩子的整理习惯还是有所欠缺。对此,我建议豆豆妈妈为孩子提前准备好一只书包、一张专用书桌,引导孩子每天学习前后整理好学习用品。例如,明白书包里要带的东西,并按照用途进行分类:防疫物品——口罩、纸巾放在书包最外层的袋子里,学习用品——绘本、笔袋等放在书包的最大袋子里等。

通过一系列家园沟通、指导,孩子的时间观念、自理能力、学习习惯有了较大提升,豆豆妈妈的焦虑情绪得到了明显缓解,并且亲子关系更加和谐,家园关系更加融洽。

作者单位:宁波国家高新区第一幼儿园

❤ 编者微评

"双减"政策是让教育更接近其本质。作者为了让家长和孩子拥抱新的变化,探寻正确的方向,通过家园的不断沟通,让家长树立正确的教育观,了解幼小衔接的根本目的和意义,关注孩子的年龄特点和内心需求,而不盲目跟风。通过家园携手,孩子在时间观念、整理能力、学习习惯等方面有了一定程度的提高,家长对幼小衔接的焦虑得到了有效缓解。

在与家长的沟通辅导过程中,作者发现仅依靠幼儿、家长、幼儿园教师的沟通,有时还不足以解决家长对幼小衔接的焦虑。家长往往会希望获取小学阶段学习生活的第一手资讯和相关辅导。后续可以由幼儿园进行牵线搭桥,与周边的小学进行结对合作,邀请小学教师为家长提供幼小衔接方面的讲座。

16 兴趣班的风波

罗锋敏

A 烦恼来袭

2021年9月下旬的一个下午,八年级女生小维(化名)同学来找我,她情绪低落,说自己的数学成绩中等,但不想平时晚上"补课"。她想通过自己的努力,查漏补缺,争取把成绩提上去。上周因为兴趣班的事情她跟父母闹矛盾了,争吵的焦点是兴趣班的选择。"双减"之后,小维想好好利用周末时间发展兴趣爱好,除了完成作业,她想学爵士舞。就在上个周末,妈妈没跟小维商量,就为她报了周五晚上的数学兴趣班,理由是她的数学成绩不理想,需要通过课外报班来辅导提高,于是母女之间发生了激烈的争吵。一场"世界大战"后,母女关系很僵,未再对话。近日,小维情绪低落,担忧学业成绩,也担心自己的爵士舞兴趣班可能泡汤了。

B 烦恼成因

"双减"背景下,由于每一位家长的教育理念不一样,加上对"双减"政策的理解程度不一样,很多家长并没有真正去思考"双减"之后,孩子需要什么样的教育。孩子因为自己的想法和兴趣得不到父母支持,对家庭成员很失望,于是封闭自己的内心,拒绝与父母沟通交流。

谈话过程中,小维有点失落,很少与我对视,心理量表显示她处理人际关系时非常紧张,疑似轻度焦虑症。小维为什么会焦虑?有多方面原因:第一,周末很想发展自己的兴趣爱好却遭到父母反对,内心不平衡;第二,数学学科薄弱,在学业上没有自信,考试成绩不理想,成就感颇低;第三,亲子矛盾加剧她的焦虑,父母的担忧也是有道理的,但她自己不会主动低头去沟通。

C 烦恼消解

这个案例中,小维情绪低落,有学习上的焦虑,也有亲子关系的冲突,还有理想自我与现实自我的矛盾,但尚未引起严重的心理反应,我判断为一般心理问题。需要改变她的认知,正向激励看待问题,我试着用焦点解决治疗方法。

(一)澄清问题,建构合理目标

访谈一开始,为了澄清小维焦虑心理背后的情绪和信念,我用数字评分评估她目前的状态和期待值,并对她进行了刻度化提问。"假如 0 分表示学习状态最差,10 分表示状态最好……你现在处于 1—10 分之间的哪个分数?哪个分数是经过努力和控制后能达到的最佳状态?"她回答目前学习状态是 5 分,她的期待是 9 分。我再次切入提问:"假如你真的达到了刚刚选定的理想状态,你觉得自己会是什么样子的?"第一个问题,旨在让学生意识到达到理想状态是可控的、能实现的,强化她对问题的掌控感。第二个问题类似于奇迹问句,旨在帮助她走出情绪陷阱,让她在想象和描述过程中体验成功情境,清楚地看到自身的改变,达到解决问题的效果。小维描述理想状态下,她每天都能努力学习,学习效率高,学习成绩优良,与父母关系融洽,周末能有时间去上爵士舞兴趣班。回答这一问题的过程中,小维其实已经在重新塑造生活,感受到自身是有能力的。

(二)有效反馈,寻找例外和支持

第一次咨询主要是澄清问题,与学生建构合理的目标。第二次咨询重点放在对问题解决策略有效性的探讨上,让小维寻找以往亲子关系成功的经验,建立合理的支持系统。根据刻度化的提问,现状与理想状态之间相差了 4 分,我问:"你觉得缩短两者之间的距离需要做什么?在以往的亲子关系中,是否曾经出现你所描绘的理想状态,当时发生了什么?是什么激发了你保持这种状态?"小维在经过一番思考之后说,以前她跟妈妈能主动沟通,情绪不激动,有理有据,并想办法说服妈妈。她跟我描绘了当时的场景,谈话中我能感觉她的身上有了一股力量。

(三)主动沟通,解开心结

小维意识到亲子关系中沟通的重要性之后,按照我给的提纲,主动与妈妈开诚布公地谈了一次,谈话内容包括她自己内心的想法,数学成绩提升计划,兴趣爱好与学业的规划等。当然,事先我也与她的妈妈沟通过,诚恳地指出了妈妈教育方法中存在的一些问题,提出要尊重孩子的意愿,与孩子一起解决问题,共同制订规则等一系列建议。

第三次访谈时,小维反馈说与父母沟通好了,双方平心静气地进行了交流,这次妈妈很耐心地听了她最真实的想法,表示支持她的兴趣班计划,但是必须要保证数学成绩能提升,她答应了。

(四)自我监督,获得成功体验

解决了兴趣班的事情后,小维想尽快提升数学学科的成绩,这次咨询的目标,就是要激发她内在的学习动力。我让她记录下每天的数学学习情况,精细化地将学习成果可视化。

小维每日数学学习记录表

时间	计划完成任务	实际完成任务	完成比例	调整方案	自我感受(焦虑程度、内在力量)

这样的表格能有效地促进小维的自主学习,同时也可以看到小维的进步。时间分布越来越合理有序,自我感受中的积极体验越来越多。小维从中收获了满满自信,数学成绩稳中有升,而且其他几门功课成绩也有进步。

作者单位:宁波市东恩中学

❤ 编者微评

心病还须心药治,"双减"政策之下,学生的心理问题多数表现在课堂学习、亲子沟通上。面对小维这个具体个案,作者正确判断她亟须改变自己的认知,用正向激励看待问题,并适时运用焦点解决治疗方法。作者从四个方面入手,层层深入地为学生解开心结,导引航向,并启示家长学会正确看待"双减"政策,全面评价孩子,给孩子一个良好的家庭教育环境。

 17 "双减"后的焦虑

许霄雯

A 烦恼来袭

随着"双减"政策的落地与实施,我发现班级里出现了一些新的变化。以小温(化名)为例,他是一个学习成绩相对领先的孩子,也是我的课代表。"双减"以前,他是班里名副其实的"学霸",是家长赞不绝口的"三好学生"。小温除了每天完成学校布置的任务,还要去参加父母给他报的各种兴趣班。而随着"双减"政策的落实,各种补习班和兴趣班纷纷关闭,这给小温带来了一种前所未有的"空虚"感。他已经适应了每天"三点一线"的课内学、课外补的学习节奏,现在心里很迷茫。他表示不能理解:好好的能增长自己知识和能力的补习班,怎么突然就被喊停了呢?

对于小温这样的孩子,他们已经习惯了被学习填充自己的生活,"双减"一下子让他们感觉很"空虚"。我将这一变化与同事进行了交流,发现诸多任教小学高年级阶段的教师们都有类似感受。

B 烦恼成因

通过查阅相关资料后,我认为,小温产生焦虑的原因可以从内因和外因进行分析:

(一)内因

第一,小学高年级阶段学生正处于环境敏感期,儿童心理学巨匠让·皮亚杰提出人的心理受到环境和基因的双重影响。小学高年级阶段的学生已经拥有主动、独立的思考能力,外界的细微变化都有可能引发他们大量的思考。"双减"政策落实得越快速,小温的心理刺激反应就越明显,而外界对此政策的议论与反应,也会进一步地影响到小温心理的变化。

第二,心理存在惯性,环境的迅速变化导致心理落差出现。长久以来,小温习惯于充实、紧张的学习生活,以前他可以通过补习班代偿压力,或通过充分学习防止产生过多杂念。"双减"政策严禁超标、超前培训,减少了学生的课内作业和校外培训负担,但就像急刹车一样,突然急停的前倾,势必会让小温一下子难以适应。

(二)外因

来自外界的竞争压力和父母的要求与期待也会导致小温焦虑情绪的出现。"双减"政策落实之后,小温的家长很焦虑,担心孩子不会自主管理时间又贪玩,玩手机或看电视会上瘾等。于是,父母反复提醒、多次嘱咐、不停唠叨,恨不得像一架直升机一样,时刻盘旋在孩子上方观察、监督、指导,对孩子全方位把控,这无形之中加重了小温的焦虑情绪。

C 烦恼消解

综合以上分析,作为一名教师,我及时地对小温进行了心理辅导,并从以下几个方面帮助处在焦虑中的小温重新认识自我,打开心灵的窗户,帮助他重新走上学习和生活的正轨。

(一)找寻自我,培养学生的自主性

对于像小温这样处于焦虑状态下的学生,作为教师,帮助他们寻找自我内驱力,培养学生的自主性是很有必要的,因为强烈的动机能够激发人的潜能,而唯有由内而生的自驱力,才能更有效地帮助人们实现目标。"双减"政策之下,我给小温提供了更多选择和自主决策的机会,我用课后时间,找到小温一起商量制订了适合他的学习计划,在小温给出自己想法的基础上,帮助他合理规划课余生活。

(二)理解信任,培养学生的自我效能感

"双减"政策实行以后,小温有了更多自主选择、自己支配的时间,这就更需要他有自我管理能力。现代社会变化加快,越来越多的不确定性,更需要学生有自己发现问题、分析问题、解决问题和自我决策的能力。因此,在一次次的尝试活动中,我经常鼓励小温,帮助他树立自我效能感。小温在积极的情绪体验中,逐渐提升了承受失败和挫折的能力。

(三)鼓励交往,提高学生的归属感

作为教师,我发现小温之前只顾着自己学习,在班级里并不是很合群,因此,我通过开设一些主题活动,积极地帮助小温融入班级,极大地增强了他和其他学生之间的感情交流。小温不再像以前一样独来独往,有了很多好朋友,焦虑情绪也慢慢缓解了。良好的人际关系不仅能满足孩子的归属需求,还可以提升抗挫折的能力,使孩子更加健康和积极,更敢于迎接挑战,也更加热爱生活。

(四)家校合一,调整家长的心态

"双减"背景下,有些家长过于焦虑,给孩子很大的压力。因此,我主动联系小温的家长,经常性地反馈小温在学校的表现;同时督促家长学习科学教育理念,在平时生活中,经常对小温进行沟通疏导。通过家校互动,小温的家长逐渐调整了心态,使亲子关系更加和谐。

"双减"政策的主要目的是促进学生全面发展和健康成长,进一步减轻学生校内作业负担和校外培训负担,真正让我们的教育回归本真。作为一名教师,我要时刻关注学生的成长,调节学生在成长过程中出现的各种情绪问题,真正让学生回归本真,轻装上阵,快乐成长。

作者单位:宁波市余姚市实验学校

♥ 编者微评

"双减"是适应新时代要求的先进政策,学业压力的减轻和课外活动时间的增多无疑能够帮助孩子更快乐地享受童年。但长期以来大环境的压力也确实难以让部分学生迅速适应,对于像小温这样对自我要求较高的学生,作者肯定了其优势,保护了孩子的自尊心;同时,通过辅导,又培养了孩子自主学习的能力,并在家校合作的基础上促进学生全面发展。

反之,在实际教学生活中,也有部分学生面对"双减"会过于放飞自我,建议作者思考如何针对学生的不同特点,切切实实平衡学生的学业和兴趣,切忌焦虑不安,也切忌放纵自由。

18 我喜欢现在的作业

蓝海味

A 烦恼来袭

小伟（化名），8 岁，三年级男生。从一年级入学就表现出一些多动行为，主要表现在：上课无法集中注意力，爱做小动作，爱讲空话，做事粗心，经常丢三落四，做作业特别磨蹭，下课常有攻击性行为，一年级时医院确诊为注意缺陷多动障碍（ADHD）。他父亲工作很忙，很少参与家庭教育，母亲是主要教育者，容易焦虑。因为小伟做作业特别慢，错误又较多，母亲常常责骂。有一天晚上，小伟因为作业磨蹭，母亲动手打他，他把桌上的学习用品全都扔在地上，双手紧紧握着拳头，怒视着母亲，大声喊："我不做作业了！我不做作业了……"第二天早上，小伟还是跟着母亲去上学了。小伟上学后，母亲立即向我求助。

"双减"政策要求减轻学生的学习负担，像小伟这样有多动障碍的学生，教师布置的作业虽然已适当减量，但当孩子还是因为作业产生诸多问题时，意味着教师需要为他量身定做，布置更符合他特点的个性化作业。

B 烦恼成因

（一）自身原因

1. 非自主多动行为

由于患多动障碍，小伟自制力薄弱，常表现出一些不受控制的多动行为，导致他在校、在家学习和完成作业等方面都存在一定困难。

2. 认知行为的偏差

小伟做作业速度原本就比较慢，再加上听课效果相对较差，做作业时常常遇到困难，不会做的题目较多，受挫较多，因而多数时候不喜欢做作业。

（二）家庭原因

1. 教养方式不当

小伟被确诊为多动障碍后，医生建议对小伟降低学习要求，母亲却认为学习不能落下，除了学校作业，有时还会额外给他补习。父亲对小伟的学习成绩比较失望，不管不问，父母还常当着他的面为一些琐事吵架。

2. 沟通模式不良

父亲忽视,母亲严苛,父母还经常吵架,家庭生活缺乏安全感,小伟内心压抑了太多的负面情绪,最终导致与母亲直接对抗。

C 烦恼消解

(一)个体辅导:了解困惑根源

我把小伟约到了心理辅导室,我认真倾听他的每句话,观察到他一直紧握双拳,当讲到"我作业做得慢,妈妈就可以打我吗"时,他的双拳握得更紧了。我搬来一张空椅子放在他对面,告诉他:"此时妈妈就坐在这张椅子上,你想对她说什么?"通过对空椅子"控诉",小伟从开始的愤怒到后来的哭泣,十多分钟后,他的情绪渐渐平复下来,我也明白了他的问题大多是由家庭作业引起的。

(二)家长咨询:引入家庭治疗

要改变小伟,首先要改变其家长的作业理念。中午,我把小伟父母请到了心理辅导室,沟通后,他们意识到自身的很多教育理念和方法都有待改进,而当务之急则是讨论如何解决小伟的情绪问题。我们还就其作业问题进行了深度沟通。

(三)家庭访问:达成家庭和解

当晚,我进行了家访,父母都为以前对小伟实施的不当行为向他道歉,他们还让小伟尽情"吐槽"。之后,小伟的心结渐渐解开了。解决情绪问题后,我和小伟一家讨论家庭作业问题,为他量身定做了个性化作业菜单。

(四)焦点赋能:重建作业模式

要切实解决小伟的作业问题,不单单是减轻学习压力,还须关注他的情绪问题、亲子问题等。我和任课教师及家长多次沟通,长期跟踪指导,不断调整,并征得小伟的认可,最终形成了以下个性化作业菜单:

1. 严控学习作业,减轻学习压力

(1)书面作业:家长常与任课教师交流,践行"个性化作业",书面作业时间严格控制在1小时以内。

(2)读背作业:适当减量,有的背诵作业或改为朗读。

(3)课外阅读作业:自主选择书籍,每天保证阅读20分钟以上。

2. 增加游戏作业,提高注意力水平

(1)个体常规游戏:玩多米诺骨牌、拼拼图、转魔方等。

(2)父子常规游戏:走五子棋,每周保证2次以上。

(3)其他亲子游戏:数字游戏、手指游戏、"萝卜蹲""数青蛙不出错"等。

3. 保障沟通作业，塑造积极人格

(1)每天沟通15分钟以上，父母以倾听为主，多鼓励，多肯定。

(2)每天一个拥抱，一个睡前正向赋能(用"具体事例＋优秀品质"的格式表扬一个优点)。

(3)每周一次家庭会议，鼓励小伟"吐槽"，及时宣泄不良情绪。

4. 丰富活动作业，培养健康习惯

(1)每月坚持一种运动(可结合学校运动作业)，实施运动打卡。

2021学年第一学期运动打卡表

时间	项目	训练次数	最高成绩	评价
10月	一分钟跳绳(前摇)	每天2次以上	176个	坚持得很好
11月	立定跳远	每天3次以上	141厘米	进步显著
12月	一分钟跳绳(后摇)	每天2次以上	154个	训练很刻苦
1月	一分钟仰卧起坐	每天2次以上	45个	一天天进步

(2)每天选择一样家务劳动。抓大放小，一个阶段重点训练一个行为，如第一阶段整理书桌。

(3)每个周末一次户外活动。

通过一系列个性化作业菜单，小伟逐渐喜欢上了现在的作业，他的情绪状态、家庭行为和亲子关系都有了改善，学习态度也较以前积极，性格也越来越开朗了。

作者单位：宁波市奉化区锦溪小学

编者微评

"双减"政策要求减轻学生作业负担，提倡作业分层、灵活、个性化。对小伟这样的多动障碍患者，作者根据其特点量身定做，实施了个性化作业，不然就可能因为作业问题滋生诸多问题。如何为他量身定做个性化作业菜单？在这个问题上，作者和小伟及其家长一起商量决定，是一个非常明智的选择。

由于想兼顾小伟的兴趣、情绪、亲子、多动障碍等，作者的作业菜单内容还是多了些，是否能够更好地取舍？希望作者在今后的作业实践中能进一步完善，进一步促进多动障碍患者的健康成长。

第三辑

心理辅导之同伴携行

　　"物以类聚,人以群分",若同龄人有着共同的语言,自然是一个和谐友爱的群体。然而,在这个群体中,总会存在几个"局外人",他们渴望与伙伴交友,但往往被拒之门外。如何帮助他们交友,便成了作者们需要关注和解决的问题。由此,作者们在案例中针对各个个体的特点,适时共情,挖掘资源,积极赋能;采用"空椅子"技术等调整角色期待,修正不正确的人际交往认知,启发"局外人"的自我认同,最终成功地将"局外人"转变成了"局内人"。

19 天青色等烟雨

霍施称

A 烦恼来袭

考前一个月,濛濛(化名)突然哭着跑来找我,语气哽咽:"老师,呜呜……"

"濛濛怎么啦?"我关切地望着她。起初,濛濛不肯袒露自己情绪失控的原因,后来在我的安抚和宽慰下,她渐渐敞开了心扉。

小滨(化名)是个清秀腼腆、说话温和、待人礼貌的男孩子。考前一个月,小滨被高校提前录取准备离校,濛濛的心态因此崩溃了。

"老师,小滨不能在学校多待一段时间吗?"濛濛啜泣着问我。

"你知道的,他被提前录取了。"我轻声告诉她,"作为同学,你应该为他高兴对吗?"

"我舍不得他,我一想到他这两天就要走了,心里便很难受。"濛濛急切地解释着。"老师,我应该喜欢上他了,不然为什么我会控制不住自己去想他,想跟他聊天,想上课看着他,喜欢他对我笑的样子。看到他跟我讲话时的眼神,我觉得他应该也是喜欢我的……"濛濛越讲越激动。

我知道濛濛非常热爱跳舞,高中三年,心无旁骛,一直在跳舞这条道路上坚持不懈地努力着。临考前,看到她如此矛盾、纠结的状态,我决定对她做异性交往的心理辅导。

B 烦恼成因

高三年级上学期,濛濛一个人在异地进行舞蹈集训。高强度的训练,重复枯燥的练习,加之陌生的城市和同学,让濛濛倍感疲惫,苦闷无处排遣。我在与濛濛深入的交谈中发现,濛濛的妈妈对她寄予了厚望,如果投入和成绩不匹配的话,濛濛说妈妈会对她非常失望的,这无形之中又进一步加剧了濛濛的不安。

在训练的日子里,濛濛缺少朋友的温暖和家人的关心,身心都承受着巨大的压力,她迫切需要一个关心她、在乎她累不累的人。所以当小滨对她温暖相待时,濛濛便感动不已,感觉自己的心理"缺口"得到了慰藉。因此在她回校后不久,便对这个笑容温和的男孩产生了不一样的感情。

美国心理学家斯滕伯格在"爱情三角理论"中提到:爱情由激情、亲密、承诺三要素组成。当前濛濛所呈现出来的状态,比较符合"爱情三角理论"中的"激情"和

"亲密",即情绪上的着迷以及内心的喜欢和亲近的感觉。但喜欢并不等于爱情,真正的爱情还需要"承诺",即愿意为这份感情承担责任。濛濛享受"激情",喜欢与小滨"亲密"——迫切想要与他交谈、和他有关联,但不愿为这份感情有所"承诺"。小滨为了安抚濛濛的情绪,在给濛濛的回信中写道:"高考加油,我在大学等你!"濛濛欣喜他的回应,但她没有想过,也不想将来跟小滨上一个大学,更别说与之有进一步的发展。

C 烦恼消解

(一)师生共情谈话,关爱内心世界

在与濛濛谈话过程中,我会站在她的角度去理解她的情感世界,给她带去温暖。共情谈话不仅可以减少彼此谈话的障碍,还有利于濛濛的自我表达和探索,帮助她聚焦情感背后的问题,寻找引发情感的真正原因。

(二)记录"着迷日记",缓解焦虑情绪

当濛濛出现想小滨、想跟他聊天、想上课看到他,或因他不在而感到焦虑等各种"着迷行为"时,我让她把自己当时的想法、感受、行为和结果重点记录下来。通过写"着迷日记",濛濛可以进一步反思自己的日常行为,学会区分"着迷"和"爱情",同时也有助于她控制自身的着迷行为,减少对日常生活的影响。

(三)走出交往误区,塑造健全人格

青春期的孩子正从异性疏远期向异性亲近期发展,有了解异性、接近异性的欲望。少男少女之间互相欣赏,互相吸引,这是走向成熟的表现。但这一阶段,由于年龄、社会经验等局限,他们对情感的理解不够透彻。我通过开展各种形式的班级活动,如心理表演剧、辩论赛、男女合作足球赛(篮球赛)等,创造条件,鼓励濛濛进行积极健康的异性交往,帮助其走出异性交往误区,建立美好和谐的人际关系。

(四)满足情感需要,重塑亲子关系

濛濛看似是个开朗的孩子,但内心非常需要别人的关爱。在学校,她已有朋友相伴;在家里,我建议其父母要加倍关心濛濛,让濛濛的内心情感世界能从友情和亲情中得到满足。濛濛的父母并不擅长和孩子聊心里话,但他们采用书信表达等方式,最终建立起了相互信任的亲子关系,家庭成了濛濛情感宣泄的"舒适区"。

(五)科普恋爱知识,建立成熟恋爱观

在濛濛认识了异性间如何健康交往的基础上,我把问题引向更神秘、更敏感的话题——"恋爱"。结合濛濛喜欢的明星、历史名人的婚恋故事,我对她进行正面引

导,消除恋爱的神秘感,让她明白"完美的爱情"只有同时具备激情、亲密和承诺三个基本要素才可实现,帮助她建立良好的、全面的恋爱观。

我说:"'天青色等烟雨',只有温度和湿度刚刚好的烟雨天气,才可烧制出天青色。濛濛,请耐心等待,一定会有一刻,你刚好在,他刚好来。"对此,濛濛的认识终于有了明显的提高。

作者单位:宁波市北仑区泰河中学

 编者微评

> 说起青春期孩子的情感问题,很多教师、家长视其为"洪水猛兽",避之不及。但案例中的作者在面临这个问题时,不仅没有粗暴对待,还用其柔软的内心,保护了一个孩子纯真的情感世界。当孩子向作者倾诉情感烦恼、寻求帮助时,作者给予了温暖的反馈:陪伴孩子从学校、家庭、自我等几个方面入手,鼓励她直面自己的情感需求,直视自己的内心世界,教她领会爱情的真谛,最后让孩子顺利走出自己的情感误区。

20 我不再感觉被抛弃了

沈燕瑜

A 烦恼来袭

小华(化名),男,17岁,高二年级分班后与高一好友小高(化名)分属不同班级。他自述分班后和小高的关系发生剧烈变化。暑假期间,小华和小高因两人关系过密发生矛盾。小华喜欢找小高玩,但小高觉得两个男生太过亲近不合适,希望和他保持距离,这让小华觉得难受和失落。开学后,小华仍经常找小高吃饭、回寝室、做运动等,但小高不想和他交往过于紧密,嫌弃他像女孩般黏人,希望他如男孩般独立。小华感到孤独、难过和伤心。看到小高和新班级同学一同玩耍和学习,小华感觉自己被抛弃了。他不想看到小高和新同学在一起,又怕频繁邀约会惹他生气,每次压抑亲近他的冲动。对于自己班上的同学,他表示没有想法同其他男生交往,为此感到痛苦,心情低落。

B 烦恼成因

(一)难以自我认同

小华处于自我同一性建立阶段。交流中,我发现小华的评价体系依赖于他人,且只关注负面评价,不认可积极评价,以至于自信缺失。小华在与他人交往中总是尽可能地照顾他人情绪,忽视自我内心的需要和感受。

(二)成长缺爱

小华讲述自己的父母工作繁忙,不能及时照顾他。虽有大自己十岁的姐姐陪伴,但姐姐经常欺负他。他曾向父母表达陪伴需求,却屡遭拒绝,久而久之他不再与父母沟通。小华念初中时姐姐结婚,很少回娘家了。他觉得姐姐有自己的家庭和生活,不便打扰。从其成长的经历中可知,他缺乏关怀,渴望被爱。

(三)人际受挫

小学时,小华曾被班里的男生孤立和欺凌。只有当他表现类似女生的行为,如轻声说话、拘谨扭捏等,男生才放过他。初中时他与同学正常交往,但小学经历使他不愿同其他男生交往,只愿意亲近女生,因为与女生交往让他感到安全和放心。

(四)认知偏差

我在咨询中发现小华存在不合理信念。他觉得和人关系要好的表现是两个人天天见面,随时陪伴在侧,不然就是被遗弃了。陪伴时间的长短可以作为亲密关系的标准之一,但他的观念过于绝对化和灾难化,如"关系好应该就是要在一起""对方与别人交往,就是抛弃我了"等。

C 烦恼消解

(一)无条件积极关注

我采用来访者中心疗法,用倾听、共情、积极关注等与小华交流,使之对我产生信任感。在后面的咨询中,小华愿意吐露真心,表达真实感受。

(二)重建认知

信任关系建立后,我帮助小华找出不合理信念,与之辩驳。如对"小高拒绝同我一起回寝室,我们的关系变得糟了"的灾难化思维,我提出疑问:"小高拒绝你的原因是什么?除了一起回寝室遭拒,其他要求他是否同意?"小华回想后找出一些反例,如那天小高有事所以没有接受一同回寝室的邀请;吃饭和运动的邀约,小高欣然接受;平时小高也会主动找他聊天等。对于"小高与别人交往,就是抛弃我了"的不合理信念,我采用逻辑式辩驳方式,如"小高和别人交往,就是抛弃我吗?假如我和别人交往,是否属于抛弃小高",让小华明白从"与别人交往"到得出"我被抛弃"的想法存在过度推理的情况。通过与不合理信念不断辩驳,小华建立起新的认知模式,减少了灾难化思维。

(三)调整期待

我用空椅子技术帮助小华学会换位思考。小华利用椅子分别扮演自己和小高。扮演自己时,他把想对小高说的话表达出来,如"我不希望你跟别人在一起,这样我会很难过""我想和你做最好的朋友,当我想见你时你就能出现"等。随后他扮演小高,将小高的内心感受和想法表达出来。经过不断对话,小华体会到小高对自己的需求背负着沉重的心理压力,他希望有自己的生活空间和人际关系,不想被过分侵入和干涉。但小高仍愿意同他交往,不过需要适度的边界。小华表示以后会站在小高的角度去思考问题,明白自己的需求须与对方相适应。

(四)寻找资源

焦点解决疗法可以帮助来访者寻找内部和外部资源。针对小华不想与他人交往的想法,我运用例外提问,如:"与其他同学交往时是否有安心和舒适的感觉?""那个人如何?你跟他是怎样相处的?""在与他的相处中,你做了什么?"例外提问帮助小华找到与小高和谐相处的方法。同时我又运用奇迹问句,如"假如有天你看到他跟别人在一起,内心不再有失落感和被抛弃感,那时是什么状态"。他说:"那时他身边也有其他好朋友,我不会经常黏着小高,看到他们反而有种开心的感觉。"我追问"要达成理想状态的第一步是什么",他说"要让自己去找新的朋友"。通过奇迹问句,他明白了人际交往的其他可能,也意识到想要改变需要迈出第一步,当勇敢踏出第一步后,就会形成新的经验和反馈。

通过咨询,小华调整了对小高的期待,寻找到自身的应对资源,也不再执着于小高应该时刻在自己身边的想法,低落情绪也得到改善。

作者单位:宁波市慈溪市龙山中学

编者微评

本案是关于人际变动带来的被抛弃感的个案辅导。作者根据来访者的认知特点和心理诉求,运用多种心理咨询技术对其干预:来访者中心疗法,与个案建立信任咨询关系;合理情绪疗法,矫正学生关于人际交往的不合理信念,重建合理认知;空椅子技术则让来访者学会换位思考,调整角色期待;焦点解决疗法则积极赋能,使来访者找到资源和力量面对人际困境。这些都取得了较好的成效,若能结合处理曾经的心理创伤及对自我的认同,帮助来访者满足爱与被爱的需求,就更能让来访者获得长久、稳定的安全感。

㉑ 孤立男孩合了群

王潇曼

A 烦恼来袭

小张(化名)在大课间来到心理咨询室找我,落座后,便迫不及待地说起自己的问题。

小张说,他的困扰和人际关系有关,他被同学联合起来孤立、中伤。课间几个男生在一起聊天,小张走过去,他们便散开;他想与周围同学分享逸闻趣事,他们故作有事不搭腔;也有同学添油加醋讲他坏话,原本对他没有意见的同学,现在对他也不理不睬。小张尽量埋头学习,转移注意力;一个人吃饭、上体育课、回宿舍……但小张内心依然渴望与同学交往,被同学疏离而独来独往,他感觉很难受、压抑,学习上亦无法专注。

B 烦恼成因

我了解到,小张父母高龄得子,小张读七年级时,姐姐已工作,家人对他倍加宠溺,少有管束;他自幼形成的性格中有强势、以自我为中心的一面。他读小学时,便和同学时常发生冲突,因成绩优异,同学忍让,教师网开一面,这些都进一步助长了他的飞扬跋扈。

升入初中后,小张依然我行我素,与同学发生争执时口不择言,甚至动用武力。但该生成绩现已不再突出,加之青春期学生情绪、行为易冲动,同学不断与其对抗,向班主任告状。经批评教育后,他的言行虽有所收敛,但因留下了不良印象,同学对他避而远之。

由此,小张的自尊及归属感需求在糟糕的人际关系中受挫,情绪郁积,晚上难以入睡,上课经常走神。

C 烦恼消解

小张咨询问题明确,改变动机强烈。他想要改善人际关系现状,应主动掌握和运用良好的人际交往策略,加强最近印象管理。因此,我选用了焦点解决疗法。

该疗法以解决问题为导向,不再追根溯源,认为来访者是解决自己问题的专家,需调动来访者自己的成功经验、力量与资源;注重设置合理可行的目标;重视以小变化促进建设性改变。

(一)适时共情,建立良好关系

小张述说着,不时落泪;面对同学的孤立、中伤,他独自承担着,压抑、难过;想起以前的言行,他后悔、自责。我将"看见"的情绪回应给小张,他感到被理解、接纳,与我建立了信任、有安全感的咨访关系。

(二)挖掘资源,聚焦问题应对

该步工作主要运用目标询问、咨询前改变询问、一小步技术三种方法。

第一,目标询问,引导小张思考前来咨询的具体目标,而不是陷在问题旋涡中。

师:当离开咨询室时,你希望有什么不一样?

小张:心情变好些,和同学的关系改善些。

结合小张的回答及目前的情境,我们将咨询目标设定为:学习有效的人际交往策略,改善同伴关系。

第二,咨询前改变询问,帮助小张发现自己曾经努力的意义,鼓励继续沿用有效的办法,提升问题解决的信心。

师:在来找我之前,你都尝试过哪些方法?

小张:我看到有些同学需要帮助,会主动帮助,但他们会拒绝;我还看了一些心理学的书。

师:目前,班级同学对你有什么变化吗?哪怕是一点点变化?

小张:好像没有……(沉思)他们之前会告状抹黑我,现在不会了。

第三,一小步技术,引导小张继续思考可改善目前同伴关系的做法,挖掘自身的力量与资源。

师:假如同学对你的态度又发生了一些变化,你觉得是自己做了什么?

小张:让我想想看(手托额头状)。哦,同学有矛盾时,不站边参与;一方讲对方的坏话时,不要附和,这样会传到另一方耳朵中;观点不一致时,不要试图说服对方,要听听别人的观点……

(三)反馈强化,激励持续行动

小张再次来咨询时,告诉我"以前同学讲解问题,我凑上去听,他们会停止,而现在会继续讲了"。讲到同学对他的变化,该生喜悦之情溢于言表。我赞扬了小张的行动,肯定了他的成功,引导小张分享与同学相处时自己的行为举止(借助肢体语言、礼貌待人等),让其认识到同学对待他的态度发生变化是由于他自身的改变,强化小张对行动的坚持。

师:看来,你和同学之间的关系有了改善,这真是值得高兴。和老师说说,你都做了些什么?

小张：我表现得大方一些；我会说谢谢，说"谢谢"时，他们会不一样地看着我。

师：你表现得更有礼貌了，还有什么表现让你感觉自己表现得"大方"？

小张：会注意自己的肢体语言，叫某个同学名字或与同学说话时，会看向对方，不像之前手里摆弄着其他东西或者用书本、笔戳下。

师：你刚说的"不一样"指？

小张：比较诧异吧，他们可能觉得"小张并不是某某口中的那样，他还是有礼貌的"。

师：也就是说，大家在慢慢改变对你的看法，也在慢慢接受你。

小张：我以为这个过程会很长，没想到这么快就有了变化（笑了）……

因期中考试将近，小张提出结束咨询，临走时，向我借了两本有关人际交往的书籍。

某天中午，我看到小张与班级男生三五做伴，有说有笑，一起去餐厅吃饭。在年级诗歌朗诵比赛时，我又看到他作为班级主领站在舞台中央。

作者单位：宁波市镇海蛟川书院

编者微评

对于青春期的学生，同伴交往凸显出重要性，它影响着学生自尊心、归属感需求的满足，进而影响着青春期关键的发展任务——自我同一性确立。本案例中，作者所选用的焦点解决疗法具有可操作性强、针对性高、用时短的优势，学生强烈的改变动机是本次咨询取得良好效果的重要因素之一。但教师也经常会遇到被动咨询的学生，如何让他们从"想要我改变"到"我想要改变"，这也是学校心理教师在被初次咨询时面临的挑战和需要思考解决的问题。

22 友谊保卫战

许幼玲

A 烦恼来袭

小潘（化名）向我诉说，她在和同伴相处的过程中，常常发生矛盾甚至冲突。即使自我感觉已表现得十分友好，她还是会遭到同学的冷落。开学初，她和班级里唯一还保持着亲密友谊的同学的关系也越来越紧张,甚至听说这名同学还在背后说她的"坏话"。她难过极了,感觉受到了背叛,和这名朋友的关系随之疏远,对同伴关系产生了深深的不解和迷茫。最近半个月,她开始控制不住自己,和父母发脾气,上课也不像之前那么专心了,食欲下降,对自己平时最爱吃的甜品都不怎么感兴趣了。

B 烦恼成因

倾听完小潘的诉说,我帮助她找出了发生矛盾和冲突的主要原因。

(一)个性化原因

1. 成绩弱势

小潘在班级里成绩比较落后,自信心严重不足,这让她在和班级同伴交往时,在心理上会产生"弱势感"。

2. 负面行为

小潘性格比较外向,行为表现略显粗暴,偶尔会有一些不讨喜的行为。比如:在没有经过别人允许的情况下,玩弄他们的物品;抓其他女生的头发,甚至拍打男生的脸。她认为这不是欺负,而是一种表达好感的方式,但这些影响了其他同学对她的评价。

3. 不良习惯

小潘有一个已经工作了的哥哥;爸爸长期在外打工;妈妈不识字,常常上夜班,照顾不到她的饮食起居。学习上,她主要靠着偶尔回一次家的哥哥监督着。出于这些因素,小潘没能养成良好的学习和生活习惯。

(二)共性原因

1. 渴望亲密

小学高年级阶段的女生,身心变化比较大,对同伴间的亲密关系特别是友谊的需要十分迫切。

2. 错误认知

进入高年级阶段,小潘的自尊感和自信心水平进一步提高,对外界是否认可和肯定自己十分敏感。对于同伴间流传的关于自己的负面评价,她会产生相对偏激的认知,进而引发激烈的情绪反应。

3. 身心影响

在同伴交往中不断积累的不良情绪,会逐渐影响她的饮食和睡眠,并造成她上课注意力不集中,也加深了她和同伴之间的交流障碍。

C 烦恼消解

(一)巧用认知行为疗法

在与小潘的交流中,我尝试引导她自我反思:和朋友产生矛盾的原因是什么?其中哪些是自己导致的,哪些是同伴的问题?

在沟通过程中,她意识到自己平时在每一份友谊中都比较强势,没有过多考虑到对方的感受。在回忆中,她越来越发现,不少朋友对她的很多偏激行为都很包容。当她意识到自己存在的问题时,她希望能挽回之前的友情,也愿意做出一些改变。

(二)改变问题沟通方式

小潘缺乏良好的沟通方式。因此,我需要引导她调整部分行为模式。在接下来的一个星期里,我让她尝试做出以下几点改变:

第一,拿取他人的财物,要遵从别人的意见;要有意识地使用文明语,例如:谢谢、对不起、没关系等。

第二,不能用笔或者本子敲打其他同学的身体,特别是头部;如果不小心做了,一定要及时道歉。

第三,鼓励小潘和其朋友进行一次坦诚的交流,也可以根据需要,请部分同学或者教师在场。

一个星期后,她告诉我,自己已经基本不拿其他同学的物件,有两次出现了不经意拍打其他同学脑袋的行为,但都及时道了歉,获得了对方的原谅。她和朋友进行了一次比较深入的沟通,也越来越清晰地认识到双方产生矛盾的原因:对方觉得小潘总是喜欢把自己的想法凌驾于他人的想法之上,还常常唆使对方不要和某些同学玩。这些举动都让这名朋友压力很大,让她产生了一种想要疏远的冲动。在我的引导和双方的交流中,她们初步达成了共识,都愿意继续这段友情,并做出一些改变。

(三)开启教师肯定模式

在和小潘的任课教师们深入沟通后,他们都不约而同地发现了她的一些优点,都表示愿意有意识地去表扬和肯定这个学生,提高她的自信心和在班级里的存在感。

随着任课教师对小潘的关注和肯定增多,她有意识地改变着自己不合理的行为模式,和父母相处时的情绪稳定了不少,在班级中的人缘也悄然发生着变化。

(四)开展微型主题班会

看到小潘的变化后,我尝试用主题班会来助推她在同伴交往方面质量的提升。在接下来的一个月中,我开展了四期关于同伴交往的微型主题班会,让同学们从感性方面和理性方面去认识友谊,培养友谊,优化友谊,并有意识地安排多名学生和小潘一起做游戏,提高她的归属感和自信心。

在这个过程中,小潘逐渐获得了自信,打开了自己,也懂得了多听取别人的意见,多站在他人的角度。相信她在同伴交往中,会收获更多的体悟和进步。

作者单位:宁波市海曙区冯家小学

❤ 编者微评

> 对小学生来说,耳聪目明向外看,需要智慧;关照自我向内看,需要勇气。在这一内一外之间,需要太多的契机和引导。在这个案例中,作者始终关注着学生的"痛点"和"难点",不隔靴搔痒,不急功近利,内外双线并行,既触发了学生自身的能量,又调动着周围有利的因素。学生问题解决的过程,也是技能习得和性格塑造的过程,看似平平淡淡,实则颇见用心。若在后续案例跟踪和辅导过程中,可以激活家庭成员的关注,效果会更加圆满。

23 "小拳王"不再出手

蓝海燕

A 烦恼来袭

9月1日,开学第一天。

酷热还未消退,学生的心情如同天气一样,热浪滚滚。学校的一切,都让这些第一次踏进小学校门的学生觉得新鲜而又好奇。课间休息时,我刚走进办公室,还没来得及喝口水,就有一群学生叫嚷着围了上来。从他们七嘴八舌的诉说中,我知道了事情的原委。原来是一个叫豪豪(化名)的男孩子在走廊上横冲直撞,不小心撞到了班里一个叫宁宁(化名)的女孩子。豪豪非但不道歉,还埋怨宁宁挡了他的路,不由分说,抡起拳头打了宁宁两下。可怜的宁宁委屈极了,哇哇大哭起来。

安慰好了宁宁,我马上找来豪豪,问他为什么要这样对待同学,他满不在乎地说:"我经常打人的,我打她是想跟她玩。"稚嫩的脸上没有一丝愧意,满是不屑。

在开学后的三天时间里,豪豪一共打哭了班里的13个学生。

B 烦恼成因

豪豪为什么会这样呢？

在和豪豪爸爸妈妈的交流中，我理出了头绪。豪豪的爸爸在一家工厂担任销售部主管，平时工作比较忙。妈妈是一家超市的化妆品专柜负责人，上班时间不固定。两人平时没有什么时间陪孩子，豪豪从小就由外婆照顾。由于外婆过度宠爱自己唯一的外孙，豪豪开始变得任性，经常以自我为中心。爸爸妈妈看到孩子身上的一些坏习惯后，经常批评孩子，爸爸有时也会动手打孩子。

看来，豪豪这爱打人的坏习惯源于以下几点原因：

（一）缺乏安全感和对他人的信任感

孩子安全感的建立与亲子依恋有关。如果亲子关系良好，孩子便能建立良好的安全感和信任感。由于爸爸妈妈平时陪伴豪豪的时间很少，因此孩子的安全感和信任感建立得不够好。豪豪对别的孩子心存戒备，所以一有小朋友靠近，他就会觉得受到威胁，然后主动进攻。

（二）没有学会正确的情感表达方式

豪豪并没有意识到自己的打人行为是对他人身体的一种侵犯，会对他人造成伤害，而是把这种行为当作自己的一种情感表达方式。他还没有掌握与同伴良好沟通的方式，想用拍打等与其他人直接接触的方式来引起别人的注意。

（三）模仿家人的不良习惯

父母是孩子的第一任教师，孩子的一言一行往往来自对身边亲人的模仿。心理学研究发现，很多脾气暴躁的孩子，其父母或身边的人中往往有脾气不好的人存在。豪豪不听话时，爸爸常常会打骂他。豪豪在耳濡目染中学会了这些行为，并把这些行为反加到别人身上。

C 烦恼消解

我意识到：该是对症下药的时候了！

（一）开出一张诊断书

经过近一个月的"望闻问切"之后，我开出了一张诊断书。

豪豪的诊断书

优点：

(1) 识字量大，口头表达能力强。

(2) 聪明机灵，思维活跃，喜欢表现自己。

(3) 有很强的管理能力，乐于帮助别人。

> (4)重感情,讲义气。
> 缺点:
> (1)脾气暴躁,爱骂人、打人。
> (2)做事拖拉。

不列不知道,一列吓一跳。原来,豪豪的优点比缺点更多。看来,只要将他好好打磨雕琢一番,一定是块好材料!

(二)拉近心理距离

要想改变他,先得让小家伙肯亲近我才行。于是,我创造各种机会拉近与他之间的距离。请他当"小老师",早读时带领同学读课文;让他帮教师做一些诸如拿东西、检查卫生、发作业本之类的小事,分散他旺盛的精力;上课经常请他回答问题,及时肯定他的精彩发言,让他体会学习的乐趣;课间请班里一些表现好的孩子和他一起玩,让他融入同学群体;发挥他的体育特长,请体育教师让他领队,给其他同学做示范动作;有点滴的进步就向家长汇报,请家长配合表扬他、鼓励他……渐渐地,他愿意和教师、同学亲近了。

(三)使出"杀手锏"

每周的小组竞赛是"杀手锏"。我允许他一个人组成一个特别小组,只要表现好就能为自己加上五角星。如果一周下来,他能坚持五天都不发脾气、不打人,而且五角星超过5颗,就能得到一张"喜报"。为了这张"喜报",豪豪算是拼了,任何能加星的机会都不放过。因为担心落后了他会放弃努力,我总是想方设法使他的五角星数量和表现最好的那个小组不相上下。

在这个"杀手锏"实施后的第一个星期五,豪豪终于领到了梦寐以求的那张"喜报"。当他在同学们的掌声中雀跃着冲上讲台,接过那张沉甸甸的奖状时,我给了他一个大大的拥抱。

(四)豪豪的自我表扬

课间10分钟,我正在批改作业,豪豪冲进办公室,满脸兴奋地嚷道:"老师,刚才有人把我的铅笔盒碰到地上,本来我想打他的,可我忍住了。你说我今天的表现好不好?"望着他那张因激动而涨红了的小脸,我拍了拍他的肩膀,微笑着说:"你这样做真了不起,祝贺你成为文明的小学生!要继续保持下去哦!"豪豪用力地点点头,蹦着跳着走了。

作者单位:宁波国家高新区实验学校

编者微评

德国教育家第斯多惠说:"教学的艺术不在于传授本领,而在于激励、唤醒和鼓舞。"作者给学生开出"诊断书",客观全面地分析学生的优缺点,从而找到对症的"药"。在引导学生进步的过程中,先让豪豪从情感上亲近教师和同学,然后通过小组竞赛唤醒豪豪努力的动力,并使其获得成就感。大家的认可鼓舞着豪豪不断成为更好的自己。案例说明了教师是学生生命成长中的"重要他人",教师要努力唤醒学生心中向善、向上的种子,及时肯定闪光点,激励学生不断完善自我。只有这样,教育才会有更好的效果。

24 落单的"小狮子"回家了

顾菁菁

A 烦恼来袭

我们都知道,动物迁徙往往成群结队,相依相偎,但是在这庞大的群体中,难免出现"落单"现象。幼儿园班集体就是一个群体,庞大的群体中也不乏落单者(文中称之为"小狮子")。这样的落单让"小狮子"感到焦虑、难过、失落。

案例一:早晨入园后,大部分孩子已经拿着玩具开始游戏了,只有欣欣(化名)一个人孤零零地坐在图书区的角落里,她不愿加入其他同伴的游戏,总用戒备的眼神看着我们。当我靠近她,想引导她时,她扭头就跑开了。

案例二:区域游戏时,孩子们邀请欣欣一同游戏,但一有同伴靠近她,她就会对着同伴张牙舞爪,大声吼叫,表现出非常排斥的态度。

案例三:欣欣不爱午睡,睡不着的她想有人陪她一起玩,于是趁我不注意时爬到旁边的小床铺里,身体压在另一个小朋友身上。被压的小朋友疼得"哇哇"直叫。

B 烦恼成因

欣欣,性格内向、孤僻,在与同伴交往过程中存在较明显的攻击性行为以及排斥行为,对我的引导行为较为反感,一不高兴就选择发脾气。基于我的观察和了解,分析欣欣形成不合群心理的因素有以下两点:

(一) 家长教育观念的偏差——重代办轻交流

欣欣父母是老来得女,对她过分关爱,导致欣欣的行为会以自我为中心。同时,欣欣更多的是由祖辈抚养,祖辈怕她受伤害,不让她与其他"坏孩子"来往,也很少让她与外界接触,事事都代为安排。长此以往,她的生活自理能力很差,情绪调控能力更是糟糕。而欣欣的父母又忙于工作,疏于教育,彼此间交流甚少。可见,长期重代办轻沟通的家庭教育,弱化了欣欣的交往能力。

(二) 学习生活环境的不适应——多独处少交往

长期处于孤独环境中的欣欣,由于陌生的语言环境和人际环境,更加沉默寡言,缺乏自信。她既不会主动交朋友,又不被班内同伴所接纳,成了远离集体的那只落单的"小狮子"。有时为了引起别人的注意,她会采取攻击、破坏行为,同伴就会受到伤害。渐渐地,大家对她产生了惧怕心理,不愿再和她一起玩。

C 烦恼消解

(一) 积极引导,拉近距离

在幼儿园游戏和生活中,我积极创设同伴交往的环境,引入同伴间的友谊教育,组织一些丰富多彩的活动,让欣欣体验和教师、同伴一起游戏的快乐,由此产生满足感。在个别化游戏时,欣欣常常选择待在图书区、美工区等不太需要跟别人交往的区域。这时我会鼓励她主动融入同学,并在班级中开展"比比谁有新朋友"活动,鼓励班级里的"小圈子"接纳欣欣。

为了让其他同学能带动欣欣一起游戏,我编制了《"小狮子"交往记录单》(见下表),让其他同学记录与欣欣一起游戏的内容与次数,对主动与欣欣玩游戏的孩子给予肯定;同时,我还会关注孩子们记录的交往心情。慢慢地,我发现随着游戏次数的增多,欣欣从一开始的排斥到现在的乐意参与同伴的游戏,迈出了勇敢的一步。

"小狮子"交往记录单

姓名:

一起玩了什么?	一起玩了几次?	游戏时我们的心情是怎样的?

(二)抓住机会,及时肯定

当我看到欣欣点滴的进步,哪怕是很细微的进步,我都会把它放大,当着所有同学的面表扬欣欣,让她意识到自己是很棒的。随着表扬次数的增加,孩子们也会意识到:原来欣欣也是很厉害的。这样就慢慢拉近了欣欣和同学之间的距离。除了在学生面前放大欣欣的点滴进步,在家长面前我也尽可能传达她的进步,让大家都能认可欣欣的成长,建立她的自信。

(三)奖励辅助,融入群体

当欣欣愿意和同伴一起游戏时,我会及时给予她物质上的奖励,如采取简单的积分卡奖励——集齐10张积分卡可以换到一份自己喜欢的礼物。当然奖励的方式是多元的,除了物质奖励,我还常常用身体拥抱、奖励欣欣喜欢玩的活动等方式及时强化。

(四)家园联动,共获"成长"

帮欣欣融入集体,不仅需要关注欣欣在园生活的情况,还要重视她的家庭生活。所以,我与欣欣的家长建立了长期的密切沟通关系,通过视频聊天、文字交流等方式及时了解她在家的行为表现,帮助家长剖析行为、分析原因,一起为欣欣的合群性发展提出可行的教育建议。

经过一段时间的努力,欣欣有了明显的转变:她有了自己的朋友;自由游戏时间,她会和同学一起去照顾自然角里的动植物;有时她会和同学一起点读,分享阅读中的文字;有时……总之,现在的欣欣不再孤单,已能和其他小朋友愉快地相处了。看着落单的"小狮子"回归欢乐的班集体,我感到由衷的高兴。

作者单位:宁波市北仑区中心幼儿园

❤ 编者微评

在班集体中不乏不合群的幼儿的存在,当这些幼儿"落单"时,他们会感到焦虑、难过、失落;他们同样渴望拥有同伴、渴望走进群体、渴望与大家一起愉悦地生活。作者的班级里就有一只落单的"小狮子",教师感受到了她的这份"渴望",在观察中找到了问题的原因,并用多种积极的方法引导、帮助她回归到了欢乐的班集体中。过程虽不算曲折,但充分体现了作者对落单"小狮子"的关爱,更体现了作者应有专业素质。

25 糖果的"占有欲"

贺金儿

A 烦恼来袭

糖果（化名）和心心（化名）从小班开始一直是一对形影不离的好朋友。但是，到了大班，新生羽羽（化名）的加入打破了这稳定的关系，心心开始偏向性格、脾气、爱好更相投的羽羽，但糖果依然停留在原地，认为自己和心心是最好的朋友，排斥羽羽，在交往中导致了一系列矛盾。

【镜头一】哼，绝交

餐后，羽羽和心心在一起玩拼图，糖果走过来说："我可以一起玩吗？"羽羽说："不行，只能两人玩。"糖果拉起心心的手，要求她别和羽羽玩，改为和她一起画创意画，可是心心说："不要拉我，我要玩拼图。"糖果被拒绝后愣了几秒，眼泪夺眶而出，大声说："哼，绝交！"心心和羽羽说"随便你"，继续玩她们的拼图游戏。

【镜头二】我们一起画

美工区游戏开始了，羽羽和心心在画教师，糖果说："心心，我们一起画美人鱼吧！"心心说："你画美人鱼，我们画老师，比一比谁画得好。"糖果沉默了一会儿，挤到两个人中间说："不要，我们一起画老师。"心心拒绝了她，糖果扔下画笔转身走了。

B 烦恼成因

从案例中可以发现：糖果认为心心是她的固定玩伴，喜欢拉心心玩所有游戏，但心心觉得羽羽的性格、脾气、爱好更贴近自己，更喜欢和羽羽玩。每当心心和羽羽一起玩时，糖果就会心理不平衡，强行介入她们，但每次都以失败告终。

其实这些都是由于糖果的"占有欲"在作怪。孩子的"占有欲"是孩子成长过程中出现的一种正常心理现象。他们往往以自我为中心，从"我"出发，而不知道还有"你"，有"他"，有别人，因而导致了独占行为的发生。

C 烦恼消解

为了引导糖果建立正确的交往观念，改善因"占有欲"而产生的不良情绪和行为，我决定运用"心理剖析""扭转观念""情感、物质和游戏支持""同伴效应，一起成长"，谱写四"大调"的有效策略，奏响友谊之歌。

(一)心理剖析,厘清"关系"

为了打开糖果的心房,我时刻关注她的日常交往行为。一天区域活动时,心心拒绝了和糖果编三股麻花,去和羽羽比赛编四股麻花,糖果气得趴在桌子上。我来到她身边说:"每个人心里都住着一个'怪兽',这个'怪兽'不仅会伤害到身边的朋友,还会让自己受伤。"一番交心谈话后,我和糖果约定一起努力帮她把心里的"小怪兽"赶走。

(二)扭转观念,滋润心田

对于糖果的表现,我心里着急,于是和家长取得联系,共同商讨对策,扭转其观念:

1. 建立正确的所有权观念

(1)家长要尊重孩子对自己物品的所有权。

(2)孩子自主分享时,要及时给予鼓励和表扬。

2. 建立规则

(1)玩玩具时,要沟通玩玩具的规则。

(2)家长与孩子交谈时,要建立礼貌交流的规则。

(三)多方支持,浸润心灵

我在幼儿园时对糖果进行了持续追踪观察,及时给予情感、物质和游戏的支持。

1. 情感支持

当糖果因"占有欲"作祟,又与同伴发生矛盾时,我给予她积极的情感支持。

(1)肢体回应:拥抱、摸摸头、拉拉手等。

(2)感情回应:孩子"占有欲"作祟时,给予其宽容和理解:"我知道你不是故意这样的,我们一起来想办法。"交往失败时,给予其陪伴和安慰:"别难过,今天我先陪你玩吧。"交往成功时,和她一起开心并表扬她:"你越来越棒了。"

(3)心理辅导:被拒绝后,引导糖果找寻自己喜欢的事情,转移注意力。有别的小朋友邀请糖果玩时,鼓励她可以和别的小朋友一起玩。不喜欢这个游戏的时候,帮助糖果尝试找一个大家都感兴趣的游戏玩。

2. 物质支持

为了潜移默化地影响糖果,我利用班级资源,创设了物质支持。

(1)书籍浸润:《我能和你做朋友吗》。

(2)教师的故事:《好朋友是不是不喜欢我了》。

(3)自主墙角创设:《朋友日记》《朋友牌》《朋友大调查》《交朋友的方法》等。

3. 游戏支持

我还在孩子的生活中融入游戏。游戏玩法:孩子随机抽取情境卡,根据情境卡进行角色扮演游戏,观众讲解观后感,参与者分享游戏感受。

(四)真情实感,搭建平台

《3—6岁儿童学习与发展指南》中指出"与同伴发生冲突时能自己协商解决",于是我结合"同伴效应",鼓励孩子们自己商讨"方案",一起成长。

四"大调"的有效策略方案

说出我的心声	维系友谊的画册	结交新朋友	交友广泛——拓展
小朋友们发现,当发生冲突的时候,大家可以说出自己的心理感受,学着当场解决,比如约定,你先和她玩,等下要来和我玩;找一个大家都喜欢的游戏一起玩	小朋友们发现,有些方法可以维系大家的友谊,于是用绘画的方法,将自己的好办法画下来,集结成册,供大家翻阅	小朋友还想出可以多交好朋友的办法,如互相介绍自己的好朋友	拓展孩子的交往范围和交往方法,孩子还可以去结交其他班的新朋友,并在活动结束后与同伴介绍自己交到的新朋友,分享交朋友的方法

最后,在这一系列的干预下,我发现糖果对朋友的"占有欲"降低了不少,情绪控制上、同伴交往上都有了较大改善,三个人略显紧张的关系已经开始和谐,似乎正在形成一个小群体。

作者单位:宁波经济技术开发区幼儿园

 编者微评

每个孩子都会有自己的朋友,面对朋友与别人交友时,原先稳定的友谊就会出现波动。大班幼儿的心理年龄特点是"以自我为中心",他们更会产生对朋友的"占有欲"。对此,作者通过观察、引导、介入、家园配合等步骤开展心理辅导,充分打开幼儿内心的"结",并细致入微地帮助幼儿用正确的方式,如言语沟通、行动措施等进行交友。最终,糖果对朋友的"占有欲"降低,在情绪控制上、同伴交往上都有了较大的改善,三个人原先略显紧张的关系也开始和谐,形成了正常的朋友圈。

26 书包里的情书

施亚琴

A 烦恼来袭

身体里疲倦的信号,像是午夜空旷无人的街头兀自闪动的红灯一样,顽固地发出不停歇的提醒,整个身体被沉重的睡意拖进混沌的梦里。这几天学校活动多,我忙得晕头转向。

手机急促的"嘟嘟"声如警报声般响起,原来是小秦(化名)的妈妈,她今天整理孩子书包时,发现了一封情书。母亲从字迹一眼判断出这出自儿子之手,可儿子一再否认。简单交流孩子的状况后,小秦的妈妈说:"老师,孩子才五年级,就有这方面的苗头,而且还学会了撒谎,说话避重就轻。爸爸想教育他,他竟然还杠上了。也不怕老师笑话,有一次我们批评了他,他竟离家出走,我们找了一个下午。哎,孩子听你的话,只能麻烦老师教育教育!"

挂了电话,我也陷入了沉思。"老师,孩子听你的话,你帮我们说说……"这样的话语,是那样的熟悉。作为教师,知道学生听自己的话当然是开心的,说明学生认可自己,教育孩子理所当然。可对于已经进入青春期的学生,针对情书这个新奇、隐秘、害羞的话题,教师又该怎样引导、解密呢?

B 烦恼成因

青春期,目前在全世界并没有一致的年龄范围,一般指十三四岁至十七八岁这个阶段,是儿童逐渐发育成为成年人的过渡时期。儿童到了青春期,除了生理特征明显变化,心理特征也出现了变化。

在这一阶段,学生的隐私多了。针对小秦的妈妈从他书包里"整"出的一封情书,家长、教师需要重视,但也不必大惊小怪。

不难发现,此时的学生具有认知独立性。案例中,妈妈"随意"翻孩子的书包,就翻出了他小心收藏又最不愿意让父母看到的"秘密"。

孩子认为,家长知道了秘密,肯定会进行说教,这是孩子在用一种警觉的方式保护自己,一旦冲突,轻则顶嘴,重则离家出走。

记得美国一位心理学教授用三年的时间,对两万名青少年进行研究,结果发现:孩子满十一岁之前,通常什么都跟师长说,师长是他们最先想到的倾诉对象。

但是十二三岁到成年之前的那几年里,情况会变得不同,他们会先去找朋友倾诉,然后也许是教师,最后才轮得上家长。所以,通向青春期孩子的心灵捷径是:让孩子信任你,愿意向你倾诉,只有心与心的交流,才会让彼此的每一个瞬间都是那么透明简单,而责备羞辱、道德说教、嘲讽奚落、训诫指责等,足以击垮一个孩子。

C 烦恼消解

每一个孩子都是一朵花,只是花期不同,我们要做的就是静待花开。情书的出现或许是一种警示,需要教师思考该如何引导。

(一)做足谈话前的功课

一早我走进教室,发现小秦就坐在位子上,目光接触的一瞬间,他立马低下了头,显得很不自在。而我也没有想好对策,同时也想让小秦的不安心理再持续一会儿,这种拖延无形中会加深对方内心的顾虑,也算是对他的一种"惩罚"。

下午,趁同学们上音乐课离开教室之际,我叫住了他。在相对自由又安全的环境里谈话,会在无形中消除学生的心理防御,也容易让学生接受教师的劝导。

(二)巧用"自我暴露共情法"

教育过程就是探索过程,没有谁敢说他的方法是万能的,但只要能产生共鸣,教师都可以试试。

"现在教室里只有我们两个人,你知道老师要找你谈什么吗?"我开门见山。

"知道,妈妈昨天告诉了你那张纸里的内容。"他倒不含糊。

"你说信不是你写的,需要老师拿出作业本核对吗?"

"不用,是我写的。"他红着脸,尴尬地不敢直视我。

"其实,我侄子也曾遇到这样的问题。他很喜欢班上一个很出色的女生,很苦恼。我就告诉他,你要跟她一样努力,一样优秀,才能跟她并排站在一起。我侄子听了我的话后,学习很努力,现在考上大学了,人帅成绩又好,好多女生都喜欢他呢!你比我侄子帅多了,只要努力,一定也会成功的。"我微笑地看着他。也许他没有想到教师会这么说,脸更红了。

苏霍姆林斯基说:"真正的教育只有当学生有自我教育的要求时,才能实现。"结束谈话时他向我保证,一定不会再写这样的东西了,会好好努力学习。

(三)形成家校合力

父母的素质、亲子状态、家庭生活类型等都会影响青少年的心理健康。小秦的妈妈在孩子读二年级的时候,动过一次脑部大手术;父亲开一个家庭小作坊,平时比较忙碌;还有一个妹妹,平时是爷爷带着。生活的担子落在了父亲身上,父亲很忙碌,一旦有事,父亲的教育往往采取打骂结合的方式,忽视了孩子的内心世界。

与孩子谈完话,我又及时和他的父母取得联系,建议家长尊重孩子的人格和感情,提醒家长给予孩子更多的温暖和关心,培养孩子广泛的、积极的兴趣爱好。

在这个世界上,什么都可以落锁,唯独人心不能。而我们教师要做的,就是努力解开青春期孩子的心锁。

作者单位:宁波市余姚市第一实验小学

> ❤ **编者微评**
>
> 　　五六年级学生处于青春早期,自主意识逐渐增强,情绪不稳定并且开始关注异性,出现写情书现象也是情理之中。案例中,作者没有采用责备羞辱、道德说教、嘲讽奚落等足以击垮学生的方式,而是寻找相对安全又自由的空间,设身处地地理解学生,与学生平等对话,在轻松的氛围中,让学生进行自我说服和领悟,完成一次自我发现之旅。
>
> 　　但是,此阶段的学生懵懂且好奇心比较强,这种教育或许时效性不长,"死灰复燃"的可能性较大,需要作者持之以恒,并取得家长的积极配合。

27 "好闺蜜"

黄　晨

A 烦恼来袭

小程(化名),女,13岁,初中八年级学生,有一个比她小7岁的弟弟,爸爸是设计师,妈妈是护士。妈妈曾经因为医患纠纷,患有精神疾病而住院治疗。据小程自述:平时爸爸工作忙,家里大小事宜多是妈妈"说了算",父母也更偏爱年幼的弟弟。小程之前较为开朗活泼,爱好广泛,多次参加学校文艺汇演。但现在班级同学反映她很难融入集体。她跟班级里一名有心理障碍、有严重厌学情绪已就诊治疗的女生小楚(化名)关系要好,两人自称是"好闺蜜",经常形影不离。她也曾主动寻求学校心理教师的帮助。在与她的沟通中,我得知她对同性恋很向往,曾主动上网搜寻有关这方面的文章,她觉得自己和"好闺蜜"小楚之间的相处状态就是同性恋关系。

B 烦恼成因

（一）主观因素

从主观角度看,小程在进入青春期后,自我意识快速发展,社交上以自我为中心,不顾及他人感受,在学校缺少朋友,很难融入集体。青春期的孩子容易患有"微笑抑郁",她表面看似活泼爱笑,实则内心孤独无助,极为渴望被同学关注、理解和认可。复杂的心理压抑着她的心灵,让她急需找到一根"救命稻草",获得点滴安慰。

（二）客观因素

从客观角度看,二胎的影响,加之妈妈的强势和爸爸的放任,也是导致她不愿与父母沟通的原因。再说现在各大媒体报道学生"早恋"和"性伤害"的事件很多,父母常常会不允许自己的孩子与异性同学有过多的交往。据了解,小程的母亲就是如此,久而久之,她就只能在仅有的同性圈子中寻找可宣泄的对象了。

小程在主、客观因素的影响下,逐渐对与自己经历相似的同性同学小楚感到依赖、依恋,在互诉衷肠的交往过程中,彼此感同身受,又在懵懂和好奇心的驱使下,把彼此的友好关系误作恋爱关系。而一些虚拟网络不健康的内容又加剧了她不正确认知的形成,终使她对同性同伴关系的认识出现扭曲。但她能正视自己的问题,并主动寻求心理教师的帮助。虽然小程没有处理好与同性同伴关系的心理问题,但是仍处于理智可控阶段。

C 烦恼消解

（一）缓解焦虑,勇敢面对

我在尊重小程的前提下,为她提供了各种帮助。我把小程约到心理辅导室,在谈话的过程中,她讲到与弟弟的关系时,表现出了一些抵触情绪,说"爸爸妈妈在有了弟弟之后就不喜欢我了"。面对小程的失落,我让她尝试以写信的方式与父母进行沟通,尽可能地把自己的委屈和想对父母说的话写出来。她同意这么做,而且每次把信写好都先让我阅读,我便及时引导。渐渐地,我发现书信内容有了转变,从刚开始充满愤怒的言语到最近多是平静温和的言语,她开始能以一个正常的姐姐的立场去看待弟弟了。我由衷地为她高兴。其实,我知道小程之所以会出现上述问题,主要是缺少一个可以信赖和倾诉的人,她之前选择小楚同学,也是为了弥补这种空缺。面对慢慢打开心扉的小程,最后,我选择用直接的方式告诉她,"闺蜜"和"同性恋"本质是不同的,她和小楚同学就是闺蜜关系,是比普通朋友更加友好的朋友,她们可以无话不说,亲密无间,但绝不是小程理解的"恋爱"关系。

（二）个辅团辅，相得益彰

在对小程进行定期个辅的基础之上，我要求其积极参加青春期同伴相处的心理健康团辅活动。因为中学生心智发育尚不成熟，缺乏理性的思考和判断是非的能力，我们在顺其自然的同时，必须积极开展科学引导，而团辅正是有效手段之一。小程在团体活动中，接受了"正确认识自己的性别和角色期待""掌握与同性和异性正确交往的方法"等方面的引导。团体活动中不少同龄人的意见和建议，对她的认知导向产生了潜移默化的影响。

（三）家校合力，共促成长

我还单独约了小程的家长进行了一些交流，作为孩子的家长，建议他们在生活上要积极关注女儿的心理健康状况。家里有了二胎，某些事情上还是要征求下小程的意见，多一点关怀，多进行有效沟通和交流，不能不顾及处在青春期的小程的感受；如若发现问题，要及时与学校教师进行沟通，实现家校合力引导。同时，我也建议家长积极学习青春期性教育知识，改变完全放任的教育观念，帮助孩子顺利度过青春期。通过谈话，小程的家长也意识到自己在家庭教育方面的不足，表示以前忽略了小程的感受，现在要积极弥补，和教师一起帮助小程走出困境。

在家校共同努力下，经过一段时间的引导和干预，小程逐渐认识到"闺蜜"和"同性恋"的本质区别，正确处理与小楚同学的关系，人也变得开朗自信了，学业上也有了不少起色。小程的转变是可喜的，我衷心地祝愿她步入正常的成长轨道。

作者单位：宁波市海曙区储能学校

❤ 编者微评

小程的经历有点特别，如果不是其本身积极寻求心理辅导，或作者辅导不力，她很有可能真的成为同性恋者。这一系列的辅导不但成功地改变了小程，同时还提醒我们，性教育对处于青春期的孩子是多么的重要！愿更多的"小程"能走出困境，步入正常的成长轨道。

第四辑

心理辅导之师生桥梁

  当下,学生的自我意识增强,个性日渐鲜明,对教师居高临下的管教方式多持反感态度,尤其是那些所谓"刁钻"学生,常常以给教师出难题为乐。由此,在案例中,有的作者反躬自省,不断更新教学观念,用平等的眼光看待学生,了解学生所见、所玩、所想;有的作者从原点开始,针对学生的"刁钻",重新检视自己的教育行为,积极运用"角色互换""开玩笑"等轻松又有智慧的教育方式,挖掘学生积极的人格特质,创设和谐的师生关系……此后,强化"正面管教",用"班级公约"等规范学生的行为便显得顺理成章。

28 你的心声，我愿意听

宋艳龄

A 烦恼来袭

小阳（化名），男，12岁，独生子。他从七年级入学以来，就显得十分引人注目。

首先是他的坐姿。上课时，他高高盘起二郎腿，摆出一副大刀阔斧的样子，无视教师的多次提醒，我行我素。其次是他喜欢"杠"。他常常不举手就大声地用"如果……""万一……"之类的句式来反问，引起班级同学哄笑。另外，他的性子也非常急躁，说话语气比较冲。教师想与他交流，话刚开个头，便被他一连串的反驳给打断了。若是脾气上来，他甚至直接摔门离开，这就造成了师生关系比较紧张。但在同学关系方面，他表现良好，有一群经常玩在一起的小伙伴。

B 烦恼成因

我与小阳本人及其父母多次沟通后，分析他拥有这些表现的原因主要有如下几点：

（一）家庭教育影响

小阳的母亲承担了主要的教育责任，所以两人在性格上非常相似——直率、爽朗，这为他赢得了同学们的好感；但同时，母亲急躁的性格也给了他一些负面的影响。

母亲平时忙于做生意，在孩子教育的方面缺少耐性和引导，常常用"要这么做""不要那么做"这样的命令式话语指挥孩子。两人在交流时也很少有静下心来好好说话的机会，往往一个不停数落，另一个则不断辩解。在不断争吵中，小阳形成了一个错觉，似乎只有抢着说才有机会澄清真相，似乎只有放大音量说话才有分量。紧张的亲子关系，影响了良好师生关系的建立。

（二）自我实现需求和现实的差距

根据马斯洛的层次需求理论，对即将步入青春期的孩子来说，自我实现的需求越来越强烈。小阳同样渴望得到认同，但随着年级的升高，各学科难度不断加大，他在学业方面困难重重，成绩也在不断下滑。母亲把大部分注意力放在他的学习上，评价方式较为单一。因此，小阳时常面对的只有母亲的指责，自信心不断受到打击,难以获得成就感。成绩的下降,加上缺乏合理的引导,令他更为急躁,就只能采取一些错误的方法试图来获得关注。

C 烦恼消解

(一)改善沟通

在引导小阳正确与教师沟通方面,我下了很大的功夫。

1. 交流时,要沉得住气

小阳容易激动,一激动就加快语速。我会安静地等他说完,温和而又坚定地问:"老师没有听明白,你可以放慢速度再说一遍吗?"于是在复述过程中,他在笨拙地控制语速的同时,情绪也慢慢平静下来了。

2. 尽可能给予充分信任

刚开始时,小阳每次辩解都很着急,话里总带着"你们都不相信我"的委屈。我耐心地听完,表示相信他说的话,他非常惊讶。随后,他的身体一下子放松下来,不再对我那么抗拒。在接下来复盘时,他竟能主动承认自己的不足了。

3. 与家长交换意见

小阳的问题,有一部分原因源自亲子沟通不畅。于是,我多次与他的母亲沟通,希望家长努力营造温馨亲切的家庭氛围。每一次联系,我都会夸夸孩子进步的地方,建议家长从多方面来评价孩子,并且多鼓励孩子。

(二)发现优点

第一次让我感到意外的是,开学不久,七年级就举行了学校运动会,那一次,小阳拿到了跳远的亚军!我激动地问:"你以前练过吗?"他摇摇头说:"没有,第一次。"我对他竖起了大拇指,好好地夸了他一番,并帮他在领奖台上留了影。从那以后,他就成了班里的体育主力,单项甚至所有的集体项目都有他努力拼搏的身影。即使在足球赛中肌肉拉伤,他也咧嘴一笑安慰我说"没事"。

我逐渐发现小阳身上越来越多的闪光点。他对人公平公正,所以同学们都服他;他讲义气,所以大家都喜欢与他结交。于是,我试着把出操带队的任务交给他。果然,小阳完成得相当出色,只要音乐一响起,我还没到班级,队伍就已经整整齐齐地排好了。

后来,我又从同学们口中得知,小阳还有出色的美术功底。于是,我鼓励他参加了学校的手抄报比赛,他勇夺二等奖!班会课上,他接过那张奖状,看了很久。

(三)激发动力

在发现了小阳的管理才能后,我便常常在他面前示弱。比如:"短话剧表演,老师也不懂,你可以做组长来负责一下吗?"再比如:"拔河要注意什么,老师也不太知道,你可以帮忙指挥一下吗?"小阳的主动性被调动起来了,每个任务他都能干劲十足地完成。

不知不觉中,小阳变了。他不再像之前那样喜欢"杠"了,甚至会主动维持好纪律,课间会跟教师笑眯眯地聊上几句。他还成了我的课代表,收发作业的工作,从最开始的懒散,到如今的积极,进步十分明显。

这样的变化还体现在学习方面,虽然依然有不少问题,但我发现他跟同学讨论问题的次数变多了,背书也比以前更主动了。期末考试,在最喜欢的那门学科上,他甚至拿到了班级前几名的好成绩。

每一个孩子都会有花开的时候,小阳也不例外,我由衷地相信。

作者单位:宁波市春晓中学

❤ 编者微评

> 师生关系,很大程度上是亲子关系的缩影。作者从学生及其父母两方面入手,为他们架起沟通的桥梁,为改善师生关系奠定了良好的基础。同时,作者通过挖掘学生的优点,有意识地加以引导,增强其自信心,促使其向好的方面转化,体现了教育的本质。在此过程中,若班主任能与任课教师一起,建立起多元的评价体系,也许能收到更良好的辅导效果。

29 化静为动,君心柔焉

林嘉欣

A 烦恼来袭

初秋时节的9月1日,是学校的报到日。48个孩子按时坐到了教室里,一眼望去,都是童真与热情。在一番观察后,一名鬓发裹脸,眼神疏离,肆意地将身体瘫倒在座椅上的女孩子的身影闯入了我的眼帘:"这个女孩子看起来就不好管啊。"

果然,开学的那一天,女孩小叶(化名)就将手机带来了学校。单人的课桌,少有人会注意,所以在上课时,她不动声色地在课桌里飞舞指尖。课间休息,吃完午餐,她在九年级班级的门前穿行,东张西望。"不能串班"的校规对她来讲成了摆设,她熟视无睹。

不久,我就收到了其他同学的投诉:"老师,上体育课的时候,有几个职业高中的男生翻墙进来找小叶,我们去制止的时候被警告不要多管闲事,说再管的话就要打我们。"看着同学们担惊受怕的眼神,我赶忙让他们去"请"小叶,但收到的回复是:"老师,小叶说不想来办公室。"我一听到这个回复,顿时火冒三丈,拔腿就冲向教室。行至一半,我住脚步,心里闪过一个念头:现在去把小叶硬拉过来可能会激化矛盾,不如先去家访,了解了解她吧。

B 烦恼成因

(一)关爱缺失

小叶的家庭有些复杂。早年,父亲是渔民,出海打鱼不幸遇难,不久母亲就带着她改嫁。改嫁后,在母亲和继父的日夜操持下,日子过得越来越红火。但与此同时,父母日夜忙碌,疏于陪伴,逢年过节也都是让小叶回奶奶家,让原本内心就比较敏感脆弱的小叶感受不到关爱,开始封闭自己。

(二)天真遗失

父母彻夜不归,在外忙碌,让漫漫的长夜显得望不到头。此时,小叶能够聊以慰藉的是一部手机——手机里头,有愿意同她整晚畅聊的陌生人。渐渐地,小叶与这些年长的陪伴者成为朋友,他们带小叶去经历一些她从来没经历过的事情,例如抽烟、喝酒。过早地踏入成人世界的小叶,她的天真被掩埋了。

(三)认同丢失

趋于成人化的小叶,在学校里也越发显露出自己霸道的一面。如果与同学产生摩擦,小叶就会把事情告知在外面的"朋友们","朋友们"就会对该同学威胁恐吓。久而久之,同学们对小叶是敢怒不敢言。而以前的教师将这一切看在眼里,于是叮嘱同学们远离小叶,并将小叶调至最后一桌,小叶与同学之间的最后一份认同感,至此也不复存在。

C 烦恼消解

(一)书信是漫长的告白

面对面的沟通陷入困境之后,我灵机一动,在课上把周末作业调整为随笔,要求学生记一周内印象深刻之事,或记一周以来的感想、心情变化等。周一的时候,我收到小叶的随笔,打开之后,意外的是,随笔当中有不少的字;不意外的是,里面充斥着难过与抱怨。我洋洋洒洒地在小叶的随笔下回复了一篇小作文,抱着期待的心,静候着小叶下周的随笔。第二周的随笔中,我居然看到了小叶在小作文下的回复以及新的一篇随笔,我心中暗自窃喜。现在,随笔还在继续,这是我和小叶以及班级当中很多孩子的"约会"方式。在我们大人眼中他们是孩子,但他们同样有自己的苦恼和对生活的理解，可能稚嫩，却一样需要被倾听与回应。虽然回应完两个班学生的随笔，往往需要整整一日甚至两日的时光，但在随笔当中，我与沉默的、多情的、可爱的孩子们有了更亲密的关系。

（二）触碰是温暖的传递

早晨，我踩着铃声的点慌忙赶路时，"老师好"的声音从身边传来，我抬头一看，受宠若惊，居然是小叶。可能出于激动的心情，也可能出于朝阳的美妙，等回过神时，我的左手已经搭在小叶的肩膀上，将她整个人揽在怀里了。我能明显感受到她的僵硬，便用手在她的肩头又轻抚了几下，开始和她聊起"昨晚是如何度过""今天早饭吃了什么"这些日常话题。小叶从开始的结结巴巴，到后来的对答如流，快到教室时，她飞奔了进去。课间，小叶居然来我的办公室背书了，在磕绊中艰难背完。此时，我才发觉，教师与学生之间有道线，在这道线外，学生尊敬甚至是畏惧教师；当教师主动跨过这道线，去触碰他们，他们就会不由自主地向教师靠过来，拥抱教师。

现在的小叶，已经把"垂帘听政"的刘海梳了上去，露出干净的脸庞；在班级里也有了能一起上厕所的朋友，偶尔有矛盾，她也学会了找我"告状"，一切都往好的方向发展着。后来，偶然的一天，似乎是周一，她把手机递给我，同我说："老师，你替我保管一下吧。"从那以后，那部手机，便一直睡在了我办公室的抽屉里。

"路漫漫其修远兮"，同小叶以及其他孩子们的故事还在继续，我们还会有很多的挑战或者矛盾，但我始终坚信：身为教师，要打破自己的成见，变得主动，才能去柔化孩子们的内心。

作者单位：宁波市象山县石浦中学

编者微评

许多人都说，初中生是最难管理的，这个阶段的孩子正逢叛逆期，让大部分教师甚至是家长望而生怯，充满抱怨。但作者一反常态，用主动的姿态去迎接挑战，面对冲突时先用冷静的态度处理，在了解情况之后，用写随笔的方式来与内心封闭的孩子进行沟通，每一次的回复都是有温度的，自然会敲开孩子的心门，柔化孩子的内心。然而，教育岂止是学校的责任，更是家庭的责任，应与孩子的家人共同努力，促使这些烦恼真正被消解。

30 我不是一个笨孩子

干楚楚

A 烦恼来袭

小学阶段是个体身心健康发展的重要阶段。在学校中,阳阳(化名)是个孤独的小孩。他的行为举止,常常让家长和师生们烦恼。

(一)"我是一个毛小孩"

在伙伴面前,阳阳是一个外向的孩子。下课时,他有着全场最潇洒的姿态,大手一挥,呼朋唤友。他中午吃饭最快,抓紧每分每秒和伙伴们玩耍。犯错时,他的表现很激烈——有一次他在课堂上和同桌说话,被教师叫起来后,就直接嚷嚷"为什么不叫我同桌,他也讲话了呀"。

(二)"我是一个胆小鬼"

在面对大人的时候,阳阳有时又很胆小。每当教师的眼睛与他对视,他都会快速地移开视线,从来不敢看教师的眼睛。早读时他的读书声很小很小,平时和教师说话更是结结巴巴。他的作业宁愿空着上交,也不敢请教任课教师。

(三)"我是一个笨小孩"

上了小学后,阳阳妈妈表示自己说也说了,甚至打也打了,可孩子的表现还是不好。有一次,阳阳妈妈辅导他做功课直到晚上十一点多。阳阳妈妈不高兴地质问他:"你觉得你是一个聪明的孩子,还是笨孩子呢?"阳阳没有片刻犹豫地回答道:"我是一个笨小孩。"一时间,阳阳妈妈也不知道该如何回应,心中既有愕然也有酸涩。

B 烦恼成因

阳阳就像是一个矛盾体。在大人和同伴面前完全不一样,看似坚强,实则脆弱。究竟是什么原因导致他有这么大的反差呢?

(一)不对等的师生关系,失去亲近之心

阳阳在学校里经常闯祸,不认真学习,作业反复修改还是错,做事情拖拖拉拉,使得原本耐心的教师变得"暴躁",甚至脱口而出一些伤害孩子自尊心的话语。

（二）不理想的成绩，失去信心

阳阳的学业成绩不理想，使他承受着巨大的心理压力。他俨然成了大家眼中的"后进生"。成绩差的学生如果没有得到很好的关心和支持，就容易陷入不自信的状态。

（三）过往不良经历，导致刻板的消极

从幼儿园到小学，阳阳的周围都充斥着指责声和有色眼光，他童年一半的时光都是在自我怀疑、自我否定中度过。在和教师们交流时，大多数时间里他都是低着头。阳阳很在意自己有没有受到公平的对待，觉得教师总是瞧不起他，在针对他，因此对教师所说的话、上的课、委任的事情他都不敢兴趣，提不起精神。

C 烦恼消解

（一）从小切入，发现亮点，"我能做到"

经过观察，我发现阳阳的值日工作做得非常好。我以此为切入口，在班会上鼓励了他。"尽管讲台桌下的垃圾非常难处理，但他却能仔细地不放过每一个死角，这份细心值得大家学习。""阳阳的值日工作能做得这么好，那么我们也相信他能作为榜样做好大扫除的小组长。"阳阳在台下听到这些表扬后，小眼睛里有了亮光，连背也不自觉地挺直了。

从小切入，点亮星星之火，我相信可以逐步帮助他树立做好事情的自信心。随着我的不断鼓励，阳阳不光能做好值日，还能试着去管理别人了。当然，这个过程中管理好别人不是我的目的，阳阳能逐渐自我约束才是我真正想看到的。

（二）具体表扬，积极建议，"我也很棒"

鼓励也要讲究方式方法，不是光表扬就可以的。以课堂为例，我们经常在课堂教学中对孩子们的学习态度、课堂参与度等方面做出肯定评价，期望能激发孩子们的学习动机，营造积极的教学环境。但是在实际的教学过程中，我们的课堂表扬针对性不强，如"好""你真棒"，这样的表扬使得课堂表扬的评价功能发挥不够到位。我曾经在课堂上观察阳阳，当我说出以上泛化词汇时，阳阳并不会表现得很兴奋。可见"有口无心"的表扬毫无作用，或是作用极其微小，越来越弱。

阳阳有点咬字不清，因此，我常常请他朗读课文，比较他每一次的朗读哪里进步了，随机在课堂上进行积极的点评，提出建议。建立在"肯定"基础上的建议，阳阳总是能很快接受，并且对下一步的挑战充满斗志。

（三）正面管教，尊重学生，"我被关心"

光对那些优秀的、有进步的小朋友进行鼓励是不够的，像阳阳一样默默无闻、落后的小朋友同样希望得到有尊严的鼓励。可以善用"什么"与"如何"，如阳阳上

课表现不好时,就这样说:

"我注意到你好像听不太懂,发生什么了呢?"

"造成这件事的原因是什么?我可以如何帮助你?"

没有长篇大论的说教,也没有惩罚,情感上的关怀和实质性的帮助让阳阳意识到教师原来是这么理解、关心自己。距离感的消除让他更愿意相信教师、靠近教师了。

一次班级评选"时时净"集体时,阳阳主动跑到办公室,问我需不需要在课间提醒大家捡拾地上的垃圾。能够拥有这样班级荣誉感的孩子,正是因为他感觉到"被爱"与"被需要",才能做到"去理解"和"爱班级"。

二年级家访时,我以为阳阳会一如既往地害怕教师来家中"告状",也做好准备到时在他家里多多肯定他的进步。没想到,我看到的是一个兴高采烈,拉着我的手恨不得让我看遍整个家,带我逛遍整个村的阳阳。听阳阳爸爸说,他还为我提前准备了一首刚学的钢琴曲。看到阳阳端正地、专注地弹琴,虽然他演奏得磕磕绊绊,可这琴声无不是在告诉我他的成长。现在谁还能说他是曾经那个胆小的"笨小孩"呢?他也不会再这样说自己了吧。

作者单位:宁波市海曙区广德湖小学

编者微评

"我是一个笨小孩",一个孩子本是一张白纸,为什么他会有这样的自我认知呢?这无疑是因为他所处的不良环境的潜移默化的影响。作者意识到小学中的物质奖励和表扬还是不够全面,这两种手段更多时候是面向优秀生或是表现进步的学生,而那些退步的、一直停滞不前的学生难道不需要鼓励吗?又该如何鼓励呢?作者在文中提出运用正面管教来振作学生的精神,小进步大鼓励,以表扬树立自信,再辅以帮助。最终,像阳阳这样的孩子会自信地反驳:"我不是一个笨孩子。"

31 叛逆男孩不叛逆

王亚西

A 烦恼来袭

初见小鹏（化名），他是个安静的男孩，不常言语。一个星期后，他却满校园乱跑，出现爬窗户、爬墙的行为。下课了，小鹏时常带领着其他同学进行"地道战"。每当我问责时，他先是以沉默应付，被逼急了，总能找出理由来回复。这让初为班主任的我头疼不已。

在一次跳绳比赛中，他对身旁的同学说："我就要故意跳得慢一些。"在一旁听到这话的我不禁皱起了眉头。跳绳比赛结束后，我怒气冲冲地去责问，他沉默以对。无奈之下，我只能让他离开。比赛成绩出来了，他的成绩在年级中垫底。这让我开始反思以往对小鹏的态度。

B 烦恼成因

（一）失语的"老二"，缺少的关注

小鹏出生后，母亲和父亲的工作较为繁忙，主要由保姆照顾。家里有三个孩子，他是"老二"，上有"标杆型"哥哥，下有可爱的妹妹。

与父母的互动少，缺少父母的关注，导致小鹏与父母之间并没有建立良好的亲子关系，所有的情绪不愿意说出来。但情绪总需要寻找出口，这个出口就是其在学校里各种不合常规的举动。

在家里，优秀的哥哥和可爱的妹妹对小鹏生存环境形成挤压之势。他认为自己无法在学习领域和哥哥抢夺关注，也无法退化为婴儿来博得父母的关注，他只能另辟蹊径，以"不断闯祸"的行为来吸引父母的目光。

（二）掩饰的借口，缺失的鼓励

面对问责，第一时间找借口的行为背后是小鹏害怕批评。小鹏的父母向我坦言，对其教育的主要方式为"棍棒教育"。这样的教育，并没有让小鹏明白自己的错误，而是屈服于"害怕"的情绪。为避免受这样的惩罚，小鹏习惯性先找借口，为自己开脱。

(三)叛逆的表现,缺乏的自信

在学校里的小鹏,似乎各方面表现均不佳。害怕失败,掩饰失败,表明小鹏正在走向"习得性无助"。入学已近一年,在这段时间内,他所受的鼓励不多,没有发现自己擅长的领域,自身又没有足够的自信来帮助抵御不断碰壁的现实。缺乏自信的他,用一种"事先张扬的叛逆"来掩饰内心对成功的渴望。越是叛逆的行为,越是证明了他渴望被看见的想法。

C 烦恼消解

积极教育是积极心理学研究成果在教育领域中的运用。相较于以往关注孩子心理问题的研究方法,积极教育更加关注孩子外显和潜在的积极力量、积极品质,并在实践中培养这些力量和品质。

(一)建立积极的沟通模式

在家访中,我与小鹏父母协商,改变恐吓式沟通,多使用"一致性"沟通,多些鼓励,少些指责。在学校里,我改变先入为主的想法,多倾听,鼓励小鹏勇于表达自己内心的想法;沟通时,以诉说感受来代替指责。我以此次跳绳事件为抓手,不断与小鹏进行沟通。我先诉说我的感受,让小鹏共情后,对其提出期望并加以落实。

"看到你这样的跳绳成绩,我特别特别伤心。老师现在是一个倾听筒,你有什么想说的吗?"

"老师,我是害怕自己跳不多,才这样对同学说的。"

"原来是这样,我误会你了,对不起。"

"老师,对不起。"

"没关系,一次的失败可打败不了硬汉小鹏哦。我们一起来制订跳绳目标吧!"

在每次体育活动课上,我单独对他的跳绳成绩进行计数。跳绳前,我说:"我期待你跳到150下。"跳绳中,我不断对其进行赋能:"加油,加快速度!"跳绳后,我们不断复盘,总结经验。在这样的沟通模式下,小鹏现在的跳绳数达到了一分钟180下。

(二)挖掘积极的人格特质

挖掘内在的积极人格特质是改变小鹏的重要一环。经过观察,我发现小鹏是非常愿意帮助人的。于是,下课期间,我经常让其替我"跑腿"。每次做完事,我总不忘大力地表达感激。有一次,他主动帮生病没来的同桌整理作业、收拾课桌,令我惊讶。我将这一幕拍下,并在班级里播放。同学们都对他竖起大拇指。就这样,小鹏的自我成就感逐渐提升。我慢慢地将一些班级的事情交给他,他干得不亦乐乎。

(三)创设积极的人际关系

以往的小鹏让大家畏而远之,许多学生都不愿意和他玩。我开展了"小天使"活动:每位学生抽一张带有同学姓名的纸条,这位纸条上的同学就是这星期你需要帮助的对象。一星期结束后,每位学生当众宣读"小天使"给你留言的"优点",并猜一猜你的"小天使"是谁。学生们兴致很高。我为小鹏安排了一位既活泼又善良的同学,并私下里交代任务。通过这位同学一星期"无微不至"的照顾,小鹏逐渐融入了班级圈。一星期结束,在他当众宣读自己的优点时,大家都情不自禁地鼓掌。我从小鹏的脸上看到了骄傲。

经过一个多月的努力,小鹏的行为虽偶有反复,但总体是往积极方向靠拢的,我深感欣慰。这都是"积极教育"的力量。

作者单位:宁波市镇海蛟川双语小学

编者微评

作者看到了小鹏叛逆表象背后的真实需求,一改以往紧盯缺陷的做法,用积极教育的辅导方式,关注其隐藏的积极力量。从沟通模式、人格特质和人际关系三方面入手,通过一个多月的努力,初步改变了小鹏叛逆的行为方式,取得了预期的心理辅导成果,这无疑是积极教育在学校和家庭里获得成功的案例。

32 阳光正好

王雪芬

A 烦恼来袭

教养孩子,就如同培育花朵。花朵需要阳光的照耀,孩子也同样需要阳光般的呵护。作为教师,我一直希望自己能成为孩子们的"一米阳光"。

在这一届一年级新生中,有一个格外瘦弱的孩子,那一头浅黄色的短发成了她的标志。她不喜欢跟同学交流,经常蜷缩在课桌旁,斜着眼睛打量周围的同学和教师。每节课后,在她的课桌底下总会莫名其妙地出现一张张被揉成团状的餐巾纸。这是一个极度缺乏"阳光"的孩子,我暗暗告诫自己,应该给予她更多的温暖。

在第一次排座位的时候,我特意把离讲台最近的位置留给了她;写作业时,我特意把她叫到讲台前手把手教她写一笔一画;就餐时,我盯着她把饭菜吃完。

新学期的第一周在忙碌中过去,好在一切秩序正在好转。而我最大的心愿就是她能在我的关怀下，尽快地适应这个集体。

第二周的星期一早上，我发现她的位子空着，直到上第一节课她也没到。我正纳闷，这时手机响了，是她妈妈打来的。原来，今天一早她就不肯来读书，即便到了校门口也不肯进来。

我跑到校门口时，见到的正是泪眼婆娑的她。我轻声叫着她的名字，并冲她露出了自以为很有亲和力的微笑。蹲在地上的她见我靠近，猛地跳起来，直接躲进了妈妈的怀里，揪紧妈妈的衣襟。从那怯怯的眼神里，我读到了她对我的抗拒和防备。

B 烦恼成因

孩子的感情总是那么直接，她那下意识的举动，虽然让我颇为受伤，但也让我更为清醒。

每个人都会有自己固有的心理舒适区。对她来说，因为自身的体质，父母给予了她更多的保护，造成她的心理舒适区比其他孩子更为狭窄。除了家人，同学、教师对刚入学不久的她来说还仅仅是熟悉的陌生人。太亲密或者太疏远，都会让她感到不安，甚至让她产生焦虑或恐惧。而我对她过多的关注，无疑把孩子强硬地推出了她的心理舒适区。这就如同一盆长期放置在室内的花，骤然放置到阳光下曝晒，终将因无法承受烈日的过分热情而被灼伤！

其实，在心理舒适区和恐惧区之间还有一个相对温和且更利于孩子成长的区域——最近发展区。这个概念是苏联心理学家维果茨基提出来的，指学习者在教师或技能更高的同辈指导下，让自己学习得到些许进步的一个区域。这种渐进式的进步，让人始终保持在一个相对舒适的区域内，但同时又在不知不觉中拓宽了自我圈定的舒适区域。

C 烦恼消解

找到了症结所在，我立马改变教育的风向标。

首先，适当保持安全的距离。长久以来，我们都认为，拉近与孩子之间的距离，便于建立良好的师生关系，可以促进孩子身心的成长。通常情况下，确实是如此。但也有例外，就如她，这个敏感的孩子，用行动告诉我：过分刻意地拉近距离，只会造成孩子的逃离与自我防御！

因此，从第二天开始，我取消了所有对她的照顾：座位重排，按她的个子排到第二排靠窗的位置，那是教师视觉的余光区。看着她欢天喜地地搬离原来的中心位置，我也由衷地舒了口气。作业也不再强求完美，只要她能在放学前完成就行。就餐时，我把自己的餐盘搬到隔桌的空位上。

其次，努力遮掩爱的痕迹。学生对教师大都怀有敬畏之心。所以，大多数学生并不希望教师过多地关注自己。如果教师平日经常注意自己,学生的心里面就会有很大的负担,甚至产生焦虑感。

但对于她,我又舍不得任她一味地缩在一隅偏安而故步自封,希望她能在我们的干预下,有所发展,使她的心理舒适区也尽可能地得到拓宽。所以,我选择了折中的办法,给予孩子无痕的关爱。

虽然无法在短时间内改变她挑食的习惯,但我可以尽可能地保证她午餐吃得开心。吃饭前,我会和她来一个简单的碰头:"瞧瞧,我今天的菜中有你喜欢的吗?咱们来交换一下!"她总会一眼瞧见我替她挑的那一份菜,然后把自己盘中不合她口味的菜拨到我的盘子里。"真是奇怪,为什么我的盘子里总是会有你喜欢的菜,而你的盘子里会有我喜欢的菜。"我故作惊讶地说着。她咯咯笑着回应:"就是就是,真是太奇怪了!"

至于那一大堆被揉成团的随意丢在地上的纸巾,我都帮她收集起来。在一个闲暇的午间,我和她忙活着给纸团涂上颜色,贴在纸板上。哈哈,小纸团变成了花雨伞、机器猫,还有一条毛毛虫!这些作品最终成了教室文化墙上一道亮丽的风景。至此,课堂上她还是会偶尔出现揉纸团的小动作,但纸团再也不会随意地躺在地上了。

一天,她来办公室送作业,离开后,我发现桌上多了三颗薄荷糖。看着那头黄发在秋风中飘扬,在秋日暖阳的映照下竟发散出些许金色。我拿起一颗糖,剥开,塞进嘴里,望着窗外的秋风、秋色、秋日,写下一句话:

微风不燥,阳光正好;

糖心蜜意也刚刚好。

作者单位:宁波东海实验学校

编者微评

教师要成为孩子生命中的那缕阳光,必须真正了解孩子的心理需求。一味施与,也许得到的是相反的结果。正如俄国教育家乌申斯基提出的,教师虽然不是心理学家,但是必须努力掌握心理学的规律,并适当地运用这些规律进行教学。

其实,每次教育的危机也是我们教育的契机。当我们的教育陷入"瓶颈"的时候,教师不妨从原点出发,重新思索自己的教育行为,换一个方式也许就能收获不一样的风景。这就是作者给我们的启示。

 听听孩子的声音

唐小园

A 烦恼来袭

六月的一天傍晚,我刚走进教室,任课教师就向我告状:"唐老师,我被学生教训了,他说我是贱老师。"然后又对着下面的学生吼:"哭哭哭,哭算什么本事啊!我哪里错了啊?你还觉得你委屈啊!"

我快速扫视了一遍,锁定了小梁(化名),没错,就是他在哭。该生的母亲已经两次和这位任课教师起冲突了;这学期,孩子也不怎么做作业了。小梁白白净净,我好几次发现,一批评他,他会咬牙切齿,有时还会气得把铅笔拗断。

六月顶楼的教室,真的让人闷得透不过气来,教室里的孩子也一个个不敢出声,我也不清楚发生了什么,已经是放学时间,在公开场合我到底该站在哪边?我边批改作业边思考着,任课教师在等着我的评判,其他学生在等着我的反应,当事的孩子在等着批评。我让没有参加晚托的小梁先回家,想想自己错在哪里。

B 烦恼成因

我看过几本心理书,发现这一时期的孩子,出现激烈反抗心理的原因大致有三个:一是自我意识的突然高涨,使他们有强烈的维护自尊的愿望;二是少年期个体的中枢神经系统兴奋性过强所致;三是由于强烈的独立意识。

当孩子说一些冒失的话时,他们只是想通过这种方式来引起别人的注意,让别人知道自己很不开心。孩子有时候会在自己的周围筑起一道隐形的墙,其中的原因各异,有的孩子或许仅仅出于保护自己的目的,有的则可能是因为他们缺乏安全感,对周围的一切总是感到怀疑、恐惧或是误解等,把自己像一只刺猬一样包裹起来。想要解决问题需要倾听他们内心深处的声音,让他们敞开心扉。

C 烦恼消解

有效的沟通是拆除孩子们的"保护墙"的工具,是消除与他们隔阂的有效办法。尊重是相互的,我们要赢得尊重,首先要学会尊重孩子。尊重孩子不是通过贬低我们自己,而是去倾听他们的意见并友好地交谈。当孩子看到他们被温柔对待时,他

们也更容易用同样的爱和尊重来回应我们,从中也会形成信任的机制,所以让我们多听听孩子的声音。

(一)听听周围孩子的声音,努力做到公平公正

我先找了班长,问他有没有听到小梁骂教师"贱"。班长说他一直在认真做作业,又坐得远,没有听到小梁骂教师,是任课教师一直在强调这个字。

再问离小梁最近的那个女孩子:"今天小梁与老师吵架的事你都看到了吗?"

"前面我在做作业,没有发现。后来他站起来,大声地说老师了。我听到了。"

"他怎么说的?"

"说老师是个贱老师。"

"你听清楚了?"

孩子点点头。

(二)听听当事孩子的声音,努力做到理解和尊重

第二天,我去得很早,把小梁叫到办公室。

"昨天的事,你跟老师说说吧。如果是老师误会你了,那么你跟老师去说清楚;如果你真的做错了,那么跟老师去道歉。"

他低着头,不说话。"贱,这个词你说了吗?"他点点头。"你知道它的意思吗?这个词是一个骂人的词,读书人不可以随便说出口。小朋友之间不能说,对长辈更不能说。是什么原因,让你生气了呢?"

"我根本就没有和后面同学说话,我只是觉得腿酸,侧着坐了一会儿。她好几次冤枉我了。"

"听老师说,你跟前面同学也讲话了。"

"跟前面的同学我是讲了,他来问我题目。"

"很好,你能坦诚地跟我讲。那么你把这些情况告诉老师去,跟老师解释清楚,可以吗?人与人不沟通,误会会越来越深。你看,这次老师很生气,你也很生气,事情要尽早解决啊。"

孩子点点头。

(三)教授解决问题的办法,引导孩子积极阳光

小梁转身来到办公室门口,又停住了,慢慢转身问我:"能不能等会儿去说啊?"

"没事,今天一天内解决吧。你说不出口,要不,你写吧,写好交给老师去。"听到可以写,他明显放松了很多,开开心心跑出去了。

因那天我有些忙,放学时也忘记问他了。等到第二天放学,我再次找他。很明显,他的表情告诉我,他还没有行动。我给了他一张纸,他拿着跑出去了。过了一会儿,又跑回来,递给我那张纸。孩子写清了事情的前因后果,最后说,这几天没有主动找老师道歉是因为自己做错了事,很害羞。

我让他赶紧去找老师,赶在老师下班前,并告诉他这次去找老师,如果老师还很生气,不能原谅他,千万不能跟老师再次吵起来,道歉态度一定要诚恳。以后也一样,会碰到各种各样的人,不会人人都接受你的道歉的。这点一定要有心理准备。

看到他勇敢地走进了办公室,我也感到很欣慰。

作者单位:宁波市慈溪市白云小学

编者微评

人非圣贤,孰能无过?一个人在成长的道路上,犯错是不可避免的。《正面管教》中指出:"错误是学习的好机会。当孩子犯了错时,我们可以引导孩子关注于解决办法,而不是让孩子从中付出代价。"案例中,作者展示了解决问题可以从以下几个问题入手:"发生了什么?"(给孩子一个解释的机会)"你为什么这样做?"(了解孩子内心的想法)"你现在有什么想法?"(或写或说,让他表达自己的情绪和感受)"现在应该怎么做?"(思考如何承担责任,弥补过错)这样一步步地引导,让孩子正确地认识错误,在犯错中成长。这些方法对读者也许会有借鉴作用。

34 "我要让警察抓你!"

胡文龙

A 烦恼来袭

宋明(化名)今年上四年级,是个活泼好动的男孩子。午饭后是课外阅读时间,同学们拿出课外书看起来,而宋明把自己的《十万个为什么》拿出来,翻看了一下就放在桌上;然后伸长脖子寻找周围的"目标",看到右边的同学在看书,就用手拍拍他的胳膊,朝他挤眉弄眼一番。我发现了,咳嗽一声,瞟向宋明,宋明马上拿起课外书。没过多久,宋明又戳戳前面同学的后背,从书侧探出脑袋轻声讲起话来。我叫了宋明的名字,他才停止。整个午间,宋明反复开小差,也不知看进去多少内容。

下午上课,我发现宋明身体后仰,头看向抽屉内,我走到他旁边,发现他正在看《十万个为什么》,这次是认真看了,连我走到他旁边也没发现。我生气极了,一把拿起宋明的书,没想到他大声叫起来:"你为什么拿我的书?把书还给我!我要让警察抓你!"

面对这样一顶大帽子,我愣住了,该怎么处理?

B 烦恼成因

根据冰山理论,学生表现出的行为可能有更深层的原因。于是,我对宋明进行了心理分析:

(一)学生心理发展特点

这个年龄段的学生心理发展不成熟,自制力不强,容易出现逆反心理。宋明是个好动的学生,其他教师也反映他注意力不集中,往往在课上开小差,做与课堂无关的事。当教师指出宋明的小动作,提醒他注意时,他往往会找各种借口来反驳,认为教师针对他,甚至对教师的说教表现出厌烦的情绪。这种对教师的不尊重和逆反心理,直接导致了本次回复——"我要让警察抓你"。

(二)社会网络原因

作为"10后",网络和手机的普及让学生能获得大量的课外信息,但他们又没有明辨是非的能力。经了解,宋明在家经常用爸爸妈妈的手机上网,看短视频,浏览网页。他喜欢法律方面的内容,但对这些只是一知半解,甚至是错误理解。这就导致了他在课堂上用"法律"还击我。

(三)家庭教育原因

家长对孩子过度关爱,缺少社会规范教育。宋明是独生子女,父母是外来务工人员而且文化水平较低,对宋明百依百顺,即使宋明犯错了也不会很好地给予引导,往往只是简单地批评两句。

C 烦恼消解

经过冷静思考,又查阅了一些教育心理方面的书籍,我了解到,如果不及时处理这个问题,师生关系会变得更糟糕。我采取了以下解决策略:

(一)稳定情绪要共情

课后,我平复了自己的心情后,心平气和地让宋明到办公室里来谈谈。我找了一把椅子让他坐下,看着他说:"老师拿了你的课外书,你觉得委屈了,是吗?"宋明听了我的话,嘴巴一撇,"哇——"的一声哭了起来。我拿了两张纸巾给他,让他擦眼泪。我让宋明讲讲午间和课上发生的事,引导他客观地讲述自己的行为。

(二)矫正行为须强化

宋明的不良行为习惯还应得到矫正。我请来班里的小锋(化名)坐在椅子上当犯错的学生,宋明站着当教师,让他进行换位思考,深入体验。这给了表现欲强烈的宋明机会,他走到小锋旁边,轻轻拍小锋,对他说:"小锋,午休时间不要和别人聊天。"过了一会儿,小锋开始动来动去,宋明指着小锋:"小锋,注意一点。"当小锋偷偷拿出课外书来看时,宋明叫小锋站起来;小锋站着继续偷偷看书,宋明再也忍不住了,一把夺过了小锋的课外书。此时,宋明没有刚才那么兴奋了,而是一副若有所思的样子。我说:"宋明,你明白了吗?"宋明低下头"嗯"了一声,然后说:"胡老师,我知道你是为我好,课堂上我不应该看课外书。"

"你说要让警察抓老师,那老师是不是要找警察叔叔抓你?因为你扰乱了课堂纪律。"我开玩笑地说。宋明的脸更红了。"希望你能尊重老师,学好知识。"

让宋明意识到自己的行为存在问题还不够,还要通过一定的训练促使他约束自己的行为。我给宋明安排了一个"午休管理员"职位,让他和教师一起管理午休纪律,提醒同学认真看书,同时让他知道教师工作的烦琐。

(三)家校沟通促改变

事后,我将这天发生的事情通过电话告知宋明家长,并全面讲述了他本学期的在校表现。我跟宋明家长说,不指出问题不批评他,就让他失去了不断成长和完善自己的机会,希望家长能配合将宋明的问题改过来。宋明家长表示愿意配合教师的工作。

随后一段时间,我和宋明家长保持沟通,表扬宋明在校表现的进步之处,宋明家长也讲了他在家的表现。同学们都发现宋明变得不一样了,上课注意力集中了,不和教师顶嘴了,见到教师时嘴里也经常挂着"老师好"。

宋明在日记里说:"我当了两周午休管理员,提醒那些做小动作的同学认真看书。我还帮老师把厚厚的作业搬到办公室里,看到老师桌上有一大堆作业要批改,感到老师真辛苦。我要管好自己,不让老师再操心了。"

作者单位:宁波市余姚市舜北小学

❤ 编者微评

当下的孩子个性越来越鲜明,教师用以前的师生相处方法显然不能适应现在的时代了。这需要教师尤其是班主任更新教学观念,用平等的眼光看待学生,把学生当作独立的个体,了解学生的所见、所玩、所想。作者以此为契机,运用"角色互换""开玩笑"等轻松又智慧的教育方式,结合科学的班级制度或班级公约,来规范学生的行为,最终使师生关系步入了和谐的轨道。

35 促进师幼沟通"零"距离

周维琴

A 烦恼来袭

上午细雨蒙蒙,给炎热的校园带来一丝凉爽。下午起床后,孩子们按捺不住躁动的心,一心想去户外玩耍。于是,我带着他们来到了大草坪,因为地还有些湿,为避免弄湿衣服,我和孩子们约定只玩飞盘。女孩子们一会儿把飞盘当作方向盘,一会儿把飞盘顶在头上,玩得不亦乐乎。

没过多久,琳琳(化名)急匆匆跑来跟我说:"周老师,轩轩(化名)裤子湿了。"我跑去一看,小家伙屁股后面一大片水渍,而他则尴尬地对我笑了笑。我又急又气:"怎么弄湿的?"他不好意思地回答:"滑滑梯下面有一摊水,滑下去的时候来不及刹车,一屁股坐上去就弄湿了。""为什么其他小朋友都在玩飞盘,就你去玩滑滑梯了呢?早上下过雨,滑滑梯都还没干呢!"我边说边把他拉到大树下,着急地打电话给他妈妈说明情况,让她赶紧送裤子来。

轩轩低着头,嘴里不停嘀咕:"是其他人来追我,我玩之前已经看到有水了,我还把它擦干了。"我边摇头边气不打一处来:"明明知道已经有水了,还要继续玩,到底是为什么?"

B 烦恼成因

案例中的小朋友轩轩是班级里比较调皮的幼儿,经常趁教师不注意带着其他幼儿随意玩。他的这些举动令教师相对比较头疼。因此,在潜意识里,我对轩轩有了一定的"偏见",遇到事情会无意识地放大孩子的问题。

首先,在这件事情上,轩轩的内心并不觉得自己有错。他还认为自己预见了这个"湿"的滑滑梯可能会弄湿裤子,所以提前做了擦干的举动。但没想到的是滑滑梯下面的小孔还会渗出水来,这是没法预料到的,他也有点不知所措。

其次,当我和他沟通时,他所感受到的只有教师的指责和抱怨,而非安抚和理解,这是他不服气的原因所在。在遇到这种事情的时候,他的内心其实是害怕和紧张的,当下他所需要的应该是理解与包容。

最后,我和他妈妈打电话的举动,让他觉得教师有"告状"的嫌疑,而我的出发点只是让他妈妈尽快拿裤子过来更换,以免着凉。所以,轩轩感受到的和我想要表达的初衷肯定不是同一个意思。

这个案例也从侧面反映了我们成人在表达爱与关心上往往会出现"口是心非"的现象，我们的担心、紧张、关爱总是不经意地通过评价、抱怨、指责等表现出来，这是需要我们去思考的。

C 烦恼消解

那么，对于学龄前儿童，我们该如何有效沟通并拉近彼此的距离呢？我决定通过非暴力沟通方法，从以下四个方面进行尝试：

（一）理解幼儿感受，放下指责评判

当幼儿出现问题行为时，教师可以先了解事情发生的原因，并同理到幼儿当下的内心感受。"发生了什么？""裤子湿了肯定有些不舒服吧！""你是不是有些担心？"我以这样的语言与轩轩沟通，他一下子表现出非常开心的神色，而非不服气。

（二）满足幼儿需求，给予温暖回应

在了解幼儿感受的基础上，尽可能满足幼儿的内在需要。马斯洛需求层次理论把人的需求分成生理需求、安全需求、社交需求、尊重需求和自我实现需求五类，依次由较低层次到较高层次。事件中轩轩的需求就是心理上的安全感与被尊重的需求。"我看到了你的担心与害怕，你是不是担心老师批评你？或者回家被妈妈骂？"当我看穿了轩轩内心所想时，他就放下了负面情绪，建立起了心理上的安全感。

（三）表达自我感受，拉近彼此距离

在理解满足幼儿感受、需求的同时，教师更应该表达出自己的感受。"看到你裤子湿了这么多，我很担心，我怕你着凉。"当我表达这句话时，我能看出轩轩已清楚地感受到了我对他的担心与关爱，而非指责与批评。这样，我们心与心的距离就更近了。他也更加愿意把事情发生的缘由、自己的感受告诉我了。

（四）阐述自己需求，增进师幼情感

在表达自己的感受后，最后就是要明确阐述自己的需求，让幼儿知道我需要他做什么。"我希望你下次能够跟着老师一起玩，这样会更安全。如果你想玩其他的，请你事先告诉我，说不定我会帮你想出更加好玩、更加有意思的玩法。你觉得呢？"当我说出自己的要求与需要后，轩轩知道今后他该怎么做，这样更加有利于他在今后的生活、学习甚至工作上遵守规则并且去执行。

在运用非暴力沟通方式后，轩轩更愿意相信我、亲近我了。他会时不时对着我笑，遇到事情也会第一时间来寻求我的帮助，把我当成他最好的大朋友。所以，我相信只要我们多运用非暴力沟通，彼此间的心灵将更加贴近，让爱充满彼此心间！

每一位幼儿都是值得被尊重的个体,当他们被温和平等的态度和言语对待时,他们就愿意打开自己心门上的锁,接受外来世界对他发出的邀请,自信、快乐地成长。

作者单位:宁波市鄞州区江东外国语小学附属幼儿园

❤ 编者微评

> 教师的一颦一笑、一言一行都可能传递出积极或消极的信息,对幼儿有着不可忽视的影响。我们总认为自己的所言所语都是为了幼儿好,殊不知我们的无心之言却会时不时伤害着幼儿。作者通过带班中的典型事件,分析并阐述了该如何走进幼儿内心,读懂幼儿的真实感受与需要,与幼儿进行有效沟通,增进师幼关系。表述有理有据,抽丝剥茧,情感真挚。但文末通过非暴力沟通后对该幼儿与教师的关系描述不多,可适当增加些笔墨。

第五辑

心理辅导之亲子纽带

　　当今的孩子内心敏感,情绪波动大,若遇上家庭成员缺位或家长缺乏成长性思维,便会引发亲子矛盾。由此,各位作者在案例中进行了积极的干预,采用家庭辅导与个体辅导相结合的方式矫正亲子相处模式。一方面,作者指导家长调整育儿理念,促使父母对子女不缺位、不溺爱;另一方面,作者从学生的心理困惑点切入,用多向体验式帮助其宣泄情感、释放压力,再辅以绘本阅读、伙伴户外活动等情绪疗法和焦点解决技术,使之重建亲子信任感,找到家庭归属感,最终使亲子关系得以修复。

36 让孤独的心灵重享阳光

陈 艳

A 烦恼来袭

小琼(化名),女,九年级学生,耷拉着苦瓜脸在预约的时间里来到了我的心理咨询室。小琼进来后低头说的第一句话是:"老师,我又跟我爸吵架了。"在后来的交谈中,小琼诉说自进入初中,尤其九年级以来,跟父亲基本每两天一小吵,一周一大吵,每天放学后她都不想回家,不想看父亲那张臭脸,丝毫感受不到父母爱自己。上周和父亲吵架后到现在已经有整整七天了,两人还没说过一句话。当时父亲还很嫌弃地说:"你这个样子还不如去死掉好。"小琼为此差点做出极端行为。没有人疼爱,还被父亲嫌弃,小琼觉得自己很可怜。

她还说,她自小就住在爷爷奶奶家,由爷爷奶奶抚养长大,父母亲平时忙于生意,印象中每周末会来一次,带点玩的、吃的,然后就回去了。

这学期进入九年级后,小琼觉得自己更加烦躁、闷闷不乐,对学习也越来越失去信心,哪怕与班里的好朋友也懒得说话。

B 烦恼成因

据班主任讲述,之前小琼在校性格开朗,与同学、教师相处得都很不错,学习上也很自觉,教师布置的作业都能保质保量完成。步入九年级后,学习压力变大,尤其是和父亲频繁产生矛盾而产生内心冲突,她经常产生不良情绪,愈加感觉孤单、难受、烦躁。

根据小琼自述和与其父亲的沟通,我分析导致其出现不良心理状态的原因如下:

(一)自我期待和父母要求与现实落差较大

青春期的孩子自主意识越来越强烈。小琼对自我学业要求较高,认为只有学好了,自己才是有价值的。同时,她觉得父母从小就不管自己,现在虽然住在一起,但他们不爱自己。这些都属于不合理认知。

(二)九年级学习考试上的负面生活事件

到了九年级,学习难度和学习压力都无形增加,她本来对自我要求就挺高,想维持优异的成绩也遇到了困难,缺乏积极的情绪体验。

（三）自身情绪管理能力较弱

小琼在面对各种冲突和压力的时候，都采用压抑、否定的方式处理，没有采取一些缓解情绪的方法和行动，以致情绪越来越糟糕。

（四）亲子情感联结较少

童年和父母疏离，读小学后虽回到父母身边生活，但父母忽视孩子的情感需要，很少与孩子进行心灵沟通，致使孩子的安全感没有很好地建立。因此，父亲日常的管教得不到孩子的配合。

（五）家庭教养方式存在些许不妥

上述问题的出现，不仅仅是孩子身上的问题。小琼父亲自身的情绪控制能力也较差，对孩子的教育多采用打骂方式，以致与孩子的隔阂越来越大，让孩子误认为父母不爱自己。

C 烦恼消解

（一）理性情绪疗法，帮助小琼建立合理信念

通过理性情绪疗法，我让小琼相信自己是解决问题的专家。面对小琼身上存在的几个不合理信念，我通过与其对话、让其自我质辩等方式，促使小琼认识到这些想法的不合理性。例如：现在九年级了，你学习状态不佳，中考还能考好吗？我用这类开放式的提问，去触及她的内心世界。最终，她认识到自己的想法过于概括化和绝对化，需要建立合理信念。

（二）焦点解决技术，疏导负面情绪

接纳小琼的各种负面情绪，与她同理情绪状态。我在谈话中引导、关注、挖掘小琼过去生活中正向、有效的资源，协助她找到过去成功应对负面情绪和事件的"例外"。我又通过例外提问，让该生感受来自父母对她的关心和爱，从而让其意识到自己之前认知的局限性，引导她多去做一些自己擅长的、感兴趣的事情，让她有信心去处理好自己的情绪问题。

（三）主动沟通，加强情感联结

"解铃还须系铃人。"小琼最困扰也最想修复的父女关系，需要双方的共同努力。我鼓励小琼主动走近父母，用平和的态度多与父母沟通。为此，我向她布置了记录具有"来自父母的爱"和"来自女儿的爱"的小细节的作业，帮助其关注并感受父母对自己的付出和自己对父母的付出，从而更客观地评价自己和父亲的关系，以加强情感联结。

（四）父母试着改变，创设良好沟通氛围

小琼不良情绪的出现，跟在家庭生活中与父亲的不和谐相处有密切关系。我建议家长多看一些有关青春期孩子教育的书籍和文章，了解孩子的身心变化规律，

学会有效地与孩子沟通,蹲下身来,走进孩子内心,无条件地去关爱。让孩子知道,爸爸妈妈是永远爱她的,只有这样,孩子才会有安全感。

在我的辅导下,小琼与其父母共同努力。一段时间后,她父亲能很好地控制自己的情绪,能与小琼进行有效沟通了。小琼也能感受到父母对自己的关爱,并能重新解读家人对她的爱。终于,一家三口变得其乐融融。

作者单位:宁波市海曙区田莘耕中学

❤ 编者微评

我们经常用"暴风骤雨期"来比喻青春期,小"维特"们内心敏感,情绪波动大。与青春期的孩子共处,父母不仅需要更平和的心态、更睿智的头脑,还需要更多的积极示范。在这个案例中,作者基于积极心理学理念,运用理性情绪疗法,让小琼自己去修正不合理的认知;用焦点解决技术寻找到一个又一个的正向"例外",放大来自父母的爱和来自女儿的爱,让这种正向"滚雪球"。而父母也试着去改变,和孩子一起慢慢调整。最终,小琼及其父母提升了积极情绪,形成了成长性思维,亲子关系大为融洽。

37 小静不再自责

王 宁

A 烦恼来袭

14岁的八年级女生小静(化名),由于原生家庭的影响,从小学五年级开始出现失眠、自我伤害等情况;初中入学后情况愈发严重,出现了极度自卑、交流障碍等症状。小静体形偏瘦,自述头痛频发、有自我伤害倾向,对校园常规活动及其他事物缺乏兴趣,极度自卑。

家庭的消极影响延伸至校园生活中,小静在课堂上无法集中注意力,学习成绩一直处于班级末尾。教师找她谈心,她会变得异常焦虑,半天说不出一句话。课间,小静常常独自发呆,不敢抬头面对其他同学,缺乏基本的人际交往能力,在学校几乎没有朋友。

B 烦恼成因

(一)成长环境

小静父母在她一岁不到时因感情不和离异,她从小跟随母亲生活,但母亲在小静上三年级时因病去世,后只能跟随父亲和继母生活。母亲因父亲在她孕期出轨,极度痛恨婚姻关系,一直向小静诉说自己婚姻的不幸、世界的阴暗,甚至灌输了"你如果不出生,妈妈还能幸福点"这样的想法。

在新家庭中,小静与继母基本不说话,父亲又沉默寡言。长时间在这种家庭环境中生活,小静因怕做错事,常常选择一个人发呆。家庭关爱的缺失进一步加深小静的自卑,她对周边的事物缺乏兴趣,总觉得周围的人都在责备她,心理特别敏感、脆弱。

(二)年龄特点

小静14岁,正处青春发育期,最易出现"以自我为中心""逆反"等心理;又由于原生家庭的诸多特殊性,她产生了焦虑情绪,却又未得到及时排解,久而久之,便形成了任性、孤僻、敏感的性格。进入学校后,她需要面对众多的同学和教师,以及复杂的人际关系,自然就会问题百出。本来,青春期对个体来说,常常是多事之期,更何况小静这个从"不一样"的家庭中出来的人呢?所以,小静正处青春发育期也是引发她心理问题的原因。

C 烦恼消解

(一)确定辅导方案,收集信息

作为小静的心理辅导教师,我先了解小静的基本信息,与班主任一起向家长告知情况后,建议家长带小静及时前往宁波市康宁医院就诊。现小静被确诊为重度抑郁,并开始服药治疗。

(二)创设良好的辅导环境,获得信任

我以"随机抽取学生进行访谈"的方式,单独把小静请到了心理咨询室。第一次走进心理咨询室,她显得很紧张,不断地抠手指。我慢慢引导并鼓励她,再运用几次渐进式的放松方式后,小静才逐渐开口向我倾诉。她倾诉的内容以童年的深刻回忆为主,当她崩溃地说出"我难道就是这么一个不该出生的人吗",她的焦虑情绪初步得到释放。

(三)追根溯源,向家长传递辅导理念

在第二次、第三次辅导中我了解到,在四年级一次放学时,她父亲忘记来接她,她在回家路上被车撞了。事故发生后,她内心极度痛苦,认为自己被所有人遗忘。

这件事让她陷入了抑郁的旋涡。鉴于此,我联系家长,建议父母正视并多肯定小静,用每日上学接送、假日郊游等方式,改善亲子关系;同时将小静的情况与任课教师进行沟通,让教师适当地给予她正面评价。班主任安排一名负责任的班干部,随时在校园关注小静的个人情况,如有突发情况立即通知班主任。

(四)运用专业疗法,引导小静走出困境

在第四次辅导时,我运用了认知疗法。我和小静共同总结出她的负面情绪主要来自自我否定,如"我是全家的累赘""其他人都不喜欢我"。通过引导,小静明白了我们面对负面情绪,需要学会"去中心化",通过恰当地宣泄,及时排解掉这些情绪,适当重建自我认知。

在第五次辅导时,我使用了空椅子技术:假定小静的父亲坐在这张椅子上,让小静宣泄式地把想要对父亲说却不敢说的话表达出来。我扮演小静的父亲,解释说"爸爸有些不善言辞,其实爸爸是很爱你的",并向小静道歉,劝导小静爱惜身体,不要自我伤害。

在第五次辅导后,我又运用运动心理疗法,鼓励小静每天按时完成一项运动,每周打卡成功就可以兑换小礼物,以此来提升她对于外界事物的兴趣。通过运动心理疗法,小静增加了与同学之间的接触,又释放了情绪,改善了睡眠。

经过六次心理辅导,小静失眠、头痛的情况得到改善,对周围事物有了一定的兴趣,在班上有了自己的小伙伴。小静自责、自我伤害的情况不再发生,成绩也有了缓步提升。这是家校共育,家长与教师积极配合进行心理疏导,营造了良好的氛围的结果,也让小静真正感受到了来自家庭和学校的温暖。

作者单位:宁波联合实验中学

♥ 编者微评

在本案例中,小静抑郁的主要原因是原生家庭的影响。其中,家庭关爱的缺失和童年遭受的家庭变故都带给她强烈的内心撕扯感。作者运用空椅子技术、认知疗法、运动心理疗法、人际心理疗法等,对小静进行专项心理疏导,并引导家长配合,向家长传递辅导理念,落实各项家校共育措施,最后成功地引导小静走出了困境。本案例说明教师在家校共育中有着至关重要的作用。

38 我喜爱的妈妈去哪了

王岱莹

A 烦恼来袭

小鱼(化名)的父母在他读幼儿园时便离异,他跟随爸爸及爷爷奶奶一起生活,后来妈妈重新组成家庭但未再生育。他和妈妈的关系一向很好,在他心中妈妈是一个温柔、开明并且十分理解和包容他的睿智女性。高一年级他因为焦虑、强迫等问题休学一个月,在此期间他与妈妈、继父一同生活。他发现妈妈似乎变得不那么令人喜爱了,会批评他的不合理行为,会拒绝他的一些要求,会做出一些搞怪可爱的行为,这与他理想中的妈妈是不符合的;而小鱼把这一切归咎于继父,是继父改变了妈妈,把自己喜爱的妈妈"弄丢了"。

B 烦恼成因

(一)个性特质

小鱼是一个敏感、细腻、性格偏女性化的男生。在别人眼中,他一直是个好孩子,对师者及长辈的评价看得极重,如果得不到这些人的认可或被批评,对他来说就是"灾难性"的事件。因此,在被妈妈相对严厉批评时,他一方面表现得很愧疚,另一方面又很愤怒,当他无法去面对和承受这些情绪的时候,就会将愤怒转嫁给继父。

(二)家庭环境

由于父母离异,小鱼基本属于隔代抚养,爷爷奶奶对他呵护备至,甚少批评与指责。而妈妈由于"愧疚感"和"补偿心理",对待小鱼会相对宽容和提供更多的支持。特别是在学业要求方面,妈妈相比每天催促他写作业的爸爸,表现出更多的信任和理解,甚至在小鱼和爸爸发生冲突时扮演知心姐姐的角色,给予他充分的共情,并提供他一些方法和建议;并在小鱼做得好时给予鼓励和肯定,这些积极反馈对小鱼至关重要,因此妈妈在他心中的形象基本"完美",母子关系十分和谐,甚至令人称羡。

(三)关系变化

休学期间,随着相处时间增加,问题逐渐暴露,妈妈会批评、拒绝小鱼,继父言语中也流露出对他的一些"否定"和"批评",甚至认为小鱼有些"矫情"。对此小鱼深感不满,私底下也找妈妈"控诉"过,但妈妈多以讲道理、分析继父的原生家庭,以及夸奖小鱼比继父情商更高,更懂处理人际关系来安抚、劝慰小鱼。妈妈越解释,小鱼越认为妈妈在袒护继父。

仅凭以往短暂接触在心中勾勒出的"理想妈妈"形象在冲突中破灭了,小鱼无法接受"真实妈妈"的样子,并认为是继父把理想中的妈妈"弄丢了",对他产生了类似于"竞争者"的敌意。这种感觉类似于他早年因父母离异而产生的"被遗弃"焦虑,当感觉到妈妈改变时,他再次陷入这种焦虑中。

C 烦恼消解

(一)充分共情,建立关系

小鱼是一个擅长表达的孩子,有主动求助的意愿和强烈的倾诉欲望,渴望得到支持和理解。基于这个特点,在与小鱼沟通初期,我较少打断他说话,并在他提到情绪感受时有意识地停留,肯定其情绪存在的合理性,理解他为什么会有这样的情绪体验,并尝试引导他探索情绪背后的个人需求是什么。通过"嗯""请继续说""可以帮助我了解背后发生了什么"等话语鼓励他表达,这些是他在日常生活中较少体验到的,尤其是在和妈妈关系变糟以后。

(二)稳定情绪,理解自我

建立良好的咨访关系后,我运用情绪聚焦疗法(EFT)的技术,以情绪为抓手,探讨小鱼在愤怒、焦虑、失落、孤独等情绪背后的未满足依附需求——想要被爱、想要被关注、害怕被遗弃等,帮助他对自己的情绪有更多的觉察、理解和接纳。一方面因为"理想妈妈"形象被破坏而产生愤怒和失望等情绪,自己的价值观又不允许他对长辈有这样的负面情绪而陷入自责;另一方面又为暂时找不到一个"理想妈妈"而感到焦虑。当小鱼理解这一切源于自己想要被爱、被关注、被肯定、被需要且不被遗弃的心理需求后,他对自我有了更多的接纳和理解。

(三)付诸行动,恰当表达

在稳定情绪和理解自我的基础上,我帮助小鱼区分"理想妈妈"和"现实妈妈"两者的不同,使他认识到"理想妈妈"是存在于构想中的。之后,我们一起探讨他可以做些什么,帮助现实中的妈妈更好地理解和支持他,从而更接近他的"理想妈妈"。在四次辅导后,小鱼尝试和妈妈分享自己的心情,以及这种心情产生的原因和背后的需求,并明确表达自己希望妈妈可以做些什么;同时他也参考我的建议,邀请妈妈说出自己的困难,两人在理解彼此困难和需要的基础上商量出一套行之有效的沟通方式。我建议学生主动沟通是建立在对其家长进行评估,且确认其功能良好的基础上,小鱼妈妈善于反思也愿意为孩子做出改变,因此我鼓励小鱼主动尝试。

关于继父的问题,小鱼仍有担心,他害怕讨论这个问题会伤害妈妈,但他可以做到主动邀请妈妈一起来咨询,不再像以前只是在私底下抱怨,被动拒绝妈妈回家的邀请或在日记中吐槽对继父的不满。

作者单位:宁波科学中学

> ❤ **编者微评**
>
> 真正影响孩子心理健康的不是婚姻的形式,而是婚姻的质量。在学生群体中离异家庭不少,有的孩子成长顺利,有的却状况频出,两者的区别在于父母结束夫妻关系时的处理方式。作者了解到小鱼父母分开时经历波折,彼时家庭氛围比较糟糕,所幸他的妈妈是一个具有较强反思和觉察力的人。作者抓住该生的特点并做了充足的背景调查,结合学生的实际需求和个性制订辅导方案,目标明确,层层递进,取得了阶段性的成果。遗憾的是亲子间关于继父的问题尚未解决。

39 手机说"我不是背锅侠"

胡海红

A 烦恼来袭

小杰(化名)妈妈:我家孩子进入九年级后,向我提出要在作业帮 App 上查做题思路,并承诺开启学生使用模式,由我设置使用密码,可最近我发现他能破密码。孩子还说同学们都有手机,周末通过玩游戏聊天,他也想玩,并向我承诺只玩一个小时,可每次归还时间一到,都需要我提醒,俩人总是闹得不欢而散。一个月后,我取消了他的手机使用权,可发现原本一回家就写作业的他,现在却倒头就睡,问原因称自己太累。接连一周,我收到教师发来的短信,孩子未完成作业。孩子答复:学习和作业特没劲。我再催促他,孩子就赌气说,不想学习了。

学习说:"都是手机你呀,惹的祸!"

手机说:"冤枉啊,我不是背锅侠!"

B 烦恼成因

(一)手机站在学习的对立面

手机对孩子来说,是他与外部世界沟通的一种方式,属于外部驱动力。孩子通过手机和朋友结伴玩游戏,可以找到人际交往中的归属感,通过游戏不断打赏、领取礼物获得成就感,看着一级级升高的游戏装备获得价值感。这种及时反馈的满足感,让孩子获得了更多短暂性的感官快乐。

而学习凸显的是孩子与自己内部世界的一种关系,需要调动内在驱动力才能完成。这个过程中,没有很多的及时反馈。更多时候,孩子的努力在短时期内无法被看到,但这种快乐的获得是持久的,会让孩子的精神得到满足感。

显然,学习和手机不是敌对的关系,而是两种不同形式的驱动模式。所以,手机不该站在学习的对立面,学习能力的不足,手机不是背锅侠。

(二)妈妈站在孩子的对立面

妈妈理解孩子的需求,但希望孩子能信守承诺,说到做到。对青春期的孩子而言,身体激素的陡增,学习压力的增大,迷茫困惑常伴左右,让他们想在游戏世界里排解学习压力。可不曾想,游戏中的虚拟世界是一个巨大的诱惑,仅靠自己一个人的力量,是很难掌控手机和学习之间的时间分配关系。若此时,妈妈站在孩子的对立面,只会让孩子的情绪越来越糟糕,事态越来越严重。

C 烦恼消解

面对上述情形,我建议小杰妈妈协助孩子,一起面对中考压力和手机诱惑,并帮助孩子在现实生活中找到信任感、归属感和胜任感。

(一)界定归属权

针对小杰妈妈的烦恼,我建议第一步——重新界定问题的归属权。因为如何使用手机,如何面对学习,都是小杰自己的事,若妈妈强行干涉,就是越界的行为。这一越界行为不仅会使问题得不到解决,还会让亲子关系变得更糟糕。

小杰妈妈一脸委屈地说:"老师,我这么做都是为他好。"

我说:"不可否认,你是真心希望孩子好,但你对孩子的'好'里,有没有对孩子的高期待引发的焦虑,有没有由于自己内心不安导致的不良情绪……"

我引导小杰妈妈进行一系列觉察后,她终于明白:真正为孩子好,是引导孩子自己认识问题,并在不断尝试中找到适合自己的解决问题的方式。

(二)提倡双赢法

当小杰妈妈放下高期待和内心不安的情绪时,她的烦恼消减了不少,同时更愿意耐心倾听小杰内心的想法。此时,我又建议小杰妈妈使用双赢法。双赢法就是满足双方各自的需求,以合作的方式让两个人都成为赢家。

小杰提出,上学期间不使用手机,也不以查阅作业的理由使用手机,但每周末需要2小时使用手机的时间。我建议小杰妈妈满足孩子的这一需求,规定每周末,在小杰的手机账户里输入可用时长2小时,若提前支取,需交纳50%的利息,如延迟交手机10分钟,下周需扣15分钟……以此类推。

尝试一段时间后,小杰妈妈欣喜地发现,小杰基本上都能准时归还手机。因为他觉得提前支取须扣除时间利息,非常不划算。

这一双赢法,既让小杰满足自身需求,学会正确使用手机,又让妈妈省却时刻监督小杰使用手机的过程,两个人都"赢"了。

(三)赋予满足感

手机的问题解决了,小杰妈妈的烦恼减了大半,可学习的动力又如何提升?我告诉小杰妈妈,想让学习有动力,须改善亲子关系。

小杰妈妈问:"学习跟亲子关系有关吗?"

我答:"当然有关,脑科学研究表明,在关系中获得满足感的孩子,大脑就会分泌多巴胺,让其精力充沛,从而在学习中获得更多的胜任感。"

在我的建议下,小杰妈妈时常倾听孩子聊校园里的事,每到周末陪孩子跑步或打球,给孩子订一本爱看的杂志。在聊天、运动和阅读中,小杰和妈妈的亲子关系融洽和谐,妈妈的烦恼消减了。

现在的小杰,已顺利进入高中,坚持每天运动,周末有一定的阅读时间,也有两小时的娱乐时间。看着身体健康、心灵阳光的小杰,小杰妈妈欣慰地笑了,同时也感慨:手机,真的不是背锅侠。

作者单位:宁波市海曙区华天小学

♥ 编者微评

本案例中,作者从学习与手机的关系、妈妈与孩子的关系入手,清晰地阐述了问题的真相:手机不是背锅侠。作者从界定归属权,提倡双赢法,赋予满足感三方面帮助小杰妈妈消解烦恼,建立良好的亲子关系。这是一段非常好的共同成长经历,同时也给父母提出很大的挑战:需要拥有成长型心态,良好的情绪管理能力。若父母不学习这些能力,可能就很难协助孩子一起面对困惑,走出阴霾。这是作者更想说明的内容。

㊵ 我的爸爸是老师

陈里丹

A 烦恼来袭

小宁(化名)的爸爸是我们学校的教师,因孩子在原学校常被教师告状,为了更好地管教孩子,就将其转至本校就读。小宁是个不愿受束缚的自由主义者。排队时,他时而"弯道超车",时而"踩急刹车";听课时,他从未把腰板挺直,从未把嘴巴闭上,手也从未离开过尺子、橡皮等"玩具"。若用眼神、肢体暗示他,他毫无反应;若直接指出他的错误,他总会第一时间否认,或是与你强硬对抗。

每当小宁犯了错,小宁的爸爸会在第一时间得知消息,并急匆匆赶到教室,把小宁喊到走廊谈话,这也吸引了一些孩子驻足观看。

B 烦恼成因

(一)子弱父强,相处不快

每次与小宁谈话,小宁爸爸总能被他怼到崩溃,而小宁面露喜色,好似一时的口舌之快让他特有成就感。后来,我细细观察小宁与他爸爸的谈话情形,发现小宁爸爸与小宁交流时咄咄逼人,十分强势,就像平时教育学生那般。一直以来的子弱父强的相处模式导致小宁不愿吐露真心话,拒绝与人沟通。一旦逮着机会,便想体验这种凌驾于他人之上的快感,以发泄自己积压已久的负面情绪。

(二)当众受责,自尊受挫

作为教师子女的小宁,一旦受教师惩罚,爸爸会第一时间过来指责他。同学投来的异样眼神,让小宁的自尊倍受打击。因为不管他在纠错与担责上做得再好,他都会被"当众受责"。时间长了,他就失去了自我担当的习惯和意识,为了避免这种双倍的批评教育,他学会了推诿。发展到后来,"我没有"就成了他的口头禅。

(三)标签捆绑,抵触反感

在作为教师的爸爸的眼里,小宁应该成为一个优秀的孩子,而现实的差距让小宁爸爸忍不住一次次批评教育小宁;作为教师子女,小宁从出生就被贴上了理应做好学生的标签。于是,在学校,只要小宁做错事,教师们便以"教师子女"的标准评判小宁:"小宁,你爸爸是老师,你怎么能……"久而久之,小宁开始反感"教师子女"的标签,并用一些异样的举动以示不满,反对他人的固有想法。

◎ 烦恼消解

(一)给个台阶,保护自尊

教育孩子的最终目的是让孩子认识错误并改正错误,而不是让孩子无地自容。因此,在外人面前,若非是需要立即制止不可的错误,还是要给孩子留足面子。

因此,作为同事,我与小宁爸爸约定,以后小宁在学校发生事情,放心交给我来处理,不需要再来找孩子,更不要当着其他孩子的面当众斥责小宁,给他一个台阶下。

与小宁爸爸达成共识后,小宁不再在走廊上接受他爸爸的当众批评,也不用遭受同学异样的眼光了。小宁开始与其他同学一样,不再"特殊化",他那破碎的自尊心正在一点点聚拢。

(二)给个微笑,走进内心

不同教养模式的家庭对孩子的影响显而易见,民主家庭充分尊重和理解孩子,从而培养出积极向上的孩子;而冲突性家庭就会导致孩子形成不健全的性格,甚至会存在着一定的攻击性行为。

从小宁发生问题的成因来看,小宁爸爸强势的沟通方式是使其走向极端的重要原因。解铃还须系铃人,想要改变小宁,小宁爸爸的改变是首要的。

于是,我与小宁爸爸深谈,希望他能一改强势独裁的沟通方式,给小宁说说心里话的机会。我也希望他回家后,能主动问问孩子学校里的情况,聊聊开心与不开心的事。每一天,我都会向小宁爸爸了解情况。直到有一天,在和小宁爸爸聊天过程中,得知小宁主动找爸爸分享班级趣事的反馈时,我十分欣喜,意识到小宁的心房正慢慢打开。

(三)给个机会,找回自我

一棵树,若花不好看,也许叶子好看;如果花和叶都不值得欣赏,也许它的枝干分布错落有致;假如这些都不值得欣赏,那么或许它所处的位置相当不错,想象一下:在蓝天白云的映衬下,远远看起来,或许也会发现美感。

这告诉我们,一定要耐心使用"放大镜",在正向激励下,能够让孩子重新找回自我。小宁虽然目无规矩,却对绘画有着兴趣。于是,我请他帮忙布置黑板报。虽然一开始他拒绝了我的请求,但我提出用一套精美的绘画工具作为交换时,他接受了。更没想到,我们一起努力合作的黑板报荣获了校黑板报评比一等奖。同学们竖起的大拇指和我的表扬让他的嘴角难得上扬。

有了这一次契机,接下来的每一次黑板报设计我都会在全班面前隆重邀请他帮忙。一次又一次的真诚邀请,让小宁感受到了我的心意。慢慢地,他便不再似之前那般与我针锋相对,我与他的沟通开始畅通起来了。

(四)给个目标,步履不停

这类孩子的不良行为常会出现反复性。他们刚刚建立起来的新思想、新行为容易受到外界不良诱因的刺激,使其原有的错误思想和旧行为复现。如果了解这一特点,教师要持之以恒地关心他们并追踪辅导,做到关爱不掉线,进步不停止。

我为小宁制订了一个目标,并做了行为跟踪记录。每天放学前,回收他的单子,只要达到约定目标,我就可给予正强化物。因为小宁酷爱美术,我就选择了与美术相关的物品作为正强化物。虽然有时小宁还是自控不好,但我依然给予他理性的宽容。

时间一长,单子上小宁完成的目标越来越多,不良行为的反复频率越来越低了。我对小宁的行为跟踪记录也从每日一次缩减到了每周一次。

我坚信,再过一段时间,小宁的心扉可以完全敞开,总有一日,阳光可以照进他那长期封闭的心房。

作者单位:宁波市江北外国语学校

♥ 编者微评

小宁的性格像带刺的蔷薇,可即便是带刺的蔷薇,也渴望向阳而生。作者挖掘着小宁身上的闪光点,与家长携手,努力走进他的内心。当我们看到小宁与作者合作的黑板报荣获一等奖时,当我们看到同学们为小宁竖起大拇指时,小宁正一点一滴褪去身上的尖刺。我们在为小宁高兴的同时,也不禁思考:接下来教师和家长该如何持续追踪?如何让正向强化刺激得到长时间的保持?如何让外界刺激转化为孩子的内驱力?期望小宁的转化之旅不再漫长。

41 父女间的较量

黄晓燕

A 烦恼来袭

小婕(化名),高二年级女生,担任班长,是师生眼中的宠儿。她觉得最近的自己常常走神,上课注意力难以集中,很想专注学习却找不到以前的那股拼劲了,明显感觉学习状态不如以前。随着期中考试的临近,小婕感到心理压力越来越大,很容易发火,常会为了一点鸡毛蒜皮的小事和同桌拌嘴,明知道这样不对,可又控制不住。"老师,这次期中考试,我肯定考不好了。如果考不好,开家长会时我怎么和父母交代,我怕自己会崩溃……"

其实,高二年级分班时,小婕和父亲在选课上发生了激烈的冲突。父亲坚决让她选偏理班,而小婕虽然不排斥偏理班,成绩也还行,但她更喜欢偏文班,每次因此事都会和父亲闹得不欢而散。最后上交分班志愿时,小婕毅然选择了偏文班。为此,父亲大怒,觉得小婕翅膀硬了,不听话了,以后她的事不管了,之后父女俩的关系变得十分紧张。

B 烦恼成因

第一,心理层面:小婕自尊感高,过高的自我定位,只准自己的成绩往上而不能向下。当然,这可能也是很多学业成绩优异的学生共有的特质,所谓"高处不胜寒",高处的心理压力不小,担心被人赶超;对考试存在一些不合理的认知,表现为绝对化要求,如:"这次考试我肯定考不好!""我的名次一定会跌下来!"

第二,学校层面:教师过多的关注与期待,同学间的竞争与较量,无形中都给小婕造成了一定的压力。

第三,家庭关系层面:父女因沟通不畅导致的隔阂。在选科问题上,父亲想为女儿妥善安排,而青春期的女儿试图自己做主,于是在选择权上父女产生了较量。

"所以,你这么在乎期中考试是想向父亲证明自己的选择是对的?"说到这里,小婕的眼眶湿润了,我拍了拍她的肩膀:"当你做两难选择时,一定特别希望得到父母的理解吧?如果连他们都不支持,那是多么无力。"也许是说到小婕的心里了,她伤心地大哭起来,内心的委屈一股脑儿地奔涌而出。

原来,这一切的考试焦虑和压力竟是为了向父亲证明自己的选择是对的,坚硬外表的背后是一颗脆弱无助的心。

C 烦恼消解

(一)角色扮演,转换视角

为缓解父女俩的紧张关系,也为了让小婕更好地理解父亲,我让小婕扮演父亲,我扮演小婕,重现分班选科时的情景进行对话。

小婕:爸爸,班主任说马上要分班了,让我们认真考虑。

父亲:一定要选偏理班,毕业了工作好找一点,选择余地也大。

小婕:我喜欢偏文班。

父亲:那有什么出息,以后工作很难找的。

小婕:可我就喜欢那些文科的。

父亲:(严厉地)能当饭吃啊!听我的,知道吗!

小婕:可是……

父亲:(不耐烦地)不要给我讲"可是",我跟你讲,文科你就不要想了,以后出来找不到工作有你哭的。

小婕:那人家文科的都不活了,人家北京大学、清华大学照样文科生招收很多,出来不是也挺好的。

父亲:你能进北京大学、清华大学?北大、清华毕业出来工作都不好找,更何况你这种一般大学的文科生。我跟你讲,你要听我的,我都帮你打听过了。

小婕:可是……

父亲:(分贝提高)你想气死我呀,翅膀长硬了是伐?

小婕:我的事自己来决定。

父亲:好,以后你的事我不管了!

在角色扮演的过程中,小婕渐渐体会到父亲的感受和想法。小婕说,如果自己是父亲或许也会那样责备,而责备的背后其实是担心和爱。

(二)重建沟通,释放压力

"小婕,你现在能理解父亲一些了,很好。那你觉得有什么办法可以减少类似不愉快场景的发生?"

"多和父亲沟通。"

"是呀!很多时候一些误解的产生是因为缺乏有效的沟通。如果你可以摘下面具,把自己真实的感受和想法告诉父亲,他才有可能理解你!你觉得呢?"

"可我说不出口。"

"如果你觉得面对面讲有困难,那我们可不可以换种交流方式,比如书信?"

"可以!"

"有时书信的方式更容易表达我们的内心。"

"嗯。"小婕点头答道。

主动与父亲沟通的尝试是化解父女心结的良好开端,小婕意识到了自己面对考试产生的压力与焦虑的来源,这在很大程度上减少了她的心理压力。

(三)合理观念,重树信心

关于考试,小婕明显存在一些不合理信念,如:"这次期中考试我肯定考不好。""我的名次一定会跌下来!"

首先,我利用合理情绪疗法,让小婕意识到不良情绪和行为结果并不是由事件本身引发的,而是由个体对事件的看法和评价决定的;其次,让小婕找出自己观念中存在的不合理的信念和想法及其依据;最后,通过与小婕的辩论以及小婕的自我辩驳,让小婕自己意识到她的想法的不合理性。

铃声响起,谈话也结束了。临走时,小婕笑着说:"我记住了,谢谢黄老师!"看着她远去的背影,我在心中默默祝福她。

生命的成长不仅仅要关注学习与分数,更需要有心的陪伴与爱的温暖……

作者单位:宁波市慈溪市三山高级中学

编者微评

考试焦虑是一种希望考试考好又怕考砸的心理状态,由于对考试结果的无法预知,使得考试本身形成了一种刺激,让人产生紧张焦虑情绪。这种现象在高中生中普遍存在,若不进行干预,将严重影响学生的身心健康。作者本着尊重理解学生的原则,通过共情、角色扮演、合理认知疗法等技术,不仅帮助学生看到焦虑产生的来源,还化解了该生的苦恼与压力,可见作者的专业技能非常扎实。

建议作者后续尝试家校合力,及时跟进学生的心理动态,咨询效果或许将更加巩固、更加有效。

42 做一个"三心"级家长

李梦清

A 烦恼来袭

期中考试结束,我发现小陈(化名)独自在教室默默流泪。八成是觉得没考好,难过着呢!

果然,小陈说和同学对了答案,发现有几题写错了。

"成绩还没出来,你怎么就知道别人一定对呢!就算没考好,咱们继续努力,期末考试再华丽逆袭!"

"可每次成绩出来后,我妈总说我:'你怎么这么笨,这么简单的题目都不会?为什么别人会做你不会?你肯定就想着玩,不把心思放学习上!'好几次因为我考得差,她气得生病了。"

小陈边抽泣边说着。

"每次到期中考试、期末考试时,我就觉得自己太失败了。我一直在努力,可爸爸妈妈就是不满意我的成绩。李老师,我爸爸妈妈都觉得我不行,我是不是真的很差?"

B 烦恼成因

心理学上的墨菲定律:越担心的事,越容易发生。

当父母一遍遍暗示孩子"你不行",孩子可能真的越来越不行。

"望子成龙、望女成凤"是每个家长的心愿,几乎所有父母都希望自己孩子考出好成绩,拿第一名,但第一名只有一个。

小陈妈妈和小陈交流成绩,本是想陪小陈对前阶段的学习进行总结,帮助小陈发现漏洞,希望小陈能以更好的心态投入后续学习中。可看着成绩,她说着说着就变成批评小陈的不努力,贬低小陈的不聪明,被成绩左右情绪,以至于把焦虑、愤怒等一股脑扔给小陈。于是,小陈接收到的不仅不是我们所希望的,反而是害怕、紧张、无力……

可怜天下父母心,小陈妈妈害怕小陈一步落后,步步落后,在竞争中掉队。只是,她没有正视考试的意义,用完美主义评判小陈,失败了就失望、怀疑,这种心态下的拉锯,何尝不是输呢?

不得不说,小陈在自我实现道路上的挫败,很大部分来自她最亲的妈妈。

C 烦恼消解

身为小陈的班主任,我深知要缓解小陈的焦虑情绪,首先要调整她妈妈的焦虑情绪。经小陈妈妈同意,我进行了家访。在沟通中,我对小陈妈妈表达理解的同时告诉她考试焦虑的严重性以及调整心情的必要性。当小陈没考好时,她心里一定很难过,这时我们更应调整好自己的心情,帮助小陈积极面对考试结果,分析没考好的原因,对症下药。因此,做一位"三心"级家长,很有必要。

(一)"顺其自然"的平常心

我告诉小陈妈妈:"顺其自然"并非两手一摊的不作为,而是竭尽全力后的不强求。带着这样一颗平常心,既有争当第一的积极性,也有跑在最后的勇气,还要学做路边鼓掌的人。

分数只是一段时间学习的反映形式,若一味纠结分数,责怪小陈,并没有多大作用。我们更应和小陈一起反思分数背后的主客观原因。我问小陈妈妈:"小陈的学习情况你了解多少?小陈学习中的困惑你解决过几次?你主动跟任课老师联系了几次?在小陈的学习习惯上你倾注了多少精力……"

小陈妈妈表示自己太在意成绩而忽略了小陈的学习过程和感受,并表示会自我反思,摆正心态。

(二)"以身作则"的恒久心

子曰:"其身正,不令而行;其身不正,虽令不从。"

我给小陈妈妈讲了一个真实的故事:

父子俩生活在边远山村,妈妈因病早早去世了,爸爸干活,孩子上学。每晚吃完饭,爸爸坐在桌子这边看书,儿子坐在桌子那边写作业,如此日复一日,最后儿子考上了北京大学。

儿子放假回家,晚上,还是爸爸坐在桌子这边看书,儿子坐在桌子那边写作业看书。这天,儿子起身到爸爸身后去倒水喝,转过身突然发现,爸爸的书是倒着的,这时他意识到,原来爸爸不识字。

小陈妈妈立刻明白家长以身作则、率先垂范的重要性。她表示会尽力用自己的实际行动影响小陈,创设良好的学习氛围,这比天天唠叨让小陈好好学习,更有说服力。

(三)"过关斩将"的决断心

清华大学附属中学李云老师说:"真正的竞争不是为了个人面子,不是为了打败别人,而是为了成就自己。"

我们除了要整理心情,还要用科学的方法引导小陈,帮她过关斩将,解决问题,成就成长之路。

方法一:错题太多怎么办? 积极请教教师,找出问题所在。每道题都有对应知识点,引导小陈按教师说的步骤建立错题分析档案,分类整理。

方法二:利用好碎片时间! 例:早晨起来,家里可打开收音机或电视,充分利用洗漱时间了解时事新闻;上学路上,可听英语或其他文科知识;晚上睡前10分钟,小陈妈妈可陪小陈一起阅读名著。

方法三:家庭复习勿忽视!"学而时习之",缺少复习环节,课堂所学知识无法落实。平日多关注小陈的家庭学习情况,督促小陈在单位时间内提高学习效率,有效复习。

在长达3小时的沟通后,小陈妈妈表示会调整好心态,改进家庭教育方式,配合我一起帮助小陈更健康地成长。当晚,小陈妈妈还为之前因焦虑情绪而导致的对小陈的种种不当言行向她真诚道歉,并表示之后定会和小陈一起积极面对成绩,发现学习漏洞,耐心解决问题。小陈不安的心也踏实下来了。

遇到问题先解决情绪,问题自能迎刃而解。

作者单位:宁波市四眼碶中学

编者微评

考试和假期,好比是孩子学习之旅中的一个个驿站,孩子须不断地回顾休整、加油蓄力,才能走得长远。小陈妈妈过分看重小陈的考试成绩,不但改变不了考试结果,而且更易加重小陈的心理压力。本案例中,作者用真实的故事和科学的方法引导小陈妈妈整理心情,做一位摆正心态、以身作则、注重方法的"三心"级家长,层层递进、环环相扣的过程充满教育智慧。不过,这些策略存在耗费时间长、家长未必会有效运用等问题,须在实践操作中进一步完善。

43 别让爱在春天里寂寞

胡 燕

A 烦恼来袭

疫情后返校复课的第二天,小斌(化名)主动找我,她说:"老师,我感觉自己抑郁了。"她向我讲述了自己的家庭陷入的困境。假期里,小斌和大学生姐姐同住一个房间,姐妹俩因为生活习惯不同常常争吵。小斌觉得姐姐话语狠毒,借着年长常常指责自己的种种不是,比如"你学习成绩不好,还长得又丑又矮……"因为疫情,宅家的日子变得异常难熬,她巴不得姐姐早点回学校。她也曾向爸爸、妈妈寻求支持,妈妈面对姐妹间的争吵,也劝小斌:"你不要多想,姐姐是无心的。"小斌觉得在父母眼中,这只是姐妹间的斗嘴,没有过多在意。小斌情绪激动地说:"老师,你不了解我姐姐,她真的是一个非常善于伪装的人,在父母、老师面前是'乖乖女',在我面前是'毒舌妇'。"在这种压抑的情绪影响下,小斌开始有了睡眠困难,她意识到自己的不正常,想去看心理医生。"但听爸爸说,看心理医生是很贵的。我就不敢要求了。"她就这样熬到了复学。"老师,在学校还好,可是回家还是很压抑,又不能去看心理医生,我只能求助您了!"

B 烦恼成因

十三四岁的孩子,毕竟年龄还小,心理承受能力也较弱。当他们在生活中受到挫折时,是缺乏一定的自我调节能力的。小斌无法摆脱痛苦、压抑的情绪,当这种情绪长期郁结之后,其表现是情绪化严重,对生活消极应对,甚至漠视生命。与小斌家人沟通后,我发觉小斌的抑郁情绪绝非仅仅是因姐妹矛盾引发的。

爱与关注的失衡、认可与尊重的缺失,是小斌痛苦的根源。小斌有摆脱痛苦的意愿,但是她明白"爸爸心疼钱",于是不想让家庭背负太多经济压力。这是一个青春期的孩子对父母的爱与体谅。交谈时,小斌提及一件事:小斌来例假了,床单脏了,想着妈妈这几天为考驾照外出练车很辛苦,就想自己洗床单。可是小斌不会操作洗衣机,想请姐姐帮忙。"姐姐非但不帮忙,还指责我什么事情都干不成……"这是一个青春期的孩子想表达的爱,但这份爱在将要萌芽的春天里寂寞地凋零了。

小斌的姐姐与小斌的性格差异很大,一个乖巧,一个急躁。家庭中,姐姐是集众多优点于一身的榜样:学习好、长得漂亮、能干……近几年,仅有初中学历的父母更是万分信服具有大学学历的姐姐,姐姐掌握着家里重要的话语权,也接替了父母教育小斌的任务。疫情当前,宅家的日子里家人朝夕相处,矛盾自然激化了。"我的所有优点加起来都不及姐姐的半点好。"在这样的家庭环境中,小斌极力寻找被父母认可与尊重的机会,但是不能如愿,行为因内心的失衡而走向极端化,一蹶不振,甚至对生活产生怀疑。"姐姐那么好,为什么要生下我呢!"

结合小斌的情绪困扰,我们一起分析了这一困扰产生的原因:(1)小斌处于青春期,容易产生由身心发育的不同步引发的过分敏感和情绪波动。(2)小斌因家庭成员不关注、不尊重行为引发的失落情绪,又因缺乏解决问题的策略和技巧,对生活、生命消极应对。

C 烦恼消解

为了帮助小斌走出抑郁、痛苦的情绪,真正体会到爱与尊重,重树健康、积极的心理,我尝试生命意义视域下情绪管理策略的探索,让爱在春天不寂寞。

(一)直面情绪,唤醒春之希望

首先,我教给她睡前自我放松训练的方法,并将这作为家庭作业。其次,在多次交流中,小斌逐渐认识到自卑与敏感是抑郁情绪加重的原因,应试着从积极的角度看问题。最后,征得小斌家长同意后,小斌一家人相聚在学校(事先告知家人们多倾听小斌的心声)。那天,小斌将积压在内心的所有委屈宣泄了出来,家人们听着听着落泪了,懊悔平日里忽略了孩子的情绪。一家人商量后,决定直面问题,带小斌去看心理医生,希望以唤醒青春期孩子对幸福生命的期待,让爱在春天里萌发希望。

(二)书写家信,回味春之温情

沟通,让彼此内心贴近。小斌与家人以每月一封家信的形式建立沟通,文字可长可短,内容上以记录一个月来值得回味的家庭温情点滴为主,适时委婉地指出不足。这样的家信交流,形成一种正面的心理暗示:多为生活留点值得回味的幸福。家庭成员在生活中自然会为这份美好的留存而努力创设温情、幸福的可能;同时约定,每一成员要及时改正被指出的不足。爱与尊重的家庭氛围逐步形成。书写家信,洞悉青春期孩子对被爱与被关注的希望,让爱在春天里点燃温情。

(三)挖掘潜能,绽放春之光彩

挖掘潜能,创设青春期孩子渴望得到认可与尊重的实现平台,让爱在春天里绽放光彩。针对小斌天生嗓音条件佳的优势,我鼓励她加入校广播台,锻炼自己,发挥所长。小斌动听的播音让教师、同学们印象深刻,她也渐渐自信起来。

经过一段时间的家校沟通和合力辅导,渐渐地,小斌脸上的笑容多了起来……

后来，在宁波市经典诵读比赛中，她作为领诵有非常出色的表现，为班级、学校赢得了荣誉。小斌开始健康成长起来了。

作者单位：宁波市慈溪市崇寿初级中学

编者微评

　　爱与关注的失衡、认可与尊重的缺失，是多胎家庭中普遍存在的问题。长此以往，不利于青少年健康身心的全面发展。本文作者通过与学生、与家庭的多次沟通，分析学生内心烦恼、痛苦产生的根源，以"直面情绪""书写家信""挖掘潜能"等方式，一步一步化解烦恼，营造温馨的家庭环境，见证成长。其中，"写信"是很美好的活动，若能将此推广到校园里，会更具意义。当然，也不必拘泥于"写信"这种形式。

第六辑

心理辅导之多胎共育

现今,顺应国家政策,选择多胎生育的家庭越来越多,而因多胎引起的亲子关系不良、学生情绪困扰等问题也随之产生。妥善处理好这些问题,不仅是孩子父母的担当,也是学校教师的职责。由此,各位作者在案例中充分展示了这方面的作用和能力,采取了一系列正确的策略和方法,诸如家园沟通中用"小任务"促进亲子互动,用"表情卡片""转盘游戏""角色扮演"等引导孩子学会换位思考,改变错误认知,让不少孩子原先不良的心理状态得以调整和修复。

44 悠悠的变化

方 丹

A 烦恼来袭

开学已经一个多月了，由于是大班的孩子，大家来幼儿园时都十分开心。可是班里的悠悠（化名）却一反常态，一直抱着妈妈的腿不肯松手，大喊"妈妈不要走"。妈妈斥责道："都大班了还哭，快点放开，只有你在哭。"悠悠哭得更加伤心了。这让我联想到了悠悠最近时常无缘无故地一个人抽泣。在和妈妈沟通后我得知，最近悠悠的弟弟出生了，由于弟弟的体质较差，悠悠妈妈天天陪着弟弟在医院，难得有空陪她上学。悠悠妈妈表示悠悠近期在家里也会发脾气而且喜欢乱扔东西，吃饭也开始挑食，还经常表示讨厌弟弟，之前乖巧的女儿变了。悠悠妈妈离开后，在班级区域的活动中，悠悠始终拿着一本书自己在阅读，时而望着某一处发呆，和同伴没有过多的交流。

B 烦恼成因

"多胞胎抚养"政策（简称"多胎"政策）出台后，幼儿园里不少家庭有了再生育计划。由于小宝年纪小，父母长辈把更多精力放在照顾小宝上，所以家里的大宝时常会被忽略。突如其来的弟弟妹妹让他们感到焦虑，感觉被弟弟妹妹夺走了原有的关爱和陪伴，从而产生了"伤害性竞争"的心理。因此，父母在做好大宝心理建设的同时，应鼓励其与弟弟妹妹从容交往、积极相处，让大宝能从容面对"二宝来袭"。

对幼儿园阶段的孩子而言，二胎的出生可能是个巨大的冲击，悠悠无法忍受弟弟在吃奶时拥有妈妈完全的注意力及之后和妈妈的亲密时光。这让她感受到了来自弟弟的"威胁"，爸爸妈妈的陪伴时间都给了弟弟，甚至她认为爸爸妈妈把所有的爱都给了弟弟。悠悠感到自己被忽视了，就试图通过拒食、发脾气等破坏性行为来宣泄内心的失落与不安，却遭到了妈妈的斥责。如果长期如此，她会因对弟弟产生嫉妒从而引发情绪问题。在家庭教育中如果不正确引导，这种情绪往往会持续很久，且程度过深，容易导致显著的伤害或不良后果，不及时调整，可能对以后造成不可逆转的影响。在和悠悠妈妈沟通了悠悠近期在幼儿园的表现和事态的严重性后，我们开启了对悠悠的心理辅导。

C 烦恼消解

(一)伴——给予独处时光

孩子都需要父母的陪伴,我建议悠悠妈妈也应多关注悠悠的身心状况,对其良好行为进行鼓励和肯定,给予积极回应。比如:"哇,你是怎么做到的?""这个看起来好酷啊,你教教妈妈吧!"对孩子来说,这会让她感受到妈妈是非常在意、关注自己的,因此也会更好地表达出自己的需求。我建议悠悠妈妈在弟弟睡着后,自己再陪悠悠一起阅读绘本、聊一聊幼儿园里发生的有趣的事情,还可以陪着悠悠一起画画、一起郊游等。在相处过程中,妈妈还应适当增加亲子之间的肢体碰触,拥抱、抚摸都可让悠悠感受到满满爱意。

(二)邀——加入家庭行动

我建议悠悠妈妈可以邀请悠悠承担家庭日常责任,并适当地示弱:"悠悠,你可以帮我扫地吗?请你帮我叠一下衣服。"于是,她妈妈就请悠悠加入家庭的整理队伍中,请她扫地、倒垃圾、整理房间等。我和悠悠妈妈商定,在悠悠能够完成这些任务之后,可以引导她参与对弟弟的照顾,如:"悠悠,可以给弟弟拿下尿布吗?""悠悠,你好棒,弟弟的奶粉你都会冲呀!弟弟一定很喜欢你。"这些做法让悠悠感受到:"我长大了会照顾弟弟,弟弟很爱我。"这样过了一段日子,悠悠的幸福感提升了,并且意识到自己有能力照顾弟弟。

(三)爱——凸显父亲责任

许多像悠悠家一样的二胎家庭,孩子都需要妈妈的照顾,妈妈因此也会分身乏术。随着大宝的成长和需要,爸爸角色的责任也在不断地增加。悠悠和弟弟之间有一定的年龄差,弟弟更依赖妈妈,因此妈妈对弟弟的照顾必然会多于对悠悠的照顾。因此,我建议悠悠的爸爸增加对悠悠的陪伴,让她感受到爸爸的关注和爱。于是,悠悠的爸爸抽空就陪着悠悠跑步、跳绳、骑车或进行其他体育锻炼等。在此过程中,悠悠感受到了来自爸爸的关爱,同时也减轻了妈妈的负担,充分发挥了爸爸在家庭中的作用。

经过爸爸妈妈这段时间的高效陪伴,悠悠逐渐恢复了快乐的模样,在幼儿园可以积极投入学习活动中,乐于帮助教师和小朋友,还愿意分享弟弟的趣事。看到悠悠的变化和进步,我心里的"石头"终于落地了。

作者单位:宁波市闻裕顺幼儿园

编者微评

现如今越来越多的家庭选择开启了二胎模式,家里唯一的孩子变成了哥哥姐姐,他们的心理发生了微妙的变化。本文中悠悠的困扰可能是很多二胎家庭中大宝的困扰。悠悠前后经历了三次心理变化,从原先的活泼快乐到弟弟出生后的烦闷再到恢复之前的阳光,让我们感受到了教师的用心和家庭教育的力量。在促进孩子心理健康成长的过程中,家园合作非常关键。在策略实施中要注重循序渐进,首先让孩子感受到自己是被重视的,其次明白弟弟妹妹的降生对自己而言也意味着爱和责任。

45 成为小姐姐

乌建波

A 烦恼来袭

自三胎政策开放以来,拉拉(化名)的父母决定生个三胎让家里的拉拉和老大姐姐多个玩伴,这样家里就更热闹了。可是随着妈妈的肚子一天天变大,拉拉似乎也感受到了家里的微妙变化,妈妈不再经常抱她并且要求她和爷爷奶奶一起睡觉。拉拉变得不怎么开心,很多人都告诉她拉拉你要做姐姐了,可是她却不愿意。在家里,拉拉的情绪波动非常大,容易发火,还经常无理取闹。当提到弟弟妹妹快来了,她就会翘着嘴巴拒绝道:"我才不要做姐姐!"说完她就把自己的玩具全部藏起来并且到处乱跑,使得全家人都很头疼。在幼儿园里,拉拉还经常模仿小婴儿的行为,学说小宝宝的话,有时还依偎在教师的怀里"嘤嘤"地叫,想要教师抱抱……渐渐地,拉拉的脸上笑容越来越少了,不想和小朋友玩耍却常坐在教师身边发呆,似乎有很多心事。

B 烦恼成因

案例中的拉拉很显然是角色认知出现了混乱,因为三胎的出现打破了原有的家庭相对稳定的秩序,她不能接受现在家庭赋予的新角色"姐姐",因此产生很强的抵触心理。3—6岁的孩子有很强的占有欲,敏感度高,在他们的意识中三胎的出生必定会分走父母的一些关爱,这种潜在的敌对想法必然会给孩子带来压力。

(一)传统观念的束缚

在中国,人们的思维观念中"男尊女卑""养儿防老"等思想根深蒂固。生育三胎的原因中"想要个男孩"占据了很大的比例,拉拉和姐姐都是女孩子,爸爸妈妈总希望有个男孩,这样可以凑成一个"好"字。然而对拉拉而言,弟弟妹妹的到来会抢走父母更多的爱。这种传统观念会无形中给家里的"姐姐"带来困扰。

(二)亲子关系的变化

拉拉家里的亲子关系由"安全型"依恋转变到"非安全型"依恋。在人际交往中,拉拉容易表现出不自信,有较高的焦虑或者回避倾向,所以拉拉在幼儿园里总是会想心事,不那么爱笑了,唯恐原先自己依恋的爸爸妈妈会因弟弟妹妹的存在而忽视自己。

(三)生活环境的改变

当妈妈孕育三胎时,由于精力有限,她会把重心从原先的两个孩子身上慢慢放在三胎孩子身上,同时还会把一些养育孩子的工作转移部分给祖辈,导致孩子的生活环境发生了改变。也正是这种改变会让孩子感受到不公正待遇,同时也会让孩子对还未出生的弟弟妹妹产生嫉妒。因此,拉拉在幼儿园学婴儿的动作,其实是想得到更多的爱。

烦恼消解

(一)放开束缚,播撒期待种子

我建议拉拉的父母在第三个孩子出生之前,多与拉拉沟通交流,使其意识到弟弟妹妹的到来不会影响父母对自己的关爱。而父母、祖辈等必须改变传统的"重男轻女"等思想,同时要尊重孩子的角色,站在孩子的角度去思考,可以引导孩子对另一个生命充满期待,只有这样,她才会以一种积极的心态去欢迎"他"的到来,爱就是这颗小种子。

(二)融洽关系,搭建沟通桥梁

这里的关系有两方面:亲子关系和家园关系。在亲子关系方面,可以用"共情"来引导。我建议拉拉的妈妈让拉拉共同参与照顾妈妈,如帮妈妈提东西,感受弟弟妹妹在肚子里的"顽皮",还可以给弟弟妹妹讲故事……在这个过程中,拉拉能感受到来自父母的爱和自己的成长。在家园共育方面,教师要与拉拉父母进行有效沟通,共同在教育孩子中达成合力。幼儿园教育离不开家园的配合,只有家园达成一致时才能更好地教育孩子。我和拉拉的父母经常沟通拉拉的行为表现以及双方采取的措施和获得的成效,以便更好地帮助拉拉阶段性地突破自己的心理焦虑防线。

(三)适应环境,共谱幸福生活

1. 赋予孩子无条件的爱

知道父母会永远无条件地爱自己,这将使孩子获得"幸福感"。我建议拉拉的父母不管多忙多累,都要多爱抚孩子;怀孕不能抱可以改为拥抱,并且不要因为她偶尔犯错、淘气而嫌弃她;在教育批评的同时,也要表达自己对她无条件的爱。另外,须对一些喜欢开玩笑的大人说明,请尊重孩子,不要把玩笑逗弄当作乐趣。

2. 尊重成长的阶段性

我们都希望自己的孩子是最好的,但有时当孩子做得不是很好,而你想纠正的时候,却在不经意间破坏了孩子的信心。我告诉拉拉的父母,拉拉的心理焦虑也是阶段性的,给予等待的时间,静待花开,接纳需要过程。

3. 引导孩子获得幸福

幸福感是跟着情绪走的,如果家里的成员能将快乐和幸福的感受分享给每个人,孩子也会觉得很幸福。拥有玩伴是多么令人幸福的事,只是拉拉还未获得这种幸福感,我建议拉拉的父母可以和孩子一起聊聊拉拉小时候的故事。

经过一段时间的努力,拉拉慢慢变得开朗了,喜欢和小朋友一起玩耍,有时还会主动帮助同伴拿东西,有了"小姐姐"的模样;还会和大家分享妈妈肚子里"小淘气"的趣事,脸上洋溢着幸福的笑容。

作者单位:宁波市第一幼儿园

编者微评

三胎开放,对幼儿的教育而言既是一个问题,又是一个机会。教师应理性地认识到教育的欠缺,及时调整教育策略,从而加固心理安全感。多胎困扰问题需要幼儿园和家庭互相合作,共同帮助幼儿解决构建正确的角色意识的问题,让幼儿正确地看待问题,从而更好地促进幼儿的健康发展。以爱育爱,幼儿会在爱的包围下学会接纳,从"不要做姐姐"到"其实做姐姐也挺好"。

 我也需要一位温柔的妈妈

袁海飞

A 烦恼来袭

八年级女生小寒(化名)来自二胎家庭,家中有一个相差10岁的弟弟,父母关系正常,从小祖孙三代一起居住。小寒喜欢穿着宽松夸张,自认为跟男同学相处得好,不喜欢女同学;虽然会跟女同学一起吃饭、上厕所,但是内心还是跟男同学比较亲近,身边也是男性朋友多。主动来咨询室的小寒目前面临着一些困惑:一是学习成绩,家长要求她考上重点高中,但是小寒想要放弃学习,甚至在八年级期中考试的时候将科学试卷撕了。二是亲子关系,跟妈妈关系不好,认为妈妈对自己很苛刻,对弟弟很宽容,不愿意与妈妈亲近。三是失眠严重,有时候晚上会醒来十几次,喜欢一个人对着墙壁说话到天亮。四是异性关系,目前谈了三任男朋友,也没有处理好和前任男友的关系。

B 烦恼成因

(一)妈妈的爱需要我报喜不报忧

小寒记忆中最清晰的是小时候,自己手指被门夹伤后不停在哭泣,满心期待着妈妈的关心,结果妈妈不仅没有关心,还狠狠地责骂自己。从这次事件中,小寒学到的经验是:要想妈妈不生气,对自己关心,就要报喜不报忧,坏的事情要自己承担,不能告诉妈妈;如果自己足够乖,足够懂事,妈妈就会爱自己。后来,在生活中,小寒就是采用独自承担不开心,跟妈妈报喜不报忧的应对方式。

(二)妈妈对我和弟弟的教育方式不一样

小寒本身很不希望新成员来分享妈妈的爱,但是家中并没有考虑自己的想法,还是把弟弟给生下来,这让小寒有种被抛弃感。另外,妈妈对小时候的自己很凶,对弟弟很温和,两种不同的教养方式让自己很难受。同时,自己很努力地迎合妈妈,想塑造一个很强,能够替妈妈分忧的形象,妈妈就可以很爱自己。结果事与愿违,之后小寒就产生了对妈妈的不信任感。对亲密关系的不信任,影响了她对人际关系的处理。现在的小寒对女性的角色很反感,不喜欢所谓的"闺蜜"。她认为,这种人看着很亲密但是很假,随时会背叛自己。这种潜在的认识是复刻了自己与父母的关系。

（三）我更喜欢与异性相处

在家庭中，小寒更喜欢爸爸的教育方式，平时与爸爸交流更多。而在学校里，小寒也更喜欢和异性同学交往。在初中阶段，小寒已经交往了三任男朋友，目前困扰她的就是已经跟第二任分手，但是感觉他又是最了解自己的一个人，现在的第三任比不上第二任，又舍不得分手。小寒内心十分希望第二任男朋友能够继续陪伴自己。

C 烦恼消解

小寒存在的困惑很多，但是主要在于亲子关系中与妈妈的关系出了问题。小时候的经历讲述可以起疗愈效果，从精神分析动力学理论上来说，那就是将现在的事件带回到原来的状态，明白认知不合理——暴露问题，让她有所领悟。

（一）信任关系的建立

小寒对"母亲"这个角色存在既抗拒又想亲近的矛盾心理。我要想建立良好的咨询关系，首先就要取得小寒的信任。在第一次咨询的时候，我主要采用倾听、共情的方式，让其宣泄内在不良情绪，肯定小寒来咨询室的举动，同时运用自我披露的咨询技巧，讲述我自己曾经有过这样的感受，缩短咨访双方之间的心理距离，增进她对自我的信任及对咨询的信心，竭力让小寒感到我们是平等的，且有过相似的经历。在跟小寒分享了那些经历以后，现在回过头去看小时候的感想，我认为我的父亲是因为不太会处理这些关系，但是爱自己孩子的心是一直不变的。

（二）从异性关系到亲子关系

第二次咨询的主要内容是小寒与异性关系的陈述。在她陈述与几任男朋友的关系以及相处模式后，我面质小寒怎么会有一种"当他是我男朋友的时候，就只能跟我一个异性关系好，不能有其他紧密联系的异性"。小寒澄清是因为自己感情很专制。我由此解释"专制"的背后意义，促使小寒领悟到这是因为她害怕自己会被抛弃，感情被分享，就像自己在家庭中感觉母亲的爱被弟弟分享了一样。我让小寒谈谈母亲对自己不严厉的时候是怎样的，那个时候自己的感受又是怎样的。在小寒回想一些开心的场景时，我运用焦点技术扩大这种正面的反响。

（三）妈妈还是爱我的

第三次咨询就可以回到与母亲的相处方式上来。我继续通过"面质—澄清—解释—促进领悟"的咨询方式引发小寒领悟与母亲关系的更深层意义。在咨询过程中，我运用开放式询问，引导她多视角地看待和考虑问题，学会换位思考，例如，这对你意味着什么？你想到了什么？当你感受到母亲在关心你的时候，你认为怎么做才能够给予母亲正向的回应？

作者单位：宁波市奉化区奉港中学

> **编者微评**
>
> 青少年的心理困扰,更多的是亲子教养引起的。作者引导来访者从积极的一面去看待父母的本心——父母都是爱自己的孩子的,只是在现实中会有处理方式上的不一样。此时就需正向的引导者引领孩子用积极的心态去接受。作者引导来访者看到自己的不合理认知,从而能够触发来访者进行多方面思考,并引发来访者慢慢改变不合理认知。

47 小宇"寻爱"

吴 清

A 烦恼来袭

小宇(化名),男孩,是一名四岁半的中班幼儿。以往听话懂事的他就像"生病"了一样,发生了判若两人的变化。

(一)家里的小宇

以前的小宇是个很乖巧的孩子,每天从幼儿园回家后,要么乖乖看动画片,要么坐着玩玩具,很少黏着妈妈。但是最近,小宇每天回到家后像个"小跟屁虫"。只要发现妈妈在照顾小妹妹,他就跑上前拉妈妈的衣角,非要妈妈陪他玩。一次,他看着妹妹喝奶,就从妹妹手里抢奶瓶。妈妈生气了,拿走奶瓶,到他背上拍了一下,没想到他立刻就躺在地上大哭大闹,还把奶瓶扔在地上。

(二)园里的小宇

以前,小宇在幼儿园里算是比较懂事听话的孩子,他非常有礼貌,也很有爱心,比较要强,经常主动帮助别人,却很少需要他人的帮助。但是最近我发现小宇开始变得闷闷不乐,他时常表现出情绪不稳、焦虑暴躁的一面。在游戏活动中,尤其是在混龄活动中,小宇总是喜欢抢夺游戏材料,推搡小班的小朋友,制造冲突。渐渐地,他不喜欢与教师、同伴交流,不愿意参加集体活动。

B 烦恼成因

从上面的情况可以清晰地看出,小宇前后的性格、心理似乎发生了巨大的变化。通过与小宇妈妈的交流,我知道了小宇的"变化"恰好发生在妹妹出生前后。

经过分析,我确认了小宇的"病症"——"头胎焦虑症"。头胎焦虑是近几年国家实施准生二胎政策之后出现的一个幼儿教育新问题。家里多了一个弟弟/妹妹让头胎幼儿产生了强烈的不适应、焦虑心理,他们认为弟弟妹妹会抢走自己的爸爸妈妈,夺取爸爸妈妈对自己的关爱。同时,父母对新生儿的仔细照顾也让这些幼儿产生了被忽视感,使他们确信自己的地位受到了威胁。这种"头胎焦虑"的心理问题如果不及时处理,很容易诱发幼儿性格和心理的剧烈变化,影响他们的健康成长。

C 烦恼消解

(一)家园沟通中传播爱——以"小任务"来融洽亲子互动,让幼儿亲近家庭

小宇在家总抢妹妹的奶瓶和玩具,每次妈妈轻则批评,动则打骂,让小宇愈加不想与妈妈接近。经过与小宇妈妈沟通,我们制订了一个引导性计划。

这天小宇又在玩妹妹的奶瓶。

"小宇,这个奶瓶很容易摔碎,你要小心拿着哟!"妈妈并没有立刻制止。

"这个奶瓶有些脏。如果把细菌喝进肚子,会生病的。"小宇一本正经地说。

"是吗?小宇懂得真多,是谁告诉你的?"妈妈装作不知道的样子。

"老师教给我们的,妈妈我告诉你,用开水烫一下,可以消灭细菌。"小宇兴奋地对妈妈说。

"嗯,那我们一定要消灭掉细菌,要不然妹妹生病了,妈妈会更劳累的。小宇和妈妈一起来消灭奶瓶上的细菌吧,这样妹妹就能健健康康了。"妈妈顺势引导。

小宇愉快地接受了"邀请",和妈妈一起烫奶瓶。看到妹妹大口大口地喝着奶粉,小宇自豪地说:"是哥哥帮你消灭的细菌呀。"妈妈在一旁鼓励:"小宇你看,妹妹笑了,她在感谢你呢。""那下次我再帮妈妈,好吗?"小宇主动发起了下次的"邀请"。

在接下来的日子里,我建议小宇妈妈可以用一个个小互动来拉近亲子之间的距离,例如帮妈妈收拾玩具、帮妈妈洗袜子等。这些小实践既把妈妈对小宇的信任与关爱融入其中,同时也拉近了小宇同妈妈的距离,让他体会到妈妈其实就在身边。

(二)绘本阅读中触真情——以"小绘本"来教化亲子情感,让幼儿感受爱意

《猜猜我有多爱你》是一本幽默风趣、插图滑稽的亲情类绘本,讲述了小兔子和大兔子相互比较谁更爱谁多一点的故事。其中蕴含的亲子、手足感情非常适合像小宇这类"失爱"的孩子去阅读和体会,我推荐小宇的妈妈试着和孩子一起去阅读。

妈妈和小宇一起读了这本绘本后,他开心地对妈妈说:"妈妈,小兔子很爱大兔子,大兔子也非常爱小兔子。大兔子的爱一直从地面到月亮那里呢。"

发现阅读绘本对小宇有明显的影响力之后,我特意找了《逃家小兔》《我爱妈

妈》《存起来的吻》《妈妈你好吗?》等许多有关亲子关系的绘本推荐给小宇妈妈,让她在家进行亲子阅读,有时还让小宇把书里的故事讲给其他同学们听。慢慢地,小宇跟妈妈"热络"起来了。

几个星期过去了,小宇又变成了那个活泼开朗的他。小宇妈妈说他在家里成了乖孩子,经常与她说起在幼儿园的事情,还总是主动来帮她照顾小妹妹。在幼儿园内,我也发现了小宇的改变,他越来越愿意和大家交流关于他妈妈的事情。

作者单位:宁波市海曙区莲桥第幼儿园

编者微评

有效交流有利于建立亲子间平等尊重的和谐关系。作者从小宇的家庭入手,以解决亲子心结为目的,促成家长与孩子的互相理解,消除亲子关系之中的障碍。绘本是幼儿的心理伙伴,尤其是对一些不愿倾诉心结、心存焦虑的孩子来说,在阅读中他们能与书中的主人公进行微妙的无声交流。因此,教师借助绘本触动了小宇的心,在潜移默化中使他感受到周边人对他的理解、接纳和重视,从而消解了他的焦虑情绪,改变了原有认知,"找回"了妈妈的爱。

48 二胎姐姐的"心路历程"

倪雪琴

A 烦恼来袭

一次,班级里开展绘本《汤姆的小妹妹》教学,我问:"你喜欢自己的弟弟妹妹吗?"幼儿纷纷发言,有的说:"喜欢,因为弟弟很可爱。"有的说:"和妹妹玩游戏很有趣。"悠悠(化名)却说:"不喜欢! 弟弟哭的时候很烦人,好吃好玩的都要让给他!"

随着二胎政策的放开,班级里二胎家庭越来越多。如上所述,二胎加入除了家庭关系的变化,随之而来的还有幼儿心理的变化。那么,具体会出现哪些心理上的变化呢?

B 烦恼成因

带着问题,后续我对悠悠进行了深入观察和探究,结合其言行表现得出如下分析:

(一)陷入消极情绪

布置亲子任务时,悠悠总会露出落寞的表情:"妈妈要带弟弟,没空陪我完成任务。"情绪不高时:"妈妈又带弟弟去玩了,从来不带我!"可见,妈妈把更多精力放在二胎上,忽略了对她的陪伴。长此以往,悠悠的心理会出现严重失衡,导致其常常陷入消极的情绪状态中。

(二)出现说谎现象

一天,悠悠妈妈发来信息说:"悠悠说,小朋友问她是不是没有妈妈?"还要求教师教育孩子别乱说话。为此,我叫来悠悠了解情况。她支吾很久说:"没人问,是我想让妈妈来接。"究其原因,"说谎"只为求得父母关注。所以,家长缺乏对幼儿的关注,尤其是心理上的关注,会让幼儿出现不安、说谎等异常心理行为。

(三)变得谨慎敏感

一次,因及时完成游戏任务,我给每个孩子奖励"星星贴纸",孩子们都很开心,只有悠悠垮着小脸,一问才知她被漏发了。我问她为什么不说,她小声答:"我以为任务完成得不够好。"外婆来接时我们交流起这件事,外婆说:"悠悠最近心思较重,在家也总问'妈妈是不是不喜欢我了'。"可想而知,情感交流的缺失让幼儿逐渐形成敏感、胆怯、自卑等不健康心理。

烦恼消解

(一)"照顾"细节,疏通情绪

从家长角度出发,要关注教养细节。于是,我对悠悠的家长提出了一些合理化建议。

1. "和谐"手足情

家长要体会幼儿有弟弟后的"心路历程",积极做到"三要":

第一,要让幼儿有参与感,如帮忙照看下弟弟。

第二,要把"大带小"的细节夸大化,如"姐姐一抱就不哭了,姐姐真棒"。

第三,要给予幼儿"优先权",如发生争执时,先听幼儿说想法,而不是"弟弟小,你要让着他"。

细节上的"照顾",让幼儿感受到父母对自己的重视,从而激发其积极行为。如此,既能增强幼儿的责任感,也能"和谐"手足情。

2. "融洽"亲子情

亲子间要有积极的情感交流:

首先,给予幼儿专属的陪伴时间,如安排固定时间进行亲子阅读、趣事交流等。

其次,及时进行情感疏导,如出于某些原因不能兑现承诺时,要及时安抚其失落心情,疏导其情绪、情感。

有效地沟通交流,有利于亲子间情感的融洽,同时能让幼儿产生安全感和归属感。

(二)共情交流,温暖心怀

从教师角度出发,要做好对幼儿的情绪的关注。为此,我平时有意识地对悠悠多了一些关注。

1. 观察和回应

我平时有意识地观察着悠悠的情绪,并做出积极回应。如,发现悠悠情绪低落时就及时问:"为什么不开心?说说看,让老师来帮你想办法!"关心的语气让悠悠感到教师是可以信任和依赖的,从而萌发倾诉欲望。交流的过程中,回应是否积极,会对幼儿情绪的健康发展产生重要影响。

2. 接纳和调控

当悠悠倾诉父母不陪自己时,我就能够感知其情绪,理解其情感需要。我会先运用共情:"如果是我,我也会感到难过。"然后分析原因:"妈妈肯定觉得你能照顾好自己,所以才花更多时间照顾弟弟。"再提出建议:"作为姐姐,可以帮妈妈做力所能及的事,妈妈就能空出时间来陪你!你觉得呢?"最后的反问,把决定权还给悠悠,让她决定该怎么做。推进式的谈话,让悠悠感受到自己是被接纳、尊重和关爱的,从而有效调控自身情绪,并激发积极情感。

(三)互动体验,迁移情感

从幼儿园角度出发,要积极开展有针对性的教育活动。如多种形式的"大带小"混龄活动,可促使幼儿获得多方位的能力提升。

1. 互动中,产生责任感

比如在幼儿园开展的"大带小"主题活动中,让悠悠扮演好大姐姐的角色,给低年级的小朋友表演节目、送礼物等,以培养悠悠的责任感。

2. 体验中,摆脱"自我中心"

参加完全园性"大带小"游戏活动后,我有意识地安排悠悠分享感受:"我给妹妹买好吃的,她很开心!""小弟弟总是乱跑,但是非常有趣!"在互动交往、梳理小结中,可以帮助幼儿摆脱"自我中心",引导其体验相处的乐趣,进一步迁移情感,体会有弟弟妹妹的好处。

作者单位:宁波市象山海韵幼儿园

> **编者微评**
>
> 作者结合班级二胎家庭中幼儿的心理教育问题,从家长、教师、幼儿园三个层面出发,提出了相辅相成、行之有效的策略。实施策略后,在后续沟通中发现,幼儿的表达出现从"不喜欢弟弟"到"有一点点喜欢弟弟"的微妙变化。但毕竟不是一对一的引导教育,过程中难免会疏忽对幼儿心理、行为上的关注。因此,后续策略实施的侧重点要放在家园沟通上,因为只有家园形成教育合力,才能真正意义上破解问题。

49 大宝攻心计

张艳华

A 烦恼来袭

近来,我频繁接到小蔡(化名)妈妈的"投诉",吐槽小蔡的种种"叛逆":固执己见,与家长顶嘴,跟妹妹闹腾……这位教师眼中的好学生,如今却成了妈妈心头的"大烦恼"——中心问题是与妹妹的相处问题。年幼的妹妹活泼可爱,加上爸爸的宠爱,小蔡对妹妹的敌视愈演愈烈。

在疫情反复和"双减"大背景下,原先就日渐加剧的二胎娃们和大宝之间的矛盾日益凸显,教育问题层出不穷。尤其是大宝的心理健康问题,需要引起家长高度的关注。用"鸡飞狗跳"来形容二胎家庭是有过之而无不及,二胎妈妈很烦恼。

B 烦恼成因

从上述案例中,我发现小蔡个性转变有以下几个特征:

(一)敏感

八年的独生子生活被打破之后,小蔡开始变得不自信,觉得爸爸妈妈的爱被分割了,担心爸爸妈妈会多爱妹妹一点。

向来自信的他开始低调地退出班长一职的竞选。在班级中,抛头露面的事情他也不愿涉及。不经意间,原本大大咧咧的他,开始变得小心翼翼……

（二）由羡慕到嫉妒

一个正是讨人欢心的年纪，一个则到了青春叛逆期，每天成堆作业的哥哥对成天嘻嘻哈哈的妹妹无比羡慕。在家长眼中，哥哥理应懂事，可事实上，哥哥依旧是个孩子。疲于应付学业的他，每每目睹爸爸妈妈和妹妹这"一家人"其乐融融的情景，嫉妒心理油然而生。

（三）从期待关爱到缺乏安全感

小蔡从小由祖辈抚养，童年缺乏父母陪伴，无形之中与父母产生一定的距离感，也让小蔡更加渴望得到父母的关爱。妹妹的出生，让小蔡感到危机四伏，安全感匮乏的缺口越来越大。

烦恼消解

小蔡作为一个生命个体，需要家长无条件的爱与包容。

（一）改变从家长开始

1. 家长应积极关注孩子的"叛逆行为"

我主动和小蔡家长进行沟通，让家长对这个问题有清醒的认识。作为家长，不要一味地以年龄为标准去评判孩子的行为，大宝表现出来的种种"作"，或对抗人，或回避人，或敌视人，都是为了满足内心的某种合理需求——追寻安全感。有了二胎之后，父母难免顾此失彼，这是兄妹俩矛盾产生的主要根源。矛盾一旦产生，往往以批评教育大宝收场，大宝内心积聚的对二宝的"不满"会慢慢发酵。再往后发展，大宝对二宝的敌对，会演化成对"庇护"二宝的家长的敌视。亲子关系因此破裂，大宝的心理问题逐步呈现。我希望家长一定要正视大宝的"叛逆行为"，从中读懂孩子的心理需求，避免造成不必要的心理伤害。

2. 家长应提高自身的情绪管理能力

有研究者调查发现，儿童的同伴交往及情绪管理能力往往是由父母情绪管理能力所决定，并且成正相关。尤其是对待兄妹间重复上演的矛盾时，家长所有的好脾气都会消失殆尽，取而代之的是厉声呵斥，甚至动手。为此，我真诚地建议家长提升自身情绪管理能力，既能调控自身的情绪，又可成为孩子耳濡目染的榜样。这样，孩子可以在潜移默化中学会自控情绪，心平气和地待人接物，与人相处。

（二）相亲相爱小妙招

1."爱"要大胆说出来

孩子们期望得到父母的肯定与赞赏，一句赞美的话，一个大大的拥抱，一个肯定的眼神……对孩子们来说，都是莫大的喜悦。于是，我想到借"帐篷之夜"这一契机，邀请全班家长给孩子们写封信，以书信的形式表达对孩子的鼓励、期望、关爱。

小蔡的爸爸也写了一封长长的信,既有对儿子的肯定,又提出了中肯的建议,同时表达了作为父亲对儿子满满的自豪感。一封信不足以完全改变小蔡,但一定能让他感受到父母之爱有增无减。

2."放任"自由不干涉

俩娃闹矛盾是件很正常的事,往往孩子们吵完后转个身就忘了。不依不饶的反而是家长,在家长的意识中,大宝就是老大,怎么能和二宝计较并争吵甚至大打出手呢?家长过多地干涉俩娃间的矛盾,会使矛盾加剧,从而陷入更深的矛盾之中。我建议俩娃的矛盾应让俩娃自行处理,用他们自己的方式解决矛盾。解决矛盾的过程,亦是俩娃各自认识世界、学会为人处世的途径。

3.抱团取暖显疗效

因为小蔡事件,我在班级中做了一项调查,全班共有二胎家庭21户,将近半数。那么是否可以让"小蔡们"抱团取暖,以他人为鉴呢?于是,我利用班队课,开展了各种形式的主题活动:观看影片《我的姐姐》,谈谈当大宝的感受;举办征文比赛《我家的二宝》,聊聊作为大宝各自的快乐与烦恼;组织辩论会"二胎的利弊",感受二胎家庭独有的乐趣……主题活动的展开,胜于各种枯燥的说教。

大宝和二宝的冲突,是社会发展的产物,大宝的心理健康也需要全社会来共同维护。还生命以最绚烂的色彩,让大宝们健康成长。

作者单位:宁波市鄞州区邱隘实验小学

 编者微评

在二胎来临之前,大宝是家里的"一个中心",所有的家长都将精力放在大宝的抚育上,有了二宝之后,家里有了"两个中心"。大宝感觉自己一下子失去了宠爱与关注,这让其一时无法接受,因此经常会故意做出一些极端行为,以此来吸引家长们的注意。爱的分配失衡要如何来平衡?当然还是需要用"爱"来平衡。具体怎么做?文章中给了我们一些建议,相信再结合自家情况举一反三,一定能让我们的孩子健康成长,家庭温馨美满。

50 "老大"的华丽转身

沈群叶

A 烦恼来袭

夏铭（化名）是一个刚上一年级的男孩，自从弟弟出生后，他的心理和行为上都有了一些变化。

进入小学后，夏铭有时一到校门就哭，或借口生病不上学。学习上，夏铭很少能按时完成作业，上课不听讲，经常打断教师讲课，引得其他学生哄堂大笑；课间也常和同学发生冲突，对教师和父母的批评无悔改之意。每次教师说要叫父母来学校时，孩子都会异常兴奋。夏铭在家也常和弟弟发生矛盾。父母发现后会批评夏铭，但孩子表现得毫不在意。父母带孩子去医院检查，一切正常。但在弟弟出生前，夏铭是一个比较乖巧、友善，并且愿意听从教师、父母指令的孩子，跟同学之间的相处也很融洽。

孩子发生如此大的变化，父母非常着急。教师也很关心孩子的心理状况，因此带着孩子来找心理辅导教师进行辅导。

B 烦恼成因

根据孩子父母和教师的观察和描述，孩子的主要问题表现在：

夏铭表现出的主要问题

表现方面	主要问题
情绪	情绪低落，易怒、易躁
行为	对周遭事情提不起兴趣，睡眠质量下降。经常撒谎不愿上学，在校经常违反课堂纪律，作业不及时完成，与同伴经常发生矛盾。在家经常与弟弟发生矛盾，但有时又能玩在一起，比较黏妈妈
社会功能	不愿主动与父母、教师和同学交流

通过同孩子父母、任课教师的谈话，我了解到，孩子心理问题的出现有明显的诱因——弟弟的出生。

弟弟出生以前，他是一个较为乖巧友善的男孩，行为也比较正常。父母全身心地爱他、呵护他，全家人的焦点都在他身上。但是弟弟的出生让他不再是父母眼中唯一的宝贝。这样巨大的落差让孩子有了从未有过的危机感和紧张感,他觉得父母不再爱自己了,他们把爱都给了弟弟。父母和周围的长辈突然的改变让孩子措手不及,也难以接受。他不明白其中的原因,就只看到了弟弟将父母对他的关心和爱夺走了,也只会把这一切简单地归因到弟弟的头上。他有些怨恨弟弟,想抢回属于自己的爱,但有时候觉得自己应该爱这个跟自己长得很像的小宝宝。他很矛盾,使得内心失衡,对待弟弟的态度也是反反复复,表现在具体的行为上——常与弟弟发生矛盾,甚至打弟弟,经常故意做一些糟糕行为来吸引家长注意。

C 烦恼消解

案例中,孩子年龄较小,理解和自我表达能力不足,因此常规的心理辅导不能达到预期的效果。根据孩子的心理特点,我多次采用游戏疗法。

(一)建立"良好关系",梳理"情绪状态"

第一次辅导的重点是建立和谐、互相信任的关系。过程中,我营造轻松的氛围。孩子慢慢敞开了心扉,分享自己当前的烦恼。同时,我也与孩子父母取得联系,让父母在关心弟弟时也要经常关注夏铭的成长,让夏铭有更多能量来接受之后的心理辅导。

(二)巧用"表情卡片",聚焦"兄弟关系"

第一次辅导让我了解到夏铭烦恼的主要来源。本环节旨在厘清夏铭跟弟弟的关系。我向夏铭呈现7张带有不同表情的卡片来帮助他理解当前的情绪体验。

过程中,夏铭选择了一张生气的卡片,并回忆起与弟弟发生的许多不快。当我让夏铭许愿时,他的第一愿望是不希望弟弟出生。

通过这一环节的操作,我发现夏铭对弟弟的出生还是没有完全适应,他一直用自己的方式反抗着。通过表情卡片,我探寻到夏铭内心深处压抑的情绪。

(三)善用"转盘游戏",挖掘"正面情绪"

本环节,我通过转盘游戏来引导夏铭挖掘弟弟出生带来的正面情绪。转盘上有"开心""伤心"等词,当转到"生气"等负面情绪时,可以奖励夏铭代币;当转到"开心"等正面情绪时,重点引导夏铭回忆和弟弟相处时的开心瞬间。慢慢地,夏铭回忆中关于弟弟的正面情绪越来越多。

(四)活用"角色扮演",迁移"情绪体验"

根据教师和父母的反馈,通过三次辅导,夏铭的情况有了改善,尤其是和弟弟的矛盾减少了。

这一环节旨在通过角色扮演,利用夏铭熟悉的卡通形象,重现生活中兄弟俩的"矛盾"场景。首先让夏铭观看动画片,然后再简单谈谈感受,最后进行角色扮演,我们重点观察夏铭在扮演过程中处理兄弟矛盾的方式。

通过角色扮演,夏铭获得体验,逐渐把这种体验迁移到自己和弟弟的关系中去,进一步思考自己与弟弟之间的关系,初步尝试换位思考。

(五)回味"幸福瞬间",改变"错误认知"

本环节旨在改变夏铭不合理的认知,帮助他树立正确的亲子和手足观念。通过回味童年时与父母的幸福时刻,他明白了自己像弟弟那么小的时候父母也是无微不至地爱着他,只是现在他长大了,父母换了一种方式爱着他。

通过这几次辅导,我基本完成了目标,帮夏铭梳理了与父母、弟弟的关系,宣泄了情绪,改变了认知,对弟弟怀有敌意的不良行为也慢慢减少了。

作者单位:宁波市镇海区艺术实验小学

编者微评

作者为了帮助孩子觉察情绪,厘清原因,纠正错误认知,共开展了四次辅导活动。在辅导过程中,作者充分考虑了孩子的年龄特点,利用孩子感兴趣的游戏形式,如"表情卡片""转盘游戏""角色扮演"等,激发孩子的兴趣。这四次辅导,环环相扣,层层递进,一步一步走进孩子内心,挖掘孩子的正面情绪,引导孩子学会换位思考,改变错误认知,最后促使孩子实现了华丽的转身。

51 接纳弟弟的小优

王倩霞

A 烦恼来袭

小优(化名),女,小学五年级。她的弟弟今年3岁,处于幼儿阶段,需要监护人长时间的陪伴,但由于父母工作繁忙,尤其父亲经常加班到晚上八九点,周末也少有休息。因此,照顾弟弟的责任较多地落在了小优身上。

弟弟比较顽皮,经常做坏事,管教起来对小优来说有些吃力。小优常常采用父亲常用的教育方式(不听话打屁股)进行教育,结果收效甚微,还屡遭爸爸"冤枉",因此产生一种"我不想要这个弟弟"的想法。班主任也察觉到小优在习作中表达出较多负面情绪,对亲弟弟产生较为强烈的排斥与厌恶心理。

B 烦恼成因

针对小优出现的问题,我通过热情渴望卡牌的运用,对她因照顾弟弟引发的不良情绪和想法进行心理分析。

(一)渴望

我根据小优的困惑,请她凭直觉选出代表自己内心强烈渴望的一张卡牌:有人看见自己的用心或能看见别人的用心。通过小优的讲述,结合这张卡牌,从中可知小优的渴望是家人的理解和关爱,以及期望感受到付出所带来的幸福感。

(二)困惑

1. 困惑一:我的存在就是为了照顾弟弟

根据卡牌引导,我发现小优的内心中积压着许多被父亲误解导致的委屈与苦闷。这些感受使她能量低频,自我信念感变低,觉得自己的存在就是为了照顾弟弟。

2. 困惑二:我不想要这个弟弟

小优的弟弟活泼好动,难以管束。小优自身也只是一个十来岁的孩子,却要在兼顾学习的同时,像个大人一样承担起照顾弟弟的重任。小优对此倍感压力,加之她并没有太多良好有效的教育方法,因此总被爸爸误解。久而久之,小优对这件事的排斥和厌恶情绪愈发上升,矛头直指弟弟。可这些又是与她内心的渴望——得到家人的理解和关爱这一点相违背的,这就成为困扰小优的心病。

C 烦恼消解

我选用热情渴望卡牌帮助小优转变情绪状态和想法,启动思考和解决问题的能量,并通过她自己的内在动机去直面问题;同时,我又积极运用共情接纳、寻找例外的焦点技术,帮助小优觉察真实的感受,使其正确看待自己的经历和感受,重新启动思考的能力。

(一)宣泄委屈,理解父爱

师:(边说边举起问句卡)那有没有出现过,你没有因为弟弟而受牵连的时候?

访:星期六,爸爸叫我喊上弟弟一起去吃早餐。饭后爸爸要去上班,所以叫我去照顾弟弟,他看着我照顾弟弟而开心地笑了,我就特别满足。

师:你觉得爸爸为什么开心地笑?

故事问句卡1

访：因为我把弟弟照顾得很好。

师：爸爸开心地笑，不光是因为弟弟被你照顾得很好。还有可能是因为你照顾弟弟这件事，对他来说意味着什么呢？

访：意味着我长大了，能帮他分担责任。

师：而且那时候你能把弟弟照顾得很好，你觉得爸爸的笑容代表着什么？

访：代表着对我的认可和信任。

我通过卡牌提问，让小优从原本压抑的情绪中去寻找积极的心理能量，找寻事情的例外——看到原先一直被忽略的那一面。积极的心理能量能帮助小优恢复心理平衡。

（二）转折故事，觉察新知

师：还有没有出现过，哪怕你觉得照顾弟弟很委屈，但还是有开心的时候？

访：我想买什么东西都会跟弟弟说，让弟弟跟爸爸说，弟弟帮我要来的时候我会很开心。

师：你觉得爸爸满足你的要求，是因为弟弟还是因为你？

访：嗯……因为我吧。

故事问句卡 2

我继续激发小优内心的心理正能量，推动小优用积极的视角去思考和看待之前认为的委屈和苦闷，将这个故事节点转折过来，促使她察觉到新的认知。

师：故事说到这里，你有什么新的发现？

访：爸爸有看到我的付出，有时候是微笑回应我，有时候是满足我的小小要求。虽然他会因为弟弟而打我，但也是因为我没有照顾好弟弟。爸爸每次和我说，好好照顾弟弟，爸爸妈妈去赚钱。那时我心里就在想，他们上班很辛苦，我要用心照顾弟弟，可是弟弟太烦了。当我在照顾弟弟的过程中遇到了困难和阻碍，我的这份用心就被误解了。

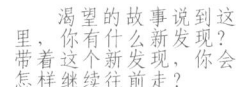

故事问句卡 3

此处的提问帮助小优说出自己新的认知，并进一步确认她所察觉的新认知：爸爸对她的付出也是给予肯定的。

（三）接纳弟弟，学会管教

我继续借助卡牌对小优开展下一步辅导，帮助其接纳弟弟，思考运用合理的方式和方法来管教弟弟。

师：你能感受到这个教育方式的不合理（小优说她用父亲教的打屁股方式教育弟弟），老师看得出来，你是用心在照顾弟弟的。你在照顾弟弟的时候，有没有虽然累，但也快乐的时候？

访：我和我弟弟在一起玩的时候很开心。他每次让我追他，然后我追到他，他就笑得很开心。

师：当你们俩一起玩的时候，就是很好的玩伴，能让彼此都感到快乐。那能不能用玩伴的方式去处理你在管教弟弟时遇到的困难？比如当弟弟不听话的时候，你可以怎么做？

故事问句卡 4

访：嗯……陪他玩一个要听话的游戏。

师：那如何解决弟弟总是失踪的问题呢？

访：给他讲大灰狼的故事，哈哈，吓吓他。

师：恭喜你，你已经找到了代替打屁股的教育方式了！试试看，让他在你的游戏和故事里慢慢听话吧。

访：嗯！我会努力尝试的！

通过提问寻找积极的例外，启发小优用过去经验中的闪光点去解决当下的问题。之前的辅导过程中，小优已宣泄了积压的不良情绪，并积蓄了不少积极能量。因此，在此次的辅导中，小优在面对实际需要解决的"如何管教弟弟"这个问题上，不再有无能为力的挫败感。

（四）重启回忆，链接情感

师：曾经在生命的什么时候，你发现这世界变得更美好了？

访：我们一家人出去外面玩，去看桃花，一家人和乐融融的样子特别美好。

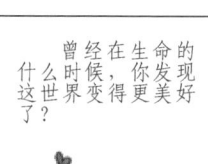

师：能具体说说吗？

访：那天我和弟弟一起走在桃园里，我们在前面一边追一边玩。爸爸妈妈与爷爷奶奶走在后面，有说有笑的，我们一家人在粉色的桃花丛中，都笑得很开心。

故事问句卡 5

师：如果这样的场景里，少了弟弟，你觉得如何？

访：那我也会很无聊的吧。

师：看来，你也少不了这个总惹麻烦的弟弟啊。

访：嗯，是的。（小优露出了浅浅的羞涩笑容）

此处的提问，激发小优内心对弟弟压抑的亲情，通过回忆和假设，让小优被阻断的情感重新和弟弟产生链接，也为辅导收尾做好情感与心理能量的双重铺垫。

（五）拥抱渴望，汲取能量

最后，我使用卡牌对小优的辅导做收尾，通过问句的启发，帮助小优说出此次卡牌辅导带给她的新能量。

师：在接下来的一两个月里，有什么是你可以实际行动的？

访:我会更专心地照顾弟弟,而不是一边做作业一边照顾他。在弟弟不乖的时候,我会想办法换个他喜欢的方式教育他,让他乖乖听话。

师:那如果爸爸又因为误解而打你,你觉得可以怎么处理?

访:因为我从小没和爸爸妈妈一起住,所以我不敢跟我爸说出自己的想法,怕他打我。现在,我会好好跟爸爸说,实在不行我会叫我外婆、班主任去跟我爸说,我想他会理解的。

瞭望问句卡

师:好的,祝你成功!

我借助卡牌的问句,将原先例外技术寻找到的成果扩大化,引导小优思考还有其他什么可行的方式和方法,进而发展出更多与之相关的例外,并鼓励小优有意识地多做或多拓展这些能力和资源,从而引发现状的改变。

作者单位:宁波市奉化区锦溪小学

❤ 编者微评

在当前开放多胎生育的形势下,因多胎引起的亲子关系不良、学生情绪困扰等相关的心理现象引起了教师们的较多关注。作者借助卡牌,以学生内在力量为基点,帮助学生自我觉察和思考,其产生的"自助"效果,相较于班主任常规德育手段会更有促进作用。因该生的困扰并非一次辅导即可解决,后续需要作者持续的介入,或通过家庭成员的配合以达到更佳的辅导效果。

第七辑

心理辅导之学业乐成

　　学习压力过大,学习焦虑严重,学习效率不高,考试发挥失常,从而使自尊心受损,进而厌学,陷入恶性循环,难以自拔……这都是一些学生常有的困惑,即便是所谓的优等生也不例外。各位作者深知这一点,他们在教育和教学的实践中随时留意,耐心倾听,发现问题,深入调查,弄清来龙去脉,并及时多管齐下。在案例中,作者们采用理性情绪疗法完善思维模式,借助正面反馈满足深度渴望,并通过上班会课、故事分享等方式帮助学生调整心理状态,从而使学生的学业变得轻松起来。

52 打破恶性循环

邬洪妙　陈锋英

A 烦恼来袭

小珊(化名),高二年级女生,学考前第一次走进咨询室。她皮肤白皙,黑眼圈明显。她告诉我,随着学考渐渐临近,她感到压力好大,睡不好,吃不香,学不进去。其实,进入高中后,小珊就经常睡不好,考试前尤甚。高一年级时,她曾想来找心理教师,最终没来。高一年级期末考试那几晚她都没睡好,考试也考砸了。面临学考压力,她很担心再这样下去,估计又要考砸,所以鼓起勇气走进咨询室。

随着辅导深入,小珊逐渐吐露:高中学业压力大,她总觉得自己非常用功,但成绩总是不理想,渐渐退步,付出得多,收获得少,心里很不平衡;总觉得自己不聪明,跟同学比,失败感强烈,常常陷入嫉妒、自卑、焦虑之中,寝食不安……

B 烦恼成因

随着咨访关系的加深,通过倾听、共情、具体化、自我暴露等咨询技巧,抽丝剥茧,我对小珊的问题有了更深入的理解,具体分析如下:

(一)现实与理想的差距

小珊对自己的要求很高,非常在乎分数,希望成绩数一数二。她进高中时,名列班级第一,到高二年级大概排到第五、六名。但她并不满意,总想着努力些,再前进几名,重回第一,但始终不能如愿,甚至逐渐退步。

(二)重视他人的评价

谈话中,小珊屡次提及自己"不聪明"。我慢慢深挖,引导她吐露心中的刺:"以前只有努力才能有些成绩,但现在努力了也不出成绩。班主任跟好几个同学谈心的时候,说我属于不算聪明但用功的学生,一想到这个评价我就……"说着说着,她的眼眶红了。

(三)不合理的归因

小珊将自己获得的好成绩归因于努力,笨鸟先飞,还有运气;将自己某些不好的成绩归因于自己不聪明;将他人获得的好成绩归因于天生聪明。这样的归因使得小珊越来越不自信,一味地贬低自己。

现实与理想的差距、重视他人的评价、不合理的归因等让小珊越来越对自己的"不聪明"深信不疑。她越来越苦闷,将大量精力消耗在对自身的消极评价中,对他人的羡慕、嫉妒上,怎会真正投入学习?这样一来,碰到考试,她总觉得自己难以应对,因此产生了严重的焦虑情绪,甚至出现失眠现象。其实,小珊陷入了一个恶性循环中:对自身的消极评价—心情不好—学不进去—焦虑—失眠—成绩难上去—对自身的消极评价……

C 烦恼消解

根据小珊的现实情况和心理分析,我结合认知疗法、正念疗法、焦点解决等咨询技术,主要对她采取了以下解决策略:

(一)追根溯源,打破恶性循环

谈话中,我发现小珊的认知能力、领悟能力较强,希望她可以对自身问题的来龙去脉有个全面、清晰的了解。这有助于她更好地调整、改变。于是,我用了解释技术,向她详细解释了她的问题,使她明白:走出困境,需要打破恶性循环。

(二)改变认知,积极归因

我用认知疗法,希望能改变小珊在学习、生活上的不合理信念,特别是她对自己的消极评价,如绝对化要求(一定要考第一,不然就是没考好)、过分概括化(一次没考好,就认为自己不聪明)、过度焦虑感(考试前一直担忧会考砸)等。我引导小珊跟不合理信念做辩驳,以逐渐减少消极的自动化思维,让她能够正确看待分数,淡化考试结果,将成绩不理想归因于学习方法与学习专注度上。这有助于她提升自信,缓解焦虑,明确努力方向。

(三)专注当下,投入学习

小珊的焦虑情绪,在"学不进去"的时候分外明显,而且是相互作用的。针对这点,我与小珊共同探讨如何专注当下,如何科学用脑,如何改善学习方法。同时,我鼓励她有空的时候可以找相关任课教师商讨适合她的学习策略,也可以学习其他同学的成功经验……之后的每次谈话,小珊都很投入,如实地暴露自己现存的各种问题,并把探讨后得出的方法及时、灵活地运用于实际生活中。当小珊真正投入到学习中去,她的焦虑、担心就会随之减少;同时,知识掌握程度无形中也会提高。

(四)寻找例外,焦点解决

焦点解决理论认为:凡事都有例外,有例外就能解决。跟小珊谈话过程中,我也经常在寻找"例外",如"什么时候能学进去""什么情况下,会不焦虑一些""怎样做,能睡着得快些"……找到了这些"例外",我会不断地鼓励小珊,多去这样做,多创造条件。

每次咨询完回去后,小珊身上的小改变都会给她带去信心、带去希望,积极的行为也越来越多,她的状态也越来越好了!

(五)放松情绪,缓解失眠

我教小珊学习渐进性肌肉放松法、正念减压、腹式呼吸法等,边示范边讲解这些方法的要领和注意事项,鼓励她回去后常常练习。同时,我还鼓励小珊多听一些节奏舒缓的音乐、每日坚持运动半小时等,以期这些方法能帮助她缓解焦虑情绪与失眠问题。

多种咨询方法多管齐下,形成合力后,小珊通过不断调整、积极改变,终于打破了恶性循环,逐渐变得轻松起来。

作者单位:宁波市慈溪市崇寿初级中学　宁波市慈溪市浒山中学

编者微评

文中的小珊因学习压力过大,焦虑感严重,导致学习效率不高,考试发挥失常,自尊心受损,陷入恶性循环之中,难以自拔。作者通过倾听、具体化等多种咨询技术了解了小珊烦恼的具体表现,深入分析小珊问题的来龙去脉,整合多种咨询方法,帮助小珊打破恶性循环,变得轻松起来。建议作者后续还继续关注小珊,不断提升她的自我调节能力,以防她面临压力更大的高考时,会再次陷入恶性循环。

53 "学霸"不失眠了

楚冬梅

A 烦恼来袭

2021年8月23日,高三年级一位班主任打电话向我求助,说他们班的男生小琼(化名)因失眠问题而苦恼,服用了安神补脑液,仍无济于事,主动提出要做心理咨询。考虑到高三学生当时正在参加联考,我与班主任商定等考试结束后再与学生约定咨询时间。8月24日上午,我在学校走廊里碰到了刚结束一科考试的小琼。他见到我后,径直走向我,很自然地跟我打招呼,并停下来说起了他的失眠问题。他说,自8月10日开学以来,每天晚上熄灯后,他躺在床上辗转反侧,难以入睡,通常过了十二点,甚至凌晨一二点还没有睡着。其实当时人已经很疲惫了,但他就是无法入睡。小琼尝试了心理课上学过的"呼吸冥想""想象放松"等方法,效果甚微。早上起床铃声响后,他总感觉没睡醒,头脑昏昏沉沉的;白天上课时状态也不好,容易犯困,甚至忍不住睡着。他觉得偶尔几次还可以接受,如果长期这样持续下去,很担心会影响学业。为了尽快解决失眠问题,小琼主动跟我约定24日下午非考试时间前来咨询室。在这之后,我们一共进行了四次咨询,保持每周一次的频率。

B 烦恼成因

小琼失眠主要来自"我是不努力的学霸"的核心信念。他是从我校初中部直升上来的"免费生",还获得了名额极少的奖学金。由于他在学生会和班委会中任职,积极参加各类活动,小琼给人留下了"聪明、优秀,但绝不死读书"的印象。他也经常跟别人说"我学习不努力""我就随便学学""考试的题目正好我都会"等。但实际上,小琼非常重视自己的学习成绩,养成了良好的学习习惯,保证了高质量的课堂学习和作业完成效率,学习基础扎实。但进入高三年级以后,不少同学学习热情大涨,一些本来就很努力的同学更努力了,主动延长学习时间,增加自主作业;一些学习相对懈怠的同学也认真起来,小琼的两位室友每天熄灯后还跑到茶水间继续学习……这让小琼一下子陷入了恐慌。他希望维持"轻轻松松就能学好"的状态,但大家都努力了,他就容易被比下去。"要更努力"对已经足够努力的他并不容易,所以当他筋疲力尽时,想到外面还有那么多人没睡,他的内心就无法安定,产生"我不够努力""我要被人比下去了"的自我怀疑,表现在情绪上就是莫名烦躁,表现在生理上就是失眠。

C 烦恼消解

(一)建立关系,评估问题

失眠半月有余的小琼很焦虑,希望尽快恢复正常生活。因此,我将第一次的咨询重点放在建立信任关系、稳定情绪上。整个过程中,我耐心倾听小琼的诉说,共情接纳小琼内心的焦虑、担忧和无奈。同时,我重点了解了他目前的症状表现、学习情况、人际关系和个人优势等信息,梳理和评估问题,进行个案概念化。

(二)识别自动思维,找出核心信念

小琼善于思考,为人理智,似乎很难找出他在逻辑上的错误,也找不出他的不妥之处,但这只是表面现象。我多次注意到小琼说了"我学习也没怎么努力""我也就随便学了学""考试的题目正好我都会""我体育课就去运动,下课就跟同学聊聊天"等话语,营造的是一个"天资聪颖,但并不是很努力"的学霸人设,而且他很享受这个人设。我跟他说:"你很优秀,你的优秀是你持续不断的努力得来的。可是,你要一直保持优秀并不容易,特别是当你身边的人也都很努力时。"话音刚落,小琼突然面部抽搐,眼角有些湿润,这是他在咨询中难得出现的情绪波动。这种阐释把他深埋于内心的潜意识部分表达了出来,也在一定程度上外化了他的压力来源。这次的深度共情迅速推动了咨询进程。

(三)运用认知行为疗法,调整认知偏差

针对小琼明显的适应不良认知,我开启了苏格拉底式提问,指导小琼使用调整认知偏差的方法。比如,在寻找"学习不努力"的支持证据和反对证据的过程中,小琼发现自己其实学习努力而自律,基础扎实,虽没熬夜,但已充分保证了学习效率;通过"现实检验技术",他更加确定了熬夜对学习效果带来的负面影响;运用"四角困境技术",他体验了"保证白天的学习效率和延长晚上学习时间"两难困境上不同位置的感受;采用"活动时间安排表"后,他增加了对学习进度的掌控感。

(四)开展以"高效休息"为主题的团体心理活动课

根据小琼的反馈,我发现这一届高三学生普遍存在主动推迟入睡时间,导致白天学习效率降低的不合理作息安排的情况。所以,我利用每周一次的心理活动课,围绕"高效休息"这个主题,带领学生分享作息现状,分析效果和后续影响,学习并实践"正念冥想"的大脑休息法,优化了整体的学习氛围。

四次咨询后,小琼的自我怀疑和焦虑的程度都得到了有效缓解。因失眠现状好转,学习状态趋于稳定,他主动结束了咨询。

作者单位:宁波滨海国际合作学校

> **编者微评**
>
> 让咨询获得突破的关键是作者找到了访者"我是不努力的学霸"的核心信念。当大部分同学不够努力时,这种核心信念不会受到挑战,学生可以相对轻松地做到劳逸结合。但当大家普遍很努力时,学霸的焦虑感和危机感就产生了。事实上,"不努力的优秀"是不存在的。所以,当作者说"你要一直保持优秀并不容易"时,这一共情话语能有效地缓解小琼对自己的否定,也让他更容易认清并接纳真实的自己。

 不肯进校门的女孩

毛彬玲

A 烦恼来袭

小婷（化名），小学二年级女生，体形匀称，容貌姣好。刚开学一个月，就发生了两次不肯进校门事件：到了学校门口，她无缘由地哭闹，不愿意进校，最后只能由值周教师把她送到教室。班主任发现小婷有严重的厌学情绪，于是陪她来到了心理辅导室。但对小婷进行第一次辅导后，又出现了不肯进学校的情况。

在这三次不肯进校的过程中，小婷给出的理由都不相同，如对父母说"肚子疼"，对心理教师说"学习太累了"，对值周教师说"没戴红领巾，会被扣分"。以上三条或许都不是真正的原因，如果不能找出原因并"对症下药"，小婷的这个不适应行为就会再次出现。

B 烦恼成因

我了解到小婷平日性格比较开朗，能与班里的同学友好相处，成绩处于中等水平，做作业时存在拖拉现象。

关于小婷的家庭状况，我了解到她与祖父母、父母及读幼儿园大班的弟弟同住，一家子属于"新奉化人"。父母工作忙，下班较晚，偶尔也会督促和指导小婷学习。小婷平时在饭桌上写作业，弟弟就在一旁玩耍。有时小婷未及时完成作业，妈妈会提醒。当小婷找各种理由辩解时，爸爸就会用打骂的方式解决问题。

小婷埋头做作业，弟弟轻松玩耍，父母明白她内心是不平衡的。于是，妈妈让弟弟跟着姐姐一起写作业。可是弟弟不会写，反而影响了小婷做作业的效率。妈妈又让弟弟进房间，以退让的方式解决问题。但这时的小婷变得更加散漫。于是，爸爸登场，进行类似"不读书就找不到好工作"的说教；当说教还是无效时，就会体罚小婷。妈妈的做法让小婷觉得她做什么，弟弟也该做什么；同理，弟弟不需要做的她也不用做。而爸爸的责打会让小婷感到害怕。

妈妈讲起一件事，小婷曾在老家参加过语文培训班，开始是乐意去上的，但后来不知为何不愿继续了，她用了哭闹的方式表达自己的想法。这时父母正打算返回奉化，于是就同意小婷不再继续上培训班。这让小婷明白，哭闹是一种"武器"。

此外，一年级时，小婷多次以头晕、肚子痛等原因让父母带她回家休息，其实并

无大碍。这也让小婷意识到只要说"身体不舒服"就可以不上学。

不过,我发现小婷在这些特定的环境中也有正向的一面,如她会在病假返校后主动完成课堂作业。这也预示着她有潜力习得新的行为。

C 烦恼消解

在辅导中,小婷需要积极地学习如何改变或压制不良行为模式。同时,小婷将会学到一些新的经验,从而表现出积极完成作业的能力,抑制不肯进校门的行为。

(一)对小婷的引导转化

当小婷来到心理辅导室后,我始终对她保持着无条件的接纳和共情,让她感受到我的真诚,从而让她慢慢打开了话匣子。

辅导过程中,我感受到了小婷的沮丧:对作业不感兴趣,对父亲的打骂感到伤心和恐惧。但小婷也展现了积极的一面,作业中出现难题她会主动请教,多数时候能够按时完成作业。我及时肯定小婷这些好的表现,强化了她的这些适应行为。

我要求小婷在教室里多多观察她的同伴在处理作业时成功和失败的策略,与我讨论同学的哪些处理方式值得借鉴。这些他人经验可以为小婷形成适应行为提供帮助。

我进一步引导小婷分辨她最近一次不肯来校的情绪,并辨别事件的起因,为个案概念化提供更多信息。

(二)家庭资源提供的支持

我建议小婷的父母与她共同讨论和制订完成家庭作业的具体事项。可以先让小婷提出解决问题的方案,这更能提高她的自觉性;同时父母也可以提出自己的顾虑,共同解决这个顾虑。最终,双方制订的方案是:做作业时,妈妈陪弟弟,而小婷则由奶奶陪着做作业,按照完成作业的效率奖励玩沙土(小婷最近喜欢玩的一种玩具)的游戏时间。同时,小婷可以将教弟弟学数学、学拼音等作为家庭游戏项目,在这个过程中学会担当,体验成就感。

爸爸要做到不动手体罚小婷,也尽量少说教,可以多和小婷谈心。同时,父母亲须多带小婷和弟弟外出游玩,从而增进亲子关系。

(三)学校资源提供的支持

校内,我联系班主任,请她多了解小婷出现的心理问题,对小婷进行积极关注;近期多提醒小婷按时完成各科的课堂作业,在看到小婷的进步后及时进行表扬和奖励,正向强化她的适应行为。同时,我还建议班主任用"放大镜"关注小婷,发现她的长处及优点。

经过一段时间的多方协作,成效很明显。据教师和家长反映,到目前为止,小婷再没有出现"在校门口哭闹"的现象。当然,不排除以后可能会有反复,所以父母亲与教师还须时刻关注。

作者单位:宁波市奉化区居敬小学

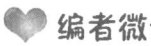

编者微评

面对学生哭闹着不愿进校门的情况,作者没有止于辅导,而是深究其背后的原因,了解了她家庭的具体情况,以及以前参加培训班的一些经历。作者采用"解铃还须系铃人"的思路,改变其父母的一些做法,解决"心理不平衡"及责打所导致的"恐惧"问题。同时,作者协同班主任及其他任课教师,帮助学生树立自信,体验学习的快乐。在多方协同、多方出力的刺激下,女孩的心理及行为得到较大改善,取得了阶段性成功。

和"伪参与"说"拜拜"

江笑渔

A 烦恼来袭

新一届的宁波市中小学课堂乐器比赛进入倒计时,我校有幸成为区代表参赛,但进度堪忧。因此,学校利用中秋假期安排了两天的排练。

"你们这个声部为什么老是出不来,四个人都吹了吗?来,一个一个吹!"话音未落,其余三位学生都频频点头,唯有小梁(化名)眼神游离,塌腰驼背,吹奏了两行乐谱便吹不下去了。小梁是一班之长,成绩优异,平时都自信满满,从未这般恍惚过。于是,我问道:"是最近作业太多,压力太大吗?"他眉宇紧锁,对我不理不睬。我开始加大分贝:"你好几次都在浑水摸鱼,我都看到了。只不过,没戳穿你!现在还这个态度,倒不如直接退出得了!"顷刻间,宽敞的阶梯教室安静下来,只听到小梁的抽泣声。他的眼神中透露着沮丧和不满。

当晚,小梁妈妈打电话给班主任。可班主任在不了解真实情况下说道:"没事的,不想参加就别去了。"这导致小梁更加难过,哭着说"不要再进入乐团了"。小梁妈妈看到孩子如此悲伤,心疼至极,将这件事情打电话告诉校长:"你们的老师严重打击了我孩子的自尊心,对他造成了心理阴影。希望你们能妥善处理!"

B 烦恼成因

在上述事例中，小梁自始至终无法融入学习氛围，在合奏中，进行着"伪参与"，认为自己能够蒙混过关。检查时，小梁被撕开"伪装"，陷入恐慌，究其原因如下：

（一）责任分散，导致情意缺位

责任分散效应是指在要求一个群体共同完成任务时，每个个体的责任感会减弱，参与的情意如果得不到强化，在面对困难时就会选择退缩。因前期练习是每个声部共同吹奏，且在前几次检查时，我并没有严厉批评小梁，导致他在整个乐队中一直扮演着"南郭先生"的角色。情意系统一直未启动，小梁始终处于"伪参与"的状态。

（二）超限效应，降低参与体验

超限效应是指刺激过多，从而产生心理上的极度不耐烦或逆反心理。我因排练时间紧张造成的焦虑投射到学生身上。在我过度严厉的要求和语言的刺激下，对长期携带"光环"行走的小梁来说，挫败感已经超过了他心理的承受范围。在整个排练过程中，他得不到主动参与的激励，也得不到成功的体验，因此选择逃避，消极应对。

（三）归因偏差，造成能量内耗

归因偏差是指大多数人无意或者非完全有意地将个人行为及其结果进行不准确归纳原因的现象。小梁妈妈看到孩子如此失落，一度认为教师是害小梁伤心的"罪人"。班主任则认为每天一小时的排练时间，对她的班级管理和教学进度造成影响，导致她在处理家校矛盾时敷衍了事。在完成共同任务时，各方面不但没有形成合力，反而因为没有达成共识，不断内耗了彼此的能量。

C 烦恼消解

综上所述，教师与家长须加强有效沟通，给小梁营造良好的学习氛围。同时，我巧用心理效应，破解小梁在训练中的心理障碍，让他真正参与到学习过程中。

（一）共情效应，寻求价值认同

我通过有效沟通，让小梁妈妈和班主任认识到：参加排练，不单是音乐教师和学校的事。能代表学校参加市级比赛，对孩子的成长具有重大意义。同时，我对自己在工作中的急躁表现向小梁表示了诚恳的道歉。最后，我通过谈话帮小梁消除了心理抵触，重新激发了他主动参与的积极性。就这样，自信的小梁又回来了。

(二)连锁塑造,重建自我认可

有时候,我们若无法一次性达成大目标,就需要将它分解成若干个小目标。教学中,当学生每完成一个小目标时,教师应该及时进行奖励,通过奖励促使他完成大目标。我将小梁需要完成的任务划分成了几个阶段。第一周小梁完成了慢板的吹奏,且是出色完成。他们的声部也被频频称赞,我更是表扬小梁吹出的旋律有起伏。随后的两个星期,小梁都超额完成任务。他的自信也感染到了同声部的同学。四位学生吹奏得音色清晰、强弱明显,成了其他声部的榜样。

(三)霍桑效应,形成场域辐射

在此次事件后,我将小梁的出色演奏发送到了乐团微信群中,并向小梁妈妈夸赞他的优秀表现。同时,在升旗仪式上,我邀请全体教师欣赏本次比赛曲目,见证孩子们的进步。孩子们的表演,得到了教师们的夸赞,也包括了他们的班主任。当学习者意识到自己正在被别人观察和关注时,他的学习态度和效果都会被强化。在同一个场域中,当所有参与者的能量被激发,这种能量就会进行辐射和叠加,从而产生更强大的场域能量,引导所有参与者矫正自己的行为偏差。

很多现象的背后,都有心理归因的作用。作为教育工作者,我们应该不断学习心理学知识,不断更新自己的心理认知,善于通过现象,发现心理规律,破解日常教育教学中的各种心理问题。

作者单位:宁波市奉化区松岙镇中心小学

编者微评

学生是学校活动的主角。但很多活动因为学生本身对活动目的的不明确、活动内容的不熟悉、活动形式的不认可,表面上热热闹闹,实际上学生的体验感不强,"伪参与"现象普遍存在。作者从孩子内心的体验出发,对这种"伪参与"现象进行了成因分析,巧妙运用心理效应提出了解决问题的办法。但每个孩子出现"伪参与"的情况都不尽相同,所以文中提到的心理效应更应该结合孩子的个性和具体的场景进行巧妙的分析和应对。

56 学习，想说"爱你"不容易

杨泽仪

A 烦恼来袭

小黄（化名），女，12岁，六年级学生，性格沉稳，聪明懂事，考试成绩总是名列前茅，多次获国际象棋省、市、区级奖项。同时，她的管理能力也十分出色，担任着班长、少先队大队委员会委员等职务，是教师的得力助手、同学们心中的好榜样。

但是这样一位优秀的学生，却总是在期末考试的关键时候，马失前蹄：会做的题目，莫名其妙出了差错；拿手的作文，也总是离题。对此，小黄既困惑又苦恼。

进入六年级，随着学业压力逐渐增大，小黄成绩的波动更加明显，她的笑容变少了，沉默变多了。与此同时，小黄在国际象棋上的学习也进入了瓶颈期，在数次输棋后，小黄甚至到了不敢参加比赛的地步。

某节体育课上，班上的学生发现小黄在拿刀片割自己的手背，于是报告给了班主任。班主任通过与小黄的交谈，发现她割手背这一情况已经持续了一段时间。由于小黄日常穿着长袖的衣服，且戴着电话手表，这些痕迹没有被暴露在外；又兼之她平时与父母缺少沟通，导致父母对此毫不知情。在与家长进行联系后，班主任建议他们送小黄去医院做进一步诊断。最终，小黄被确诊为重度焦虑，且伴有抑郁倾向。

B 烦恼成因

小黄为何会重度焦虑，乃至产生抑郁倾向？究其原因，是她缺乏对抗挫折的能力。在面对困难、失败时，她无法清晰地认识自己，及时调整自己的状态。此外，父母与小黄之间也缺乏沟通，对她的优点和不足缺乏准确的了解，对她的心理状态也未能及时把握。

小黄有着聪慧的头脑，自觉又好强，面对任何挑战，她都坚信自己能做到最好。这使得她基本没有尝过失败的滋味。一次偶然的考试失利，在她心中埋下了焦虑的种子。后续学习中接连遇到的挫折，愈发加深了这份懊恼与自责。本应拿手的国际象棋比赛，也随着难度的增加，从带给她自信变成加重她的挫折感。

小黄的一系列变化，本该被家长及早察觉，但家长更多地把注意力放在了孩子的学业成绩上，对孩子的评价较为单一。他们自身文化水平有限，再加上工作的忙碌，从而忽略了孩子身上的变化。

烦恼消解

（一）积极寻求专业诊疗

小黄目前的状况已超出了学校及家庭教育的能力范围。因此，我首先要做的就是积极劝说家长带小黄进行专业的诊断治疗。小黄的父母最开始把原因归结于孩子一时想不开，认为多和她沟通，帮助她释放压力就可以了。但小黄的情况并没有好转，反而进入了封闭心灵、不愿沟通的状态。在我的积极沟通下，家长带小黄去了精神卫生中心，进行了一系统专业的诊断与治疗。在专业心理医生的干预下，小黄逐渐走出了原先的困境，恢复了正常的学习和生活。

（二）学会坦然面对失败

为了避免小黄再次出现这样的状况，我还需要帮助她调整心态，坦然面对挫折和失败。对小黄来说，最重要的是准确找到自己的定位，降低目标，减轻压力；对其父母来说，应充分尊重孩子的个体差异，认识到孩子的优势和不足，给予孩子足够的信心。因此，我建议小黄的父母平时要多肯定孩子的付出，重视过程，而不仅仅以最终的结果来判定高下。另外，我还建议小黄的父母与小黄一起分析每次成功的关键点，找准努力方向。这也能帮助她再次获得成功，重拾自信。一段时间下来，小黄的父母了解了孩子的日常困惑、学习生活及人际交往情况，通过闲聊排解了孩子的一些问题。

（三）学会积极宣泄情绪

在与小黄的沟通中，我还积极鼓励她宣泄不良情绪，学会放松。例如，和父母一起散步、打球，参加一些团体活动等。在陌生的环境里，将注意力放在有趣的活动上既能增进亲子感情，又能放松心情。另外，我建议小黄平时在情绪有波动时，可以通过听歌、看课外书、和朋友聊天、和教师聊天，甚至捶打枕头等方式来宣泄。

（四）学会尊重、珍惜生命

加强对学生的生命健康教育，同样也是必不可少的。小黄拿刀片割手背，说明她对生命的意义和价值不够重视。每个人的人生都是珍贵的，不可替代的，人生没有回头路。与其在过去的失败中自怨自艾，不如把眼光放在未来，找出问题的症结，正视它、战胜它，从而形成强大的内心，而不是被失败击垮。我通过主题班会、故事分享、名人事迹学习等方式，引导全体学生正视生命，尊重、珍惜生命，做人生的强者。

小黄的案例警示所有从事青少年教育的人，不仅要时刻关注学生学识的增长，还要将目光放在他们人格的成长上。因为健全的人格是和谐社会进步的根本，只有早发现、早解决,才能帮助学生养成健全的人格,为他们的健康成长打下坚实的基础。

作者单位:宁波市海曙区高桥镇中心小学

  学业方面的困惑一直都是学生的一大心理问题成因。日常的教学中,教师往往把目光投注在后进生的身上,而忽略了那些优等生的心理状态。其实,每个学生都会遇到困难,教师应该及时留意到学生的异常状态,并给予他们帮助。同时,我们也应该把功夫下在日常,防微杜渐,通过班会课、故事分享等方式帮助学生调整心理状态,并提升家长对学生心理素质的关注。家校合力,培养孩子健全的人格,为他们的健康成长打下良好的基础。

57 拨开阴霾的女孩

陈 磊

A 烦恼来袭

  张文(化名),高一年级女生,身材中等偏胖,穿着略显邋遢,面色晦暗,情绪易激惹,言行略夸张。张文是家中独女。父母皆为普通公司职员,对她学业成绩期望高,拒绝她参与家务,不惜投入大量财力和物力帮助她提升成绩。据她本人表述,她做作业效率低下,每日做作业时间超过6小时(一般学生只需3小时左右),多次熬夜至凌晨一二点,还是无法完成作业。据同学反映,张文自尊心强,平时敏感、易怒、自卑,自控力差。据任课教师反映,她各科成绩不理想,处于班级偏下水平。近一个月来,张文睡眠严重不足,暴饮暴食,学业压力大,上课时精神难以集中,常懊恼自责,总是觉得别人在背后议论她。经学校心理普测结果显示,该生存在抑郁、焦虑倾向。

  张文主诉:"我不明白为什么自己的成绩一直不好,明明已经很努力了,花了比别人更多的时间,但是一点用也没有。这个世界很不公平,我很绝望。快要期末考试了,作业经常做不完,我很害怕。因为无法完成作业,成绩就好不了,我也就考不上大学,找不到好工作,更过不上幸福生活……一切糟透了。"

B 烦恼成因

（一）缺失的家庭关爱

父母极端的唯成绩论，让张文感受不到家庭的温暖。每次考试前，她都表现出明显焦虑，对成绩异常紧张和敏感。因为觉得自己无法改变成绩差的现状，但是又不想被责难，于是张文被迫通过熬夜写作业来表现自己已经足够"努力"了。长期熬夜影响了张文的睡眠，进而引发注意力不集中、记忆力减退、情绪不稳定等问题，结果成绩不进反退，长此以往身心俱疲，陷入恶性循环。

（二）灾难化的思维模式

父母的长期责难、睡眠不足、紧张焦虑、考试失败等，使张文缺失了学习的动力和信心，出现习得性无助的状态——时常有无力感、无助感，从而渐渐放弃了对困境的抵抗。她容易把日常生活、人际交往、学习实践中的挫折放大，不断增强不利事件的消极看法，把小挫折臆想成了大灾难。她无法以平常心面对生活中的事情，几近崩溃。

（三）糟糕的情绪管理

卑微的自我价值感，让张文容易掉入受害者心态的陷阱。别人一个无心的举动，她都会解读出敌意和轻慢。她有时无法管控自身的情绪，"一点就着"，冲周围的同学乱发脾气。这使得她难以处理好同伴关系，愈发把自己封闭起来。大量负面情绪让她无法招架，既无奈又愤怒，认为自己很可怜，仿佛整个世界都在为难自己，因而时时陷在被伤害的困境中。

C 烦恼消解

（一）理性情绪疗法改善思维模式

我采用阿尔伯特·艾利斯的理性情绪疗法帮助张文改善思维模式。以无法完成作业引发焦虑为例，我先请她指出引发焦虑的事件（无法完成作业），引导她展示得出这一结论的思维过程，让她意识到引起焦虑的并非事件本身，而是因它引发的信念——生活不幸福。高考不理想一定找不到合适的工作？通过类似的质疑与辩论，结合大量的实例，我帮助她认识到自己的信念站不住脚，从而缓解了她的焦虑情绪。

我嘱咐她多用此法处理生活中的焦虑情绪，并结合一些实用小技巧来及时打断灾难化思维，如：用手拍击课桌、拉弹橡胶腕带、仰望星空、无偿帮助别人等。

通过一段时间的练习，张文感觉比原先好多了，没再出现情绪失控的情况。

（二）正面反馈满足深度渴望

由"暗理性"理论分析可知：张文的情绪和行为表现，归因于隐藏在冰山底下的深度渴望（被理解、被接纳、被赞赏等）未被满足。我邀请张文来办公室，对她的月考试卷进行分析，在不理想的试卷上挑选那些做对的题对她进行表扬，并告诉她，能够答对这些题目，意味着她解题认真仔细、脚踏实地；而卷面整洁、书写端正，说明她做事细致、思维严谨，相信拥有如此优秀品质的她通过努力必定能学好各门学科。每次咨询过程中，我都会挖掘她的闪光点，并给予充分的二级反馈。

（三）成长型思维开启学习人生

当然，有效达成学习目标的关键在于怎样充分调动张文的积极性与主动性。第一，提高对张文出错率的容忍度，放宽学业水平的要求，引导她正视自己的现状，适当降低对成绩的期待。第二，建立成长型思维，引导张文将竞争性快乐（与别人比）转化成非竞争性快乐（与自己比），进而升华成无条件快乐。第三，提供适当的学法指导，为她布置分层作业，实行科学的作息，让她的学习和生活得以"软着陆"。

经过一段时间的追踪辅导，张文的精神状态有了明显好转，脸上也出现了久违的笑容。同学们说，她不再是那个浑身带火星的炸药包了。当她不再跟自己较劲之后，成绩反而进步了。她告诉我，现在感觉好多了，不会随便发脾气，考试前有时依然会紧张，但是已经不再焦躁，感谢我这段时间的关心和帮助！

作者单位：宁波市惠贞书院

编者微评

张文出现的心理问题在普通高中的学生中较为特殊。作者在日常德育工作中能见微知著，从学生的行为表现着手，深入分析学生的家庭环境，细致探究学生的心理演变过程，诊断灾难化思维模式的形成原因，并有针对性地利用理性情绪疗法、正面反馈机制和成长型思维，全面促进学生的个体发展。整个过程可谓是有的放矢、切中要害。须注意的是，张文出现的问题，是多方面因素造成的，仅凭作者一己之力难以根治，要多加强家校沟通，寻求多方协助。

58 小张的尝试

潘家琪

A 烦恼来袭

自八年级开学以来,小张(化名)常常不交作业,或忘记写,或只写了部分题目;上课经常发呆,下课趴着睡觉,表现出一副对学习没什么兴趣的样子。任课教师对他进行了多次批评教育,均不奏效。

B 烦恼成因

小张的父母在外打工,陪伴孩子的时间极少;亲子间平常很少联系,偶有联系基本以批评、表达不满为主。小张性格自卑又内向,与人交往被动,学习习惯较差,学习目标不切实际。随着在学习任务上不断受挫,他对学习失去了兴趣,从而采取消极对待的态度。

C 烦恼消解

(一)"焦点"倾听,描述问题阶段

在上完一节道德与法治课后,我把小张叫到办公室。

师:小张,你刚才上课心不在焉,最近看上去心情也不怎么好,有什么我能帮助的吗?

我温和的态度让小张惊讶之余也敞开了心扉。

小张:我最近对学习提不起劲,反正我什么都做不好,不是学习的料,爸妈也说我没用。

师:那你的学习目标是什么呢?

小张:我的目标是超过第一名,但是我试过了,根本不行。

师:如果现在让你给自己曾经为实现这个目标付出的努力打打分,最努力的状态是 10 分,一点也没有努力的状态是 0 分,你会打几分?

小张:嗯……3 分。

(二)奇迹询问,描绘愿景阶段

师:如果你一觉睡醒,身上突然有了某种神奇的魔力,让生活可以变成你所向往的样子,那会是怎样的呢?

小张:我希望生活是这样的:每天开心地去上学,课堂上我很有精神,注意力很集中,老师讲的内容我都能听懂。我积极举手,老师也经常叫我回答问题,而且我答的都是对的。作业我能得到 A,周末爸爸妈妈打电话来表扬我,觉得我是有用的。

师:如果这个奇迹发生了,你觉得同学们会发现你有什么不一样的地方吗?

小张:他们会发现我上课不会因为发呆被老师点名批评,经常看到我举手,每天能上交作业,得到好的评价帮助小组加到分数,背诵默写任务都能准时完成,因为考试成绩进步被表扬。

(三)寻找例外,建构方法阶段

师:这是一个很棒的学习状态!那你有过类似的经验吗?

小张:没有。

师:上课从来没有举过手?从来没有被老师表扬过?从来没有因作业加分过?

小张:那……还是有的。有一次道德与法治课前提问,我回答对了。

师:那你是怎么做到的呀?

小张:就是课前认真去记了。

师:你怎么知道要记什么呀?

小张:就是看上节课的课堂笔记。那节课我认真听了,笔记写得很仔细。

师:还有其他类似的经历吗?

小张:有一次我到英语老师那里背书,英语老师表扬我了,还给我加了好几分。

师:哇,能把英语背书任务完成,很厉害!你是怎么做到的呀?

小张:一个单词一个单词地问老师怎么念,然后再一句一句地背,老师说我很有毅力。

师:当时被老师肯定的感觉怎么样?

小张:觉得自己挺棒的,给小组加了这么多分,挺开心的。

师:很好,为了早日实现你的理想状态,想想还有哪些方面可以改进且能帮助你提高学习效率。

(四)交流变化,鼓励赞美阶段

师:经过一周的努力,你给现在的自己打多少分?

小张:5 分吧。

师:这一周之内是什么样的变化让你提高了 2 分呢?

小张:我现在作业都能交上去了,课堂上也很少打瞌睡了,语文背诵任务都能完成;英语背诵得不大好,只能完成一半,但是比以前经常不背好多了。作业努力做,做不出的问同学,有些我真的做不出。不过,我的道德与法治作业基本都是 A。数学老师说我有进步,再继续努力就能及格了。

师:这些变化你是怎么做到的呀?

小张:课前提醒自己要认真听,我发现集中注意力后能听懂的东西更多了。我的动作比较慢,课堂上来不及写的笔记,下课后再问同学借来抄一下。道德与法治作业我能自己做好,其他学科我不会做的题目会多一些,我就告诉自己多问别人,不要怕,去办公室问老师还能加分呢!

师:真的太棒了!在这个过程里,有没有让你印象特别深刻的事?

小张:昨天中午,我来办公室想问数学题目,但是老师不在。我当时犹豫了一下去问了别的班的老师,问完后我发现好像也没有那么不好意思。这一周我觉得自己做了很多以前只能想想但是却不敢做的事情。

通过交流,我帮助小张明确了他在这一阶段付出的努力以及取得的变化,讨论了接下去可以做的尝试。

临近期末考试,据任课教师反映,小张上课瞌睡、作业未交的现象基本不再出现,作业的字迹清楚许多,准确率也提高很多,各科的学习成绩有了明显的提高。他还能够主动与教师、同学交流生活与学习上的问题了。

作者单位:宁波市象山县丹城第二中学

♥ 编者微评

焦点解决技术注重帮助来访者从过去的经验中,寻找正面积极的经验,使其增强自信,快速找到解决问题的方法,让来访者易于接受。

原先的小张没有掌握科学的学习方法,对自我评价低,缺乏自信,纠结于问题产生的原因,难以快速地从根本上解决问题。对于厌学问题,焦点解决是非常好的辅导手段。小张通过挖掘自己的正向经验,意识到自己有足够的能量来解决学习问题,并采取了合适的学习方法,最终有效解决了问题。

59 拒学风波

廖夏俊

A 烦恼来袭

小霍(化名),男,八年级学生,体型微胖,小学成绩在班级中名列前茅,六年级时成绩有所下滑,目前成绩中等。班主任反馈小霍比较在意教师的评价,人际关系良好,八年级上学期开始出现经常不上学、在家玩游戏的现象。根据同学的反映,小霍游戏打得很不错,作息不规律,经常凌晨两三点睡觉,第二天中午才起;曾发生多次偷窃家里的钱买手机或者给网络游戏充值的情况。父亲对孩子管教比较严厉,且从小期待很高,责骂多,肯定少。母亲全职在家,比较溺爱孩子,对孩子的学习要求也高,在意孩子每一次考试的成绩。父亲经常责怪母亲没有把孩子带好,多次在小霍面前数落母亲,并就孩子的学习问题发生过争吵。这导致父母双方不愿意好好沟通孩子的学习问题。

B 烦恼成因

以家庭系统的观点来看,家庭成员(父亲、母亲、孩子)之间是相互依赖和影响的。家庭系统中某个成员出现了问题,其实是整个系统出了问题。

依照家庭治疗大师鲍文的观点,家庭系统的基石是三角关系。在家庭三角关系的背景下,小霍父母亲婚姻关系的疏离,导致夫妻之间存在的焦虑情绪转移到了对小霍的过度关注上。父母对小霍成绩的过高期待又让他产生了很大的压力。进入初中后,小霍成绩开始下滑,虽然多次努力,但成绩仍然在中游起伏。小霍的现实自我与理想自我发生了强烈的冲突,内心逐渐形成了习得性无助,开始从原来的努力学习转变成了逃避学习。回到家里,面对父母行为上的过度控制,正处于青春期、拥有强烈自我意识的小霍就通过冲突的方式反抗父母的控制。沉迷于手机游戏,一方面满足了小霍的成就感,另一方面在虚拟世界中使他获得了现实中没有的自我掌控感。

因此,疏离的夫妻关系、纠缠的母子关系、紧张的父子关系,构成了小霍拒学的关系背景。拒学行为的背后是小霍对自己困境的一种解决方式,同时也是对家庭的"忠诚",通过让自己发展出拒学的症状,转移了父母之间未解决的婚姻冲突,维持了家庭的平衡。

C 烦恼消解

基于系统式家庭治疗的理念,在辅导过程中我聚焦于三个方面对小霍的拒学行为进行干预:第一,调整家庭关系,帮助他的家庭建立更为适应的互动方式;第二,激活孩子成长动力,建立自我认同;第三,整合多方资源,提供社会支持。

(一)调整家庭关系

对于夫妻关系的问题,我向他们提出这样的建议:父亲不在孩子面前指责母亲,母亲也不去隐瞒孩子的情况,而是和孩子父亲交流并获取支持。他们须将夫妻关系的经营放在第一位,收回对小霍的过度期待和关注,给小霍自主成长的空间。

在亲子关系方面,如下表所示,我让小霍父母看到小霍长久以来未被满足的需求:不被肯定和关心,渴求能够成为自己。同时,我也让小霍看到父母对他的唠叨与控制背后是父母得不到回应,渴求成为好父母的需求。在了解彼此行为背后的深层次情绪和需求后,小霍和他的父母从负面解读彼此的行为转向理解和接纳,逐渐修复亲子关系。(见下表)

亲子心理状态分析

心理状态	父母	孩子
行为	唠叨、控制	退缩、逃避
想法	不按我的想法去做	被逼迫、指责
情绪	生气、焦虑	生气、抑郁
深层情绪	伤心	害怕
未满足的需求	不被回应	不被肯定
内在期待	希望成为好父母	希望能够成为自己

(二)激活孩子成长动力

根据埃里克森的人生发展八阶段理论,小霍正处于"自我同一性"建立的阶段,即建立起对自我的认同。小霍的自我认同更多来自自己的成绩和他人的评价,在达不到外界的期待后,他便找不到学习的意义,转而从手机游戏中去获取。因此,为了重新激活小霍的成长动力,我和小霍经过协商,达成了以下的措施:

1. 建立合理的期待

通过区分现在对自己的期待有多少来自父母和外界评价,有多少的期待是来自自己,小霍重新定位自己,在学习上建立了合理的目标,不再用单一的成绩评判自己。

2. 寻找生命的"火花"

通过观看电影《心灵奇旅》,我与小霍一起探讨他内心的渴望和向往的目标。经过探索,我发现小霍从小喜欢研究电脑,在编程方面有着突出的能力,希望以后能够像乔布斯一样伟大。小霍由此找到了自己的学习方向。

3. 增强心理弹性

我通过情绪 ABC 理论调整小霍对挫折的认知,调节因压力带来的消极情绪,并根据 SMART 原则制订合理的目标,增强他的心理弹性,让他能够更好地应对压力和挫折。

(三)整合多方资源

我还邀请与小霍关系不错的同学到小霍家分享学校发生的事情,减少小霍对回归班级的担忧。我建议班主任能够通过家访尝试邀请小霍回到学校;建议小霍的父母积极为他寻找编程教师,帮助他建立自信。我作为学校的心理教师会在平时及时为小霍提供沙盘辅导。

总之,在整合多方资源发挥协同作用的过程中,小霍最终重新回到了校园。

作者单位:宁波国家高新区外国语学校

❤ 编者微评

在该辅导案例中,作者能够以系统式家庭治疗的视角来看待学生的拒学行为,看到拒学行为背后既有个人的因素,也有家庭、学校的影响。这是本次辅导成功的关键。

近年来,拒学的学生越来越多,一方面我们要能够看到拒学行为背后学生的想法、感受和需求,另一方面我们也要看到学生自身的资源和力量,用发展的眼光看待他们的问题。另外,能够针对不同的拒学类型做有针对性的辅导,是作者进一步需要研究的内容。

第八辑

心理辅导之生涯规划

　　人的智力是多元的,每个学生都有其擅长的领域和优势的智力,如果根据这些擅长和优势进行生涯规划,会使其人生更加出彩。然而,一般学生做生涯规划时往往是盲从的,因为他们常常受父母不合理期望的左右,自我认知又不够全面、不够客观,对社会环境缺乏深入的了解,于是,临近决策就容易手忙脚乱,产生焦虑情绪。由此,作者们在案例中引导学生认识"感官兴趣""自觉兴趣"与"志趣"的区别,采用生涯卡牌、冰山模型等技术手段,让学生认识自我,并结合社会实际,给学生提供实践机会拓宽学生的视野,使学生具备做出正确生涯决策的能力。

60 老师，我能做什么

王 岚 陈 艳

A 烦恼来袭

小艺（化名）是一名九年级的男生，瘦弱的他第一次主动来到心理辅导室求助。我们示意他坐下后，他沉默了许久，终于开口说："老师，我感觉我要抑郁了。"此时我才知道，该生自上初中以后，学习成绩越来越差。父母焦急万分，在两年多的时间里，给他报了数不清的培训班，可越学越差。平时在家里，父母对小艺除了指责还是指责。因为上培训班的事，小艺和父母之间也时不时发生冲突。

上不完的培训班，做不完的作业，疲惫的身躯，让人糟心、懊恼的成绩，似乎和同学的关系也越来越疏离了。总之，小艺的状态真是一团糟。

最近，小艺表示晚上睡不踏实，心烦意乱，不知自己还擅长什么，长大以后能干什么。"我简直就是垃圾。"他强调着，眼里闪过一丝泪光。

B 烦恼成因

经过交谈和初步评估后，我们认为小艺烦恼的主要来源是父母的不理解、不信任和自身对未来的迷茫。具体而言，有如下原因：

（一）父母不合理的期望值

高不可及的期望值和"唯学习论"的育儿观让小艺的父母变得异常焦虑。同时，这种期望、焦虑以及家长由此采取的激进的教育方式让孩子有了更大的挫败感。

（二）自我认识不够全面、不够客观

在和小艺的交谈中我发现，他对自己的评价几乎全是否定的、负面的；同时，他对自己擅长什么、喜欢什么、适合什么并不是很清楚。

（三）缺乏一定的生涯规划知识

小艺现在的学习成绩并不好，各科基础不扎实。照这样发展下去（离中考只剩两个多月），他几乎不可能考上普通高中。面对之后的职高之路，他对学校、专业没有任何了解，也没有结合自己的兴趣、特长思考过职业选择方向，表现出对未来生涯规划知识的极大缺乏。

（四）抗挫折能力弱

遇到困难，小艺没有进行科学分析，没有采取积极行动，导致自身学习兴趣缺乏，学习动机弱，越来越不自信，甚至看不起自己，产生诸多消极情绪。

C 烦恼消解

（一）全面认识自己，做出准确自我定位

在与小艺的交流中，我发现他对自己所拥有的技能和优秀品质视而不见，对自己目前不佳的学业成绩有糟糕至极的绝对化想法。我们通过前期与小艺班主任、伙伴的交流，发现了该生拥有弹琴、跳街舞、摄影等业余爱好；通过SWOT分析法，我让小艺重新审视自己，发现自己的长处，接纳自己的不足，并对自己做出准确、全面的自我认识，激发自信。

（二）激发生涯动力，初步树立生涯目标

在个人成长历程中，小艺几乎没有自我提升的内驱力，之前所有技能的学习也都是在父母的监督和逼迫下完成的。所以，小艺需要弄清自己真正的需求是什么，哪些是自己真正喜欢做的事；同时结合自己擅长的部分，激发生涯动力，进而学会自我规划，树立初步的生涯目标。

通过对自己的科学分析（借助各类心理测评和性格分析）及我们的科学引导，小艺表示，做一些与人接触的工作似乎是自己喜欢的。

（三）挖掘优势资源，确立科学行动方向

当小艺对自己的未来有了初步的设想后，我们建议他用目标倒推法来明晰当下的努力方向，并制订了一份行动方案，内容要具体、详细、可操作、进步可视化。

小艺在做完这份行动方案后表示，自己没有时间再放任自我了，得用最快的时间调整好自己的情绪状态，抓住最后的两个多月时间，再竭尽全力努力一把。

（四）搭建沟通平台，父母接纳、理解孩子

在与小艺沟通后，我们了解到他父母的家庭教养方式有需要调整的部分。于是，我们请他父母过来面谈，并把小艺学习的现状和内心想法反馈给他们，让他们多尊重孩子，倾听孩子内心的声音，而不是不切实际地提要求，要改善压抑的家庭环境，并适当调整培训班的课程。同时，如果有可能的话，父母也可以创造机会，让孩子进行职业工作体验，对自己的生涯发展有更多、更深入的思考。

经过我们的一系列辅导，小艺现在的精神状态有了很大的改善。

当我们论及他在方案实施的过程中，如果碰到挫败和困难如何应对时，他表示会积极想办法解决，哪怕解决不了也会告诉自己不要急，可以向老师和同学请

教。而且,他还做了初步的生涯选择,争取在不久的将来,成为一名优秀的幼儿教师。

作者单位:宁波市海曙区教育局教研室　宁波市海曙区田莘耕中学

❤ 编者微评

　　心理学家加德纳认为人的智力是多元的。每一个学生都有其擅长的领域和优势的智力。尽管在文化课的学习上无法满足父母的期望,但是小艺在艺术领域有自己的天赋和优势;更为重要的是,这种对艺术的热爱是发自内心、基于自主的。从个体学习动机的类型来看,这种内在的动机更为持久,并且是最有效果的。而在一个领域的进步和成功,提升的不仅仅是个体的积极情绪,也有助于将这种"成就感"迁移到其他领域,例如文化课的学习中去。小艺的案例给我们父母的启示是要用培养科学家的方法去培养牛顿,用培养音乐家的方法去培养贝多芬。你的孩子是牛顿还是贝多芬,早期是启蒙引导,而随着孩子年龄的增长,就需要我们去发现,去理解,去接纳,去鼓励。作者正是基于这种理念,才使小艺摆脱了烦恼。

61 我想当主持人

张　越　楚冬梅

A 烦恼来袭

　　小米(化名),高一年级女生,因是否报名市英语演讲比赛的事情跟爸爸发生了激烈争吵,严重影响到睡眠和学习状态,因而主动来心理室预约咨询。小米自述,市英语演讲比赛资格是她通过层层选拔才获得的,如果错过了报名,她将失去这次宝贵的机会。然而爸爸并不在意这件事,一直没有帮她完成报名程序。幸亏班主任及时发现,她才自己报了名。但她咽不下这口气,跟爸爸大吵了一架,双方陷入冷战。

　　从小学三年级接触播音主持开始,小米就认定自己有这方面的天赋。她积极主动承担起了班级和学校各级各类的主持工作。进入初高中后,她已成为学校大型活动的常驻主持。升旗仪式、迎新晚会、重大比赛……不同风格的主持工作她都能驾轻就熟。然而她的爸爸妈妈完全不支持她的梦想。他们不看好这个专业的发展前景,认为播音主持专业就业面太窄,未来发展空间有限。而且播音主持相关工作的压力大,生活节奏快,他们不希望自己唯一的女儿将来生活得太苦太累。所以在明确表示不支持的情况下,他们不断地质疑她、打击她,希望她认清现实,放弃艺考,安心准备高考。

一次次的成功让她坚定了自己的职业梦想,而父母一次次的否定也让她如临深渊。

B 烦恼成因

小米关于未来发展的困扰,主要来自自己的梦想与家长的期望之间的冲突,叠加亲子不良沟通现状,导致亲子关系紧张。

小米思维缜密,有很强的自我分析能力,自我期望值较高。她从小就担任大大小小各种活动的主持人。相对于中上水平的学业成绩,她更容易从播音主持中看到自己的优势,获得成就感和自信。这强化了她将来从事播音主持的信念。然而,对仅有这一个孩子的爸爸妈妈而言,他们更希望孩子生活稳定。学播音主持不能满足他们的期待,他们提出了反对意见。看到孩子不接受自己的建议,家长采取了打压孩子自信心的方式。无形之中,这反而促使一个自尊心极强的孩子为了证明自己,做出更多尝试和努力,导致亲子关系进一步恶化和僵化。

从家庭关系的探讨中,我也发现,小米和她的爸妈都不擅长用言语直接表达爱意,三人之间的交流少而浅显,观点不同容易导致争吵。在高考至关重要的当下,影响学业成绩的主持活动直接成为他们家庭陷入争吵的引爆点,这种破坏性会泛化到他们相处的方方面面。

C 烦恼消解

(一)建立关系,稳定情绪

跟爸爸大吵一架之后,小米情绪波动很大,无心学习,甚至有轻生念头。因此,我将第一次咨询的重点放在跟小米建立信任关系,帮助小米释放和稳定情绪上。整个过程中,我耐心倾听小米的诉说,共情接纳小米内心的烦躁、愤怒、无奈。待小米慢慢平复后,我开始进一步引导,对她所面临的问题进行澄清和梳理。

(二)识别自动化思维及对自动化思维的评价

第二次咨询,我主要引导小米识别目前典型的诱发线索和自动化思维,并对这些自动化思维进行评价。小米在多大程度上相信这些思维?这些思维又给她带来了什么样的情绪体验?小米记录了诱发自己对爸妈产生愤怒情绪的线索情景,觉察这些闯入式想法的内容及自己对它的自动化评价。

在这次咨询中,小米看到,只要爸爸没有达到她的期待而是给她建议,那么哪怕是一些温和的建议,她就很容易理解成不必要的批评,从中感受到巨大的否定和伤害,引发她的愤怒情绪。

(三)针对功能不良的自动化思维进行工作

在第三、四次咨询中,我通过与小米交流作业,进一步让她感受到身上不良的自动化思维,理解这些思维带来的不良功能——"那只是一个观念,未必是事实"。突破瓶颈后,我用新的信念取代旧的信念,对她两周以来记录的自动化思维进行矫正;同时,引导小米学习愤怒情绪的调节方法,改善亲子沟通状况。

(四)巩固,预防反复,促进应用

第五次咨询是在暑假前。我们共同对前几次咨询做了回顾和总结,同时对咨询现阶段的效果进行评估。小米表示,经过几次咨询后,心情平和了很多,与爸爸争吵少了,入睡相对更容易,上课走神情况也减少了。

暑假结束后,小米再次找到我,非常兴奋地告诉我说,暑假时爸爸陪她去上海参加了由上海戏剧学院教授主办的一个专业培训。爸爸与教师沟通后,得知她资质不错,态度也发生了一些转变,一切都在向好的方向发展。

作者单位:宁波市北仑区教科所　宁波滨海国际合作学校

> **编者微评**
>
> 该生深受亲子关系和未来发展的困扰,咨询辅导由此展开。作者将咨询目标确定为改善亲子关系,针对学生容易对家长产生恶意归因的现象,通过指导学生识别和改变不良自动思维的方法,有效改善了学生的亲子沟通现状。但从生涯发展指导工作来看,教师还须引导学生认识"感官兴趣""自觉兴趣"与"志趣"三者之间的区别,看到学校主持和专业主持的不同,让学生认识到进一步探索自己对播音主持专业真实情感的重要性。

62 "C位选择"

米晓丽

A 烦恼来袭

小尤(化名),男,我校高三年级学生;独生子女,父亲是一名钢琴调音师,母亲是公司会计。从高二年级分专业以来,他从最初选择会计专业,而后参加物联网实训队,想以此转物联网专业。目前小尤学的是文秘专业,但是他依旧感觉学习没动力。主诉需求:自己是该继续留下来备战高职考,还是去实习?

B 烦恼成因

通过向班主任了解,我发现小尤人际支持系统良好,社会功能良好,主要问题是:①由于不喜欢专业,学习进度跟不上,进退两难而产生焦虑、迷茫和无所适从等心理状态。②进入高三年级以来,由于学校加强学习管理,小尤因多次完不成作业被要求回家反思,现实心理压力较大,持续时间4周左右。

小尤参加了学校心理普测,SCL-90总分204分,阳性项目数49项。在职业特质方面,小尤的霍兰德职业兴趣测试结果为:EAS(企业型、艺术型、社会型);职业价值观量表测试结果为:智慧、独立性、社会地位。多元智能测试量表的测试显示小尤在内省智能、数理逻辑与人际智能上表现出色。此外,决策风格量表测试显示,小尤属于理性型,此类型的人倾向于搜集充分的相关信息,且有逻辑地检视各个选项的利弊得失,以达成最满意的决定。然而,生涯信息以及必要的决策技能的缺乏,导致小尤因生涯决策困难出现了一般心理问题。

C 烦恼消解

基于以上评估,我根据认知信息加工理论(CIP)进行个案概念化,借助生涯决策金字塔模型(如下图),依次推进本次咨询。

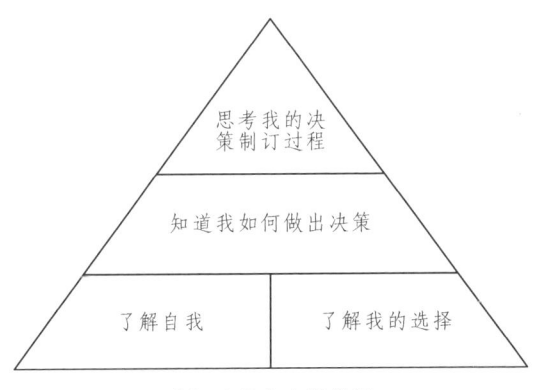

生涯决策金字塔模型

(一)首次咨询:建立关系,澄清目标

在首次面谈咨询中,小尤先讲述了一年来和自己内心斗争的过程。我积极倾听,肯定其努力,共情其情绪,力求营造良好的咨询关系。经核实,小尤本次的咨询目标是:在去留的问题上做出理性选择。我呈现生涯决策的金字塔模型,向小尤说明:"该理论模型可以有效地解决生涯决策问题,已得到大量实例证明。"同时,我还介绍了大致的咨询次数、每次咨询的目标以及咨询时间、具体设置等,完成对小尤的心理社会化教育,增强他解决问题的掌控感和希望感。为了缓解小尤的焦虑情绪,本次咨询结束后,我让他在指定的测评网站上完成自我特质测评,并摘要记录主要结论。

(二)第二次咨询:了解自我,了解选择

第二次咨询,我确定主要目标是在知识领域增强小尤的决策效能。首先,我开展了自我特质的测评解读。通过测评与小尤的确认,在职业兴趣方面,他的兴趣代码为EAS,核心特征为希望有影响力和领导地位、喜欢创新变化、擅长与人打交道。同时,事务型C值最低,说明了小尤确实不适应会计专业以及物联网专业的学习。在职业价值观方面,小尤倾向于有难度,能够发挥自主创新,且有较高的社会地位的工作领域。小尤认为:"学文秘的没前途,都是给老板打杂。"强烈的企业型人格特质与这一信念,决定了小尤在学习文秘专业时确实会比较排斥,同时说明他对文秘专业的职业认知过于狭窄。

经过梳理,小尤目前有三条生涯路线选择,我与他一起进行了利弊分析,具体如下表:

三条生涯路线选择利弊分析

路线	1.留校参加高职考—大专—专升本—创业	2.退学实习—自考—创业	3.退学—当兵—子承父业
利	安全之路;绝对相信自己能做到	破釜沉舟之路;早点积累创业资本;在社会上早日磨炼自己	兜底之路;家人支持;收入稳定,年薪30万左右
弊	落下很多功课,补起来很辛苦;专业不喜欢;学起来没劲	学历不够;格局、眼界受限	没有激情,缺少人生体验

经过利弊分析,小尤首先把第三条路线排除了。第一、二条路线最后都指向创业,但是对于这两条路线小尤依旧无法做出选择。同时鉴于小尤对文秘专业的职业发展的认知水平,本次咨询结束后,我安排小尤对文秘教研组长完成一次简单的职业访谈。

(三)第三次咨询:了解过程,决策平衡

第三次咨询,我确定主要围绕哪条路线对日后创业更有利来开展。通过头脑风暴,小尤梳理了创业需要具备的要素:钱、人脉、创业机会、自身的视野与能力、逆商。接着,围绕这几个方面,我们用决策平衡单的方式比较两条路线的优劣。最终,小尤得出参加高职考的方式对将来创业更有利。

(四)第四次咨询:反思决策,预见困难

最后一次咨询,我确定主要目标是检视决策结果。此时,小尤"学文秘的没前途,都是给老板打杂"这一信念再次出现。我向小尤分析道,单从职业兴趣上看,文

秘专业对具备EAS特质的他来说,应该是适合的;他之所以排斥文秘专业,最主要的原因就是这一信念的存在。这一信念不调整,不仅会增加小尤接下来在校学习的困难,还会干扰决策结果的稳定性。为此,我先让他梳理从教研组长那里了解到的职业信息;接下来用转念技术让小尤了解到文秘专业的学习对日后创业所能带来的得天独厚的优势。小尤表示心里踏实多了。最后,我又和小尤一起探讨了继续备战高职考后期会遇到的挑战和压力,以及遇到困难时他可以求助的对象。

目前,小尤已顺利通过文秘专业高职技能考,赋分150分。对于这个结果小尤比较满意,现已锁定一所高职院校作为目标,积极准备文化课考试。

作者单位:宁波经贸学校

❤ 编者微评

职高学生在生涯规划时,常常面临自我同一性没有建立,却必须做出专业倾向选择的问题。案例中的小尤就是这样,生涯决策成了他最难解的题。对此,作者运用科学理论进行个案概念化,系统、精准地帮助学生开展生涯决策。在此过程中,班主任、专业课教师以及心理教师一起形成合力。心理教师提供方法,班主任给予信任,专业课教师给予支持,这些都给小尤做决策提供了温暖而有力的支持,使咨询收到了良好的效果。的确,这对小尤来说,是至关重要的,因为正确的选择,往往会缔造出精彩的人生。

 专业选择向左走,向右走

蒋立群

A 烦恼来袭

小夏(化名)是我校高二年级的一名女生,对未来感到迷茫、没有明确目标,因而很苦恼,所以来到心理咨询室。小夏最想解决的问题是如何进行专业方向的选择。

据了解,小夏平时性格温和,偏内向,做事有条理。她希望以后可以拥有稳定的工作,为父母减轻负担。

小夏的课外兴趣是写作和弹奏古筝,平时比较感兴趣的学科是数学,对自己所认准的目标愿意为之努力。其实,她内心更希望往艺术方向发展,比如从事乐器教学这样的工作。但是小夏妈妈期望她可以选择会计专业。对此,小夏对该坚持自己的想法还是听从家人的建议,感到非常纠结,不知该做何选择。

B 烦恼成因

小夏表示,只要一想到专业选择的事,她就会变得心烦意乱、坐立难安。这种情况逐步发展成入睡困难,进而导致白天没有精神。因此,小夏近期上课难以集中注意力,整体学习效率非常低,情绪紧张不安、焦虑烦躁。由于没有好转的迹象,这让小夏很困扰。

小夏因专业选择的问题而苦恼,进而出现一些身体上的反应。我评估其身体反应程度较低,出现时间较短,属于一般心理问题。

C 烦恼消解

我邀请小夏使用生涯卡牌来辨明自己的价值取向,从而为专业选择提供参考依据。生涯卡牌主要由两部分组成,一部分是生涯价值卡,另一部分是工具卡(见表1)。

表1 生涯卡牌内容

生涯价值卡(7大类)	工具卡(4种)
自我成长类,9张	排序卡,10张
自我价值类,10张	空白卡,2张
安定免焦虑类,8张	重视卡,1张
梦想实现类,12张	不重视卡,1张
人际互动类,13张	/
安全经济类,10张	/
休闲健康类,13张	/

整个心理辅导包括卡牌分类、卡牌排序、卡牌分析、专业初选四个步骤。

(一)卡牌分类:生涯价值断舍离

我请小夏快速地把卡片分成两堆,放在"不重视"和"重视"卡牌区。这个过程中小夏分牌速度较快,且将三分之二的卡牌放在"重视"卡牌区。

(二)卡牌排序:生涯价值总决选

我请小夏从"重视"卡牌区挑出最重要的10张(见表2),按重要程度放在"排序卡"1—10下方。

表 2　小夏卡牌排序结果

序号	卡牌内容
1	平凡简单的生活
2	孝顺父母
3	亲密的家庭
4	自在舒坦的人际关系
5	持续学习,享受成长
6	想法获得别人的支持与赞美
7	接近大自然
8	固定的运动/健身习惯
9	获得内在的平静
10	钱够用(没有经济负担)

(三)卡牌分析:剥茧抽丝谈价值

师:小夏,你能说说挑选这10张卡牌的原因以及排序的理由是什么吗?这中间你有什么样的心路历程呢?

小夏:在排序的时候,"平凡简单的生活"排第一是我非常确定,做好自己、能过上平凡的生活是我最在乎的。排第二的是"孝顺父母",我爸妈对我很好,我感觉很幸福。所以,我希望以后读大学和找工作都可以离家近一些,这样可以多照顾我爸妈。我有一个好朋友,她爸妈在她九年级的时候离婚了,她谈到这件事很伤心但还装作无所谓的样子让我很心疼。因此,特别感谢我爸妈给了我一个这么温暖的家。因此,我把"亲密的家庭"排到第三。

排完前三个以后,我观察到小夏对剩余的价值卡牌排序似乎比较纠结。对此我及时进行反馈,小夏表示确实如此,但仍然尝试进行排序并分享了自己的排序理由。其中,小夏将"想法获得别人的支持与赞美"排第六,认为自己经常犹豫不决,家人的意见对她影响很大,可能更多时候会考虑家人的建议。

在表达完自己的排序心理历程后,小夏反馈卡牌似乎有神奇的力量帮助她明确说出自己想要什么,以后想要什么样的生活。对此,我及时予以肯定,改变的开始正是来源于她的主动思考与表达。

(四)专业初选:看清"我"的内心

师:小夏,根据你排序后最重要的10项价值观,我们试着去探索哪个专业方向是相对更适合你的。请你认真地思考,如果将来选择从事乐器教学,能满足你现在所看重的哪几项价值观?

若从事乐器教学,小夏表示前 10 项价值观,将近一半是难以达到的。

若从事会计专业,小夏认为工作收入稳定且比较符合她的个性,还能获得家人的支持,能满足自己所看重的 9 条价值观,整体而言,是更优选择。乐器弹奏则可以作为自己的兴趣爱好培养。

最后,我和小夏讨论设定专业目标后,要如何合理地设定阶段性目标并付诸行动,以及如何对目标进行阶段性的检验与调整。小夏表示自己确定专业方向后不再迷惘,甚至充满了斗志,同时也明白自己还须不断努力才能达到自己的总目标。在此阶段,小夏将积极地为学考做准备,为三位一体招生争取更多机会。

作者单位:宁波市奉化区第二中学

编者微评

生涯卡牌是一种新颖的工具。教师只需简单了解卡牌的使用规则,即可使用。同时,学生对卡牌也非常感兴趣,较易打开话题。在本案例中,作者借助生涯卡牌对小夏做辅导,帮助小夏更加清晰地表达自己内心真正在意的东西,辨明了自己的价值观,进而进行了职业方向的选择。这是非常可喜的。然而,尽管生涯卡牌是一个很好的具体化的工具,但在实际应用时,教师应当清楚同一张卡牌,因其文字较简短,不同的人会有不一样的解读。为此,教师应当减少先入为主的猜想和解读,做到以学生为中心,让学生的表达更加充分,思考更加聚焦。

64 拨开云雾见出路

陈锋英

A 烦恼来袭

小赟(化名),高三年级男生,高大强壮,十一月的一天,他愁眉苦脸地来到咨询室。一进门他就迫不及待地对我说:"老师,我现在非常迷茫,不知道以后能干什么?不清楚我未来的出路在哪里?"我请他坐下来,喝些水,慢慢谈。也许是迫切地想寻找出路,也许是这个问题在他的脑海中盘旋已久,也许是谈话中适宜地提问……他如竹筒倒豆子般,让我清楚地了解了他的烦恼、他的困境。

小赟的主要困惑及烦恼在于:高中选考临近,他专心学习,但成绩不佳。他认为他的选考科目"政治、历史和地理"对应的大学专业不多,选择余地不大,结合学习成绩,不知道以后能考什么样的大学,读什么样的专业,也不清楚未来的出路在哪里。他表现得很迷茫、无措、焦虑。

B 烦恼成因

听着小赟的烦恼,我有满腹疑团等待解答:高一年级结束前确定"七选三"[指剩下的常规科目(物理、化学、生物、政治、历史、地理)和新增科目(技术)中,由学生选择三门作为高考的考核科目]时,他没有按照学校的生涯指导进行规划吗?既然不看好所选科目,当初选择这三门科目时他是怎么考虑的?……这时,他一反刚才的滔滔不绝,变得吞吞吐吐起来。我慢慢引导,认真倾听、及时共情,对小赟目前困境的成因有了更深入的了解,具体呈现如下:

(一)客观选择上

当时,小赟与其他班级的一位女生谈恋爱,千方百计想和她在一起。因此,他跟着女朋友选了相同的科目,完全没有考虑自己是否感兴趣,也没有考虑以后的发展方向,更没有认真进行生涯探索与规划……可以说,他非常随意地做出了这个选择。

(二)主观想法上

对于政治、历史、地理,小赟不是很感兴趣,也没有认真投入地学……这个问题其实早就存在,但他一直忙着恋爱,视而不见。直到一个月前两人分手,他突然意识到:自己不太喜欢这三门科目,最重要的是相对应的可选择的专业很少。因为这个想法,他对这三门课更不喜欢了。

(三)学习心理上

一个月以来,小赟常常后悔自己当初胡乱的选择,对即将到来的选考、高考感到焦虑,对未来能做什么感到迷茫,因为家境一般,以后都要靠自己……种种想法让他无法安心学习,学业成绩更是难有起色,这也加剧了他对未来的迷茫。

C 烦恼消解

台湾学者金树人曾说:一个人若是看不到未来,就掌握不到现在;一个人若是掌握不住现在,就看不到未来。因为小赟的现实困境和烦恼所在,他的生涯探索和生涯规划工作迫在眉睫。

(一)自我探索

我借助生涯探索量表,通过谈话,引领小赟进行"知己"探索。"生涯价值观问卷"测试显示,安全稳定、利他主义、声望地位是他最在意的部分。根据多元智能理论,在进行能力探索时,我发现他的身体运动智能和人际沟通智能特别强。根据"霍兰德职业兴趣量表"测试发现,社会型(S型,喜欢与人合作,热情关心他人幸福,愿意为他人提供服务)分数最高。另外,他的气质类型属于多血质,情感丰富,反应灵敏,易接受新事物……随着探索的深入,小赟脸上有了些笑容,他仿佛看到了出路,那是文化课分数相对低些又跟他能力匹配的方向——警察或者体育教师。

(二)环境探索

小赟的方向大致确定后,还有很多不确定因素。我们接着进行"知彼"探索。由于不确定选考科目要求,我建议他登录浙江省教育考试院官网,查询相对应的高校招生选考科目要求。他发现警察类专业多数以政治学科作为必考科目,体育师范类专业大多不设科目要求。小赟担心自己的分数不能进警察学院,自己的体能测试不能拿到高分。我建议他咨询我校负责一部分工作的体育教师。过了几日,据他反馈:要考警校,体能测试完全没问题,文化课欠缺,但稍微努力些,希望很大;报考体育师范类专业,文化课和体能测试都问题不大。小赟说,他母亲担心警察工作不安全。我帮他联系当警察的学长,开展职业人物访谈,全面了解不同岗位的工作内容、所需技能。当他深入了解警察工作,并非如想象中那样的不安全,他再去跟母亲沟通后,母亲表示支持他。

(三)抉择与努力

深入地"知己知彼"后,经过全面思考和权衡利弊,小赟最终确定下来,往报考警察学院努力,退而求其次是报考体育师范类专业,做两手准备。

方向确定下来后,最重要的是行动与努力了。小赟表示体能训练没问题,他不怕苦和累。对他来说学习是件苦差事,容易分心,很难投入。我给他制订了"一周自我管理表",将每个时间段要学的内容在学习前先记录下来,学习时完全专注于这部分内容,专注于当下,学习结束后打"√"并肯定自己。一开始由我监督,21天养成习惯就无须监督。同时,我鼓励他找相关任课教师商讨如何提升他的成绩……随着努力的方向越来越明确,小赟脸上的迷茫之色渐渐褪去。

两周后随访,小赟自认为状态不错,学习时专注投入,体能训练刻苦。看样子,他拨开了云雾,见到了出路,奔向了美好的未来!

作者单位:宁波市慈溪市浒山中学

编者微评

文中的高三年级学生小赟处于前途茫茫的困境之中,看不清路在何方。作者通过耐心倾听、及时共情,建立了良好的咨访关系,让小赟愿意启齿尴尬的起因:跟着女朋友选择选考科目,没做任何生涯规划。所幸,亡羊补牢,未为晚矣!作者引导着他进行"知己知彼"的生涯探索、生涯规划,最终找到了出路,不再迷茫,这是可喜的。但后续还需要关注小赟,如果学习成绩起色不大,现实状态与理想成绩差距大,仍会引发焦虑。

65 我该做老师吗

康秀华

A 烦恼来袭

华华(化名)是一名高三年级女生,成绩优秀,在班级中担任数学课代表。她在小学三年级的时候就立志长大后成为一名教师。因为数学成绩出色,她打算高考志愿填写数学与应用数学(师范),以便毕业后成为一名数学教师。有一次,华华跟一位是教师的亲戚聊天,亲戚问起她的职业方向,她很开心地说:"和你一样,当一名老师,我打算当数学老师。"那位亲戚笑笑,意味深长地说:"老师的价值要靠别人来实现呀!"华华当场愣在原地,尴尬了好几分钟。之后她觉得亲戚的话好像有些道理,便陷入了迷茫之中。随着志愿填写的时间越来越近,焦虑、迷茫跟随着她。最后,她走进了心理咨询室。

B 烦恼成因

华华小学三年级立志做教师,源于一个场景:当时她看到班主任手拿粉笔,双手交叉贴在背后,在教室里踱步讲课,所有的学生都认真注视着班主任。那一刻,她觉得教师像是聚光灯下的明星,那感觉真棒。在不断的提问、觉察、自动浮现下,她意识到,那个很棒的感觉是为了满足她心中一直缺乏的重要感。原来,华华生活在一个重男轻女的家族里,从小缺乏关注,很渴望得到重视。当那个场景出现时,华华认为教师这个职业可以满足她一直缺乏的重要感。华华原以为学生都能够自觉听从教师的话,听了亲戚的话才知道,教师需要管理学生的学习目标与学习过程。她觉得自己不擅长管理别人,便对自己的志向产生了动摇。随着填报志愿时间的临近,她内心越来越焦虑,越来越纠结,也因此影响到了学习。

C 烦恼消解

关于生涯规划辅导,我常用的是冰山模型(如下图)。冰山模型是美国社会心理学家麦克利兰提出来的,它全面地描述了一个人的个体素质要素。

一个人跟一个职业岗位是不是匹配、匹配程度如何,都可以用这个模型进行解释。

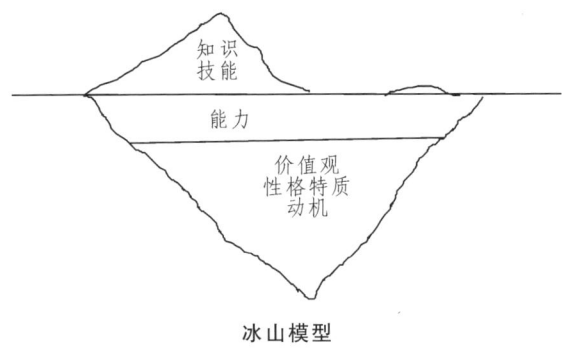

冰山模型

（一）第一部分：知识、技能

学生在学校里的时间大部分是在增加知识储备，如物理、化学、历史；或锻炼一些技能，如编程或使用 Office 软件。

（二）第二部分：能力

冰山模型中间的要素是能力，或叫通用能力，比如学习和思考能力、人际交往能力等。相对知识和技能来说，能力高低不是一眼就能看出来的。比如，一个人的创新能力到底如何，很难用一个证书、几道题目来考查，而需要看他在处理很多问题时的行为。能力跟知识、技能最大的区别在于：知识和技能属于特定领域，如知识会分物理、化学、历史等，而能力则更多属于通用领域。如"创新""沟通"这样的能力，是适用于任何领域的，一旦掌握，能够迁移。

（三）第三部分：价值观、性格特质、动机

冰山模型最底下的部分包括价值观、性格特质、动机。这些要素对于我们像是黑箱，我们对它们了解甚少，但它们对我们的影响却很大。这些要素在成年之后很难被改变，它们会受基因、家庭教育、童年经历等的影响。价值观是一个人判断事物的标准，对亲情、金钱、成就、友情、意义等要素的排序可以探索出一个人的价值观。性格特质则是个人的行为偏好，比如偏内向还是偏外向，更关注宏观还是细节，等等。动机的分类方法有很多，最常见的是麦克利兰的理论，分为成就动机、权力动机和亲和动机。偏向成就动机的人，喜欢挑战；偏向权力动机的人，希望影响他人；而偏向亲和动机的人，希望维持更好的关系。

我开始与华华一起探索她冰山模型底层的隐性要素。华华的动机类型偏亲和动机。假期里，她曾为了照顾抚养她长大的奶奶，在奶奶的病床前两夜没合眼。虽然身体非常累，严重缺少睡眠，但她觉得非常值得与开心。华华的性格特质总体偏外向，能自如地跟陌生人交谈，也能享受独处。价值观上，华华对亲情与意义比较看重，利他是她对意义理解的第一要素。从小敏感的她，常常会陷入情绪痛苦。对情绪痛苦的深刻体验，让她明白帮助别人走出情绪的泥沼是非常有意义的。

当自我认知逐渐清晰之后,华华意识到原来她立志做教师并不是为了传授知识给学生,她只是觉得学生都很听教师的话,能够满足她从小缺失的重要感,并不属于她价值观中的利他要素。亲戚的话让她对这份选择产生怀疑。于是,我们继续探索,在过往的人生经历中,有哪些高光时刻让她觉得愉快又有意义。华华很确定地回忆了一件事:"在高一年级时,我曾帮助一位好朋友分析困扰了她一个多月的一件烦心事,当好朋友展开愁眉、如释重负的时候,我自己也觉得特别开心。那一刻,我觉得自己真的好棒。之后,我们的友谊更加深厚了。"最后,通过优势测评,显示华华的前四大优势能力分别是学习力、执行力、目标力与共情力。

按照冰山模型,华华觉得未来可以选择心理学去帮助别人。

目前,华华已考取某"211"高校就读心理学专业。

作者单位:宁波市余姚市第七中学

♥ 编者微评

职业生涯规划是学生在高中阶段必须面对的主题之一。本案例中,作者通过冰山模型帮助华华全面梳理了个体的职业方向与其素质要素是否匹配以及匹配的程度。在个体素质要素探索阶段,作者灵活运用多种技术,如"提问""做测评""他人评价"等,来帮助华华了解自己的个性、特质、优势等。最终,辅导取得了较好的效果。事实上,探索阶段的方法还有很多,每位教师可以选择适合自己的方法来灵活运用。

 66 照亮人生地图的灯

卢金莹

A 烦恼来袭

佳佳(化名)曾在一所农村初中就读,九年级时铆足了劲学习,成绩排名在某次考试中达到过全校第六名。但冲刺性学习没有系统的、具体的计划,因而成绩具有不稳定性。初中时,她没有考虑过未来学习的专业、就读的大学以及以后从事的职业方向。

进入高中后,在繁重的学业下佳佳发现,尽管自己也在努力学习,可是却没有了九年级时的那股冲劲。有时候一天下来,虽然很累很忙,但她内心却十分空虚,

时常会有精疲力竭的感觉,甚至觉得会在有些时间没有学习动力,会在课堂上开个小差,又会在临近考试的时候临时抱佛脚。

即将面临"七选三",佳佳开始对自己的未来进行思考,意识到自己虽然对生涯规划有些想法,但没办法整理出明晰的路径——在众多人生选择前犹豫不决。

B 烦恼成因

埃里克森的理论认为,青少年面临的主要发展障碍是获得自我认同感(自我同一性)——一种对于自己是什么样的人,将要去向何方以及在社会中处于何处的稳固且连贯的知觉。

九年级时,佳佳拼尽全力学习,取得了一个理想的结果。在勤奋与自卑的冲突中,她获得了有"能力"的品质。而且在初中,"我要走向何方"这个问题对佳佳来说非常简单——去更好的高中。

升入高中后,自我认同感的需求变得更多,而且问题的回答不再像之前那样简单,佳佳面临着属于她的认同感危机,要继续解答"我是谁""我要成为什么样的人"和"我得走向何方"这几个问题。玛西亚将青少年的认同水平划分为四类:认同感混乱、认同感早闭、认同感延缓、认同感达成。佳佳所处的境况属于认同感混乱——对认同问题无法解决,对未来的生活方向未能澄清。但她没有完全忽视自身的认同感危机,而进行了积极的思考,并有一些大致的方向,也没有误入认同感早闭。在这种认同感的获得过程中,佳佳并未经历在寻求最适合的自己时应该体验的危机,主要表现为接受父母的价值观等。

C 烦恼消解

根据以上成因,我将对佳佳的辅导方向定位为引导她过渡到认同感延缓,最终实现认同感达成,看清自己的人生地图。

(一)自我对话——坚持"写日记"的习惯

佳佳从小学开始就坚持写日记,初中时这个习惯也得到了很好的巩固。到了高中,因为时间紧张的关系,我就鼓励她采取一些简便策略,比如一句话日记或周记。写日记带来的最大帮助是让她及时发现高中学习与初中学习有一个非常大的不同:高中学习无法一蹴而就,需要日积月累。在意识到这个区别之后,佳佳很快就开始在学习方法上进行调整,不像在初中时候那样抱着临考前最后冲刺的侥幸心理。

(二)自我探索——课程、辅导"双管齐下"

我校高一年级就开设了生涯规划课程。课程主要由以兴趣、性格、能力和价值观为主的"知己"阶段,以新高考政策、大学专业、大学类别和考试途径为主的"知彼"阶段和强调结合"知己知彼"的"抉择和行动"阶段组成。我督促佳佳在生涯规划课上要积极地参加各种体验活动。

除此之外,我还约佳佳定期来辅导室进行一对一的辅导。其中有一次辅导借助了沙盘游戏的形式,通过沙盘作品来描述内心深处在生涯规划上的困惑。

(三)自我监督——证明计划完成的"打卡"行动

为了把"努力学习"落实到具体的行动中,我向佳佳提出了"打卡"这样的形式:把每天要完成的具体学习项目一一列出,完成之后做上一个标记,意味着打卡成功。我建议她可以从简单的任务开始,先获得成就感;随后可以定一个长期固定的项目,如每天背 20 个难度不小的单词;也可以把一个长期的、庞大的目标拆分具体,细化到每天的任务中。"打卡"作为一种自我监督的方式可以直观地检阅目标是否正在按照计划一步一步地完成。我也会作为一个外在监督,不定期地来检查她的"打卡"完成度。

(四)自我调节——拥有一个"充电"的小天地

学生的主要任务是学习,但生活不仅仅只有基础知识的学习,还有很多技能的学习。我鼓励佳佳加入了校小记者社,在周六的社团活动时间出去拍摄照片。与此同时,佳佳也特别喜欢看书,做读书笔记,喜欢短途旅行,喜欢看电影和电视剧等。我鼓励她利用空闲时间参与这些喜欢的活动,给自己"充电"。

经过一段时间的辅导,佳佳已完全明白,面对高强度的学习,任何人都会有疲倦的时候,用来对战疲倦最好的方法就是兴趣和动力。对于自己感兴趣的历史学科,学习起来本身就是一种乐趣。她确信自己以后的专业方向是历史和法学这两项(其中更偏向历史),理想大学是宁波大学;她还自主搜寻了关于该大学的三位一体招生信息等。有了比较明确的目标之后,佳佳也更明白了要想达到这个目标还需要在学习上再加一把劲,虽然累,但更兴奋。

作者单位:宁波市象山县第三中学

♥ 编者微评

生涯辅导在新高考之后越来越受到重视。学生们对生涯辅导的需求也变高了,表现在如何选科上,本质上是青少年时期的自我同一性危机。针对学生的生涯辅导,的确需要先解决学生的燃眉之急,告诉他们在高中阶段面临的抉择有哪些,做选择的时候需要考虑哪些因素。据此,作者充分发挥了学生的主观能动性,通过自我对话、自我探索、自我监督、自我调节等方式,指导学生进行生涯规划,收到了良好的效果。当然,生涯辅导真正的目标应该是长远的,让学生具备应对变化的能力,这便是接下来的辅导方向。

67 "普高"线上的"职高"少年

孙碧琼

A 烦恼来袭

2020年,钟芳蓉因留守女孩的身份在高考分数公布后一直备受关注。她最终选择了北京大学考古专业,因此被很多网友说"没钱途"。小陈(化名)以中考611分的成绩填报职业高中,成为《现代金报》的新闻人物。但他在中考前夕也遇到类似的烦恼,如何填报志愿、普通高中还是职业高中、未来从事什么职业等问题不断纠缠着他。

(一)职业思考迷失

念九年级的小陈对着各种练习册经常死磕到半夜,没时间去看一本自己真正喜欢的书。每逢周末,他又马不停蹄地从一个辅导班到另一个,没多少运动量……见缝插针的任务,被合理安排的碎片时间,令小陈充满疑惑——这一切是为了更多的分数,还是为了更完善的人格?是为了更高的收入,还是为了更美好的生活?

(二)职业选择空白

据平时观察,小陈觉得班里的"学霸"既想要成绩好,又对刷题很厌恶。而"学渣"则沉溺手机,晚上不是打游戏就是刷短视频。但他们都有一个共同点:不知道自己是谁,要成为什么样的人。他们就像一棵枯树,外表看上去粗壮,但心已经空了,对于未来的职业选择,大多无从谈起。自然,自己也不例外。

(三)职业认知误解

班级曾做过调查,许多同学向往当网红和主播。小陈并不反对这样的职业选择,只是觉得并不一定适合自己。特别是电子竞技被确认为2022年杭州亚运会比赛项目后,班里的"网瘾少年"们似乎像打鸡血般兴奋。但小陈更觉得学生没有必要在初中阶段就确定将来所要从事的职业。

B 烦恼成因

鉴于小陈同学的心理困惑,我通过个体咨询,帮他进行烦恼成因的自我分析。

(一)心理层面:轻视职业教育

在小陈的心中,职业教育被打上了低质量的标签,是普通教育的"附属品"。有些职业学校存在校风不好、学校抓得不严等问题,导致学习氛围不浓,部分学生有混日子的心态。更夸张的说法是职业学校学生"低人一等",处于学历"鄙视链"的下游,在就业空间和社会认同度上都会逊色。戴上"有色眼镜"后,职业高中成为他万不得已的备选。

(二)生活阅历层面:经历认知浅

像小陈这样的初中生缺乏接触不同工作的生活经历,没时间浏览新闻,不了解各种职业所需的知识及背后的软技能,如团队合作等能力。学校没有设置相关课程,校外的职业体验馆又显得较为幼稚。电子支付的普及,让小陈对钱从哪里来的概念有点模糊。缺乏社会土壤的种种困难,使小陈生活阅历浅薄。

(三)家庭关系层面:缺少"内行人"

父母的看法也影响着小陈的判断。他们觉得小陈的中考成绩可能居于普通高中、职业高中边缘,听说有些家庭为了面子,无论如何都要让孩子上普通高中,担心职业高中聚集了竞争中"败下阵来"的生源。同时,他们认为职业高中在管理、资源等方面有待提高,不确定小陈以后能否考大学,毕业后薪资和工作条件是否比得上本科生,进入某些单位后有否评职称的资格等。

C 烦恼消解

2022年全国施行的新高考对学生的自我认知与规划能力提出了更高要求。我告诉小陈,学生至少从初中阶段开始,就要对自己的兴趣爱好、能力特长有较充分的了解。小陈逐渐打开心扉,卸下重担,剔除杂念,全力以赴。

(一)通过绘本寻找方向

生活中,阅读绘本是一种让学生了解职业的途径。小众的内容,在初中课外读物中属于荒漠地带,但能在语文书和中考试卷里见到它们的影子。

面对市面上纷繁的参考书目,我结合阅读感悟,遵循作品价值与多元思考兼容、文化传统与国际视野结合的理念向小陈做推荐,如《进击的疫苗》等。他还结合图书馆借阅的优秀杂志,了解到如果按照科技发展的趋势,未来还有许多新兴职业值得探索,如冰雪运动管理、石窟寺保护技术等。

(二)通过实践体验技能

九年级学生去绿色学校参加社会实践时,欣喜地接受来自保国寺设计的研学课程。制作刨花灯、拼接燕尾榫等活动,让小陈想起寒假心理校报上推荐的纪录片《我在故宫六百年》,里面介绍了古建部老师傅们修缮角楼的故事。

同时,我非常乐于与他分享自己亲身参与或深入了解的博物馆、政府机构或企业单位,如中国港口博物馆、广博文具集团等本地职业资源。小陈逐渐明白职业教育也可以让学生继续深造,无论职业成就感还是个人成长空间,都能得到很好的满足。

(三)通过纪录片感受力量

电视节目《国家宝藏》让小陈见识到多种职业的力量:热爱搭配,做形象顾问;喜欢时尚,当设计师……选择感兴趣的专业并努力学习,不仅能掌握安身立命的手艺,还可以逆风翻盘。

学校心理节上,我向全体家长推荐了纪录片《小小少年》。国家级贫困县砚山县,9岁的邬刚云在猪肉铺里练芭蕾,给予大家教育方式的不同思维:摒弃权衡和选择,尊重孩子们的热爱与投入,普通人也能成为不平凡的少年。观看后,小陈的父母开始放下偏见,把部分目光转向职业高中。

中考分数出来后,小陈父亲与学校沟通了几次,一家人也出现过摇摆的情况,最终才下定决心填报宁波市鄞州职业教育中心学校。一连串的经历,让我想起美国教育家杜威的"教育即生活"。对我而言,今后的教育目标,就是继续将学生内心"填满",让他们寻找适合自己的职业发展道路。

作者单位:宁波市江北区实验中学

❤ 编者微评

> 小陈同学是宁波市江北区实验中学2021届毕业生,以中考611分的成绩填报职业高中,成为《现代金报》的新闻人物。这是家校合作、共同指导学生职业规划的成功案例。尤其在九年级冲刺阶段,家长为孩子营造较为宽松的学习氛围,努力和孩子一起寻找合适的学校与专业。而学校在课程设计中融入职业规划的内容,作者及时辅导,为学生缓解焦虑情绪、拓宽视野起到了至关重要的作用。本案例不失为指导学生职业规划的成功典范。

68 未来的米其林主厨

周 艳

A 烦恼来袭

小炎(化名),八年级男生,在一次我的心理课后主动预约了心理咨询。几天后,他如约来到咨询室。小炎笑着表示自己没有心理问题,只是在那天上了心理课《我的彩绘生涯》之后,想找我聊一聊。

那节心理课的主题是有关生涯规划的。小炎说,当时这节课上同学们的讨论引发他对自己未来职业选择的再次思考。其实，他心里一直藏着一个梦想，将来想成为一名西餐主厨，但怕父母不同意，就一直没有说。现在自己的学习成绩处于班级中游，如果他再努力一点，大概率也可以考上普通高中。但他常常问自己：即使考上高中，将来做什么工作，是自己喜欢的工作吗？如果成为一名厨师，会给父母丢脸吗？这些问题一直困扰着他，他说对自己未来的规划有点迷茫。

B 烦恼成因

（一）心理因素

小炎今年15岁，处于从少年儿童向青年过渡的时期，心理和生理在迅速成长变化，有独立的意识。开始思考自己未来职业规划的小炎也处于职业生涯发展的探索期。在此阶段的学生在职业需求上呈现出的特点是：有职业兴趣，但不仅限于此，会客观地审视自身各方面的条件和能力，开始注意职业角色的社会地位、社会意义，以及社会对该职业的需要。

（二）家庭因素

小炎的家庭条件较好，父亲经营着一家企业，母亲是一名公务员。

父母希望他能考上普通高中，毕业后选择企业经营管理类专业，将来可以接父亲的班。小炎知道父母对自己的期望，因此不敢与父母吐露自己的想法，怕让父母失望，让他们感到脸上无光。

（三）社会因素

社会对职业高中存有一定的误解，不少同学包括小炎都认为就读职业高中的学生是"差生"，未来也考不了大学。因此，小炎也存有这样的担心，怕被同学看不起。

C 烦恼消解

（一）生涯探索

初次咨询中，我们建立了良好的关系，我了解了他的基本情况。我对小炎能思考自己的未来进行了肯定。我笑着自嘲道："你比老师厉害多了，我可是到高考填志愿时才思考我将来的职业呢！"他不好意思地笑笑说："我平时在家也爱下厨，尤其是看到家人吃着我做的菜时，我特别满足。在一些餐厅，看到穿着洁白厨师服的大厨在我们面前做菜，我就特别希望将来自己能成为米其林大厨。"

看着小炎对自己的梦想侃侃而谈，我鼓励他可以与父母表达自己未来的规划，取得父母的支持，进而一家人共同商量、探讨。

（二）生涯规划

在接下来的几次咨询中，我们从"知己"——了解自己的兴趣、特长、个性特征、职业倾向等，以及"知彼"——了解职业特点、职业环境等两个方面进行初步的生涯规划探讨。

我给小炎制订了"霍兰德职业性向测验量表",他的职业代码是 RAE。小炎动手操作能力强,具有一定的审美能力,为人随和,喜欢与人打交道。小炎的职业倾向比较符合他的职业兴趣,知道这一点后令他很开心。

接下来,小炎计划让父母带他去西餐厅后厨参观,了解厨师的工作环境、需要的职业能力,并多多与大厨沟通交流,更进一步地了解感兴趣的职业。

(三)生涯决策

平日学习紧张,小炎只能在节假日的空余时间去了解职业以及社会。经过一段时间的深入了解,他更加喜欢厨师这个职业了,他的父母也对他越来越支持。在我的建议下,接下来小炎可以和父母共同商量,做出决策。

他们在搜集资料时发现,即使考上了普通高中,在高考填志愿时,也没有哪个大学有厨师专业;如果想成为一名专业的厨师,还是得走职业高中的道路。我建议小炎,不要把眼光只局限于眼前的中考,要放眼未来至少十年的规划,目标更明确,计划更可行。听取了我的建议,小炎和父母制订了未来发展路线。

小炎告诉我,在开始进行生涯规划这项工作后,自己在日常生活中会经常留意相关信息。比如,有一档综艺节目里,他发现有一位西餐大厨英文非常流利,他意识到即使自己现在选择了职业高中,也不能放松学业,尤其是要努力学好英语,为将来出国进修做好准备。

(四)生涯实践

小炎一边进行着生涯规划工作,一边努力学习。中考后,小炎的成绩达到了普通高中录取线,但他和父母商量决定还是选择一家人做的生涯规划路线,选择了本市的一所职业高中厨师专业。虽然小炎已经毕业,但我们还一直保持着联系。一年后,我在报纸里看到小炎获得全国烹饪技能大赛金奖的好消息。在祝贺他的同时,我也鼓励他继续学好专业和英语。

三年后,小炎如愿考上了省会城市的高职院校西厨专业。有一天,学校微信群里炸开了锅,原来是小炎获得了世界级烹饪大赛金奖,教师们纷纷为这个曾经不起眼的男孩儿点赞。看着他和世界各国厨师的合影,我想,未来的米其林主厨正在诞生。

作者单位:宁波市鄞州实验中学

编者微评

很多人认为生涯规划应该是高考填志愿时才考虑的事,其实为时晚矣。作者所在的学校开设的心理课,引导初中学生展开对自己生涯规划的探索是非常值得肯定的。该生在初中阶段已经进行了比较专业的生涯规划辅导,在生涯抉择时避免了盲目顺从或者一意孤行。当然,对初高中学生谈具体的生涯规划,可能有些学生会觉得还很遥远,我们可以结合学生选科和志愿填写报方面的困惑,引导学生思考自己生涯发展的各个方面,从而唤醒生涯规划。

第九辑

心理辅导之知行升华

学生叛逆、爱发脾气、做事磨蹭，甚至打架斗殴等"负面信息"总是时有呈现，一些学生甚至会被贴上"火山人""恐龙姐""火暴辣椒"等负面标签，不但人际关系糟糕，还无法静心学习，严重影响学业成绩。由此，作者们在案例中采用多种消解技术，如借助评分、例外技术、赞美技术等，帮助这类学生获得改变的资源，确立或改变自己的目标；用"绘画解疑""支线故事"等叙事疗法引导学生通过自己的力量来改变现状……最终，学生们用自身的正能量成功替代了负能量，使自己的认知和行为得到升华。

69 雨季里的"拒水孩"

邱丽霞

A 烦恼来袭

连日的阴雨天气,已经有将近20天没有见到阳光。病毒借机肆虐,宁波进入了流感高发期,医院里人满为患。随着气温降低,学生们喝水、吃水果的欲望也逐渐降低,有的学生每次喝水,抿一两口就完事;有的学生喝了几口就把水全倒掉了。我看在眼里,急在心里……

在流感高发期,若班级的发烧人数达到警戒线,就有可能引发大规模的隔离。经过几番"软硬兼施"的教学之后,学生逐渐对主动喝水燃起了热情。但是每当我检查他们的水壶时,总会发现有一个水壶是满的,有一个水杯滴水未沾。原来当大家都在喝水时,涵涵(化名)总是远远地躲开,用沉默的方式拒绝喝水。于是,他成了班级里那个典型的"拒水孩"。

B 烦恼成因

涵涵原来并不是一个抗拒喝水的孩子,到底发生了什么事,让他对喝水产生了强烈的抗拒?

(一)无心发现,产生恐惧心理

区域活动时间,我以玩伴的身份邀请涵涵一起到"心情小屋"做客,和他分享了"心情小屋"的新装备。我们一起欣赏星空灯,涵涵表现得兴致勃勃。我趁热打铁,通过和涵涵交谈,了解到他拒绝喝水是由于前段时间在医院工作的妈妈给他买了显微镜,他无意间用显微镜观察到了水里有透明的虫卵,还有许多小虫子游来游去,所以对喝水产生了强烈的抗拒心理。

(二)偶遇事件,强化心理映射

涵涵还和我分享了妈妈在医院工作时遇到的一件事情:有一天晚上妈妈正在给涵涵讲故事。忽然医院里来了一个电话,妈妈急忙赶到医院,等她回家时已经是早上了。涵涵听到爸爸、妈妈在交谈,妈妈说死者是个老奶奶,她在临死前喝了些水后,就不幸去世了。

烦恼消解

涵涵是一个比较内向的孩子,心里的想法往往不善表达出来。在"亲眼所见"和"亲耳所闻"两个事件并叠加后,他产生了"水"是能够致死的"脏东西"这一心理暗示。这一心理暗示的形成源于涵涵年龄小,对事物缺乏科学的认识,由此导致他产生"拒水"行为。在分析了涵涵"拒水"行为背后的缘由后,我做了如下尝试。

(一)心理干预——释放心结,分享发现

对显微镜下"水"的发现,是导致涵涵产生"拒水"心理的根源。根据马斯洛的需求层次理论并结合该案例,我觉得如果要解开涵涵的心结,就要让他获得对"水"的安全感,从而消除他的恐惧心理。

我在教学活动中制订了一项探究任务——"显微镜下的秘密"。首先,我让涵涵和大家分享自己对水的发现,并通过"所有的水都有虫子吗?""水里的小虫子是什么?"等问题引导学生发现显微镜下水的奥秘。接着,我通过多媒体课件《细菌,人类的特殊朋友》,让涵涵知道,那些"虫子"是细菌,它会让我们产生抵抗力。人类还会对细菌进行加工、提取,如制作成"酸奶""疫苗"等。最后,我让学生分享面对无处不在的小细菌,保护自己的办法有哪些,如"要喝开水""要多洗手""公共场所要戴口罩"等。诸多的好办法让涵涵的紧张心理得到了释放。这一天,我发现涵涵默默地走到了水杯架旁,喝了一小口水。

(二)家庭介入——动之以情,家园携手

家庭是学生心理干预的助推器。在通过心理干预、追踪辅导之后,我发现涵涵"拒水"心理背后的强大推手是家庭的力量。我将涵涵的情况和涵涵妈妈进行了沟通。妈妈表示,最近医院人满为患,自己的工作突然忙碌了许多,也在不知不觉中忽视了与涵涵的交流,老奶奶死于"喝水"事件,只是这位病人本身就有严重的心血管疾病,喝水只是诱因。涵涵对事件的来龙去脉不了解,产生了误会,以为"喝水会死人"。身为医生,妈妈本想让孩子了解显微镜下的小小世界,但由于没有与孩子进行及时、充足的交流,也造成了涵涵在认知中的片面理解而产生"拒水"行为。

为此,我建议涵涵妈妈有空可以和孩子做深入交流。于是,这位充满教育智慧的妈妈利用绘本,动之以情,晓之以理,让涵涵的负面情绪不断得到释放。一个月后,"拒水孩"涵涵不见了,班级里多了一位喜欢研究显微镜下世界的"小科学家"……

作者单位:宁波国家高新区实验幼儿园

> **编者微评**
>
> 作者从幼儿"拒水"这一现象出发,通过对幼儿"生理健康"的关注,顺藤摸瓜,逐渐发现幼儿"拒水"行为背后的缘由是隐性的"心理健康"问题。作者通过心理干预、追踪辅导、家庭介入层层推进,最终实现触其点、追其线、疏其源的心理辅导过程,引起了我们对这一真实案例背后的深层思考:有良好文化背景的父母,在疲于工作时,如何有效增强亲子陪伴的效率,让孩子的心理问题始于萌芽,完于未果?

70 无法摆脱心事的男孩

叶腾辉

A 烦恼来袭

航航(化名),四年级男生,比较文静,某日主动来咨询室咨询。他说,有两件发生在三年级的"错事",他一直忘不了,始终萦绕在脑海中,他感到很难受。

第一件事发生在一节语文课上,航航没怎么思考就举手回答问题。他所说的与答案有较大偏差,同学们都发出了尖叫声,他感觉非常丢脸,后悔为什么这么快举手。第二件事发生在体育课上,在进行集体项目时,航航被后面同学不小心推了一把,于是他把前面的人不小心撞倒了,结果被老师单独批评了。这个场景同样被许多同学看到,他感觉也很丢脸。这两件事情从发生直到现在,经常侵入航航的脑海中(比如在做作业的时候),每次都会给他带来消极的情绪。他只能通过做其他事情来转移注意力,但效果有限,所以想来求助我,看看有什么其他解决办法。

B 烦恼成因

我询问了这两件事发生时航航的感受。他说当时感到很丢脸,又很失望。丢脸是因为两件事情都被全班同学看到了,他感到非常尴尬,而他本人又是一个非常在意别人看法的人。失望是因为他本来对自己设立了一个目标,就是每天尽量不被别人批评。发生这两件事之后,他觉得离自己的目标更远了,自己并没有想象中那么好。他还补充道,之前也会被别人轻微地提醒、批评,但是像场面这么大的"出丑"现象,还从来没遇到过。所以这两件事令他印象非常深刻。

谈话中,我了解到航航对自己有着较高的要求,有着较强的自尊心。这两件事对他的打击比较大,让他觉得在其他同学面前的形象打了折扣,也让他对自己的能力和价值产生了怀疑。所以一想到这两件事,他就会陷入难堪、痛苦、自责、后悔的情绪中,不得不中止手头的学习。心理学中"负面偏好"的理论认为,相对而言,人们对负面情绪关注更多、印象更深,即我们更容易回忆起那些不愉快的事情。所以航航在回想这两件事情时的消极感受,反而增加了它们后续侵入他脑海的概率,越想它们,就越难受;越难受,就越想它们。如此恶性循环,使得航航迟迟无法摆脱它们的困扰。

C 烦恼消解

为了打破上述恶性循环,在第二次咨询中,我试图通过焦点解决技术,用积极情绪代替消极情绪,从而减少"两件事情"被回忆起来的次数以及每一次的持续时间。

(一)运用评分技术,确立改变的目标

评分技术指的是主要利用数值(如 1—10 分)帮助个体将抽象的感受具体化。

师:你之前说过,想起这些事情的时候情绪会很糟糕。假设,最糟糕的一次,你的情绪达到了 10 分,那么在大多数情况下,你会给自己的糟糕情绪打几分呢?

航航:可能六七分吧。

师:你希望通过这次咨询,以后再回想起这些事情时,糟糕情绪能降低至多少分?

航航:希望能降低至两三分。

通过评分技术,我评估了航航被事件侵入时的感受,也了解了他对降低负面情绪的期待,从而帮助他确立改变的目标。

(二)运用例外技术,寻求改变的资源

"例外"是指来访者的问题没有发生或严重程度较低等,从而较少被来访者注意到的情境。

我让航航回忆之前想起这两件事情时,有没有情绪没那么糟糕的时候。航航说,有一次的糟糕情绪只有 4 分,那一天他在做作业时又想起了体育课上被批评的事,突然记起来当时有两个男生和体育教师解释说他不是故意的,是被后面的人推的。想到这里,他感到心里暖暖的,马上从糟糕情绪当中挣脱了出来,开始安心做作业了。

谈话中,我引导航航回忆迅速挣脱糟糕情绪的"例外",共同探讨了"例外"发生

的条件,让他看到改变的可能性——在回想过程中去感受好的情绪,为后续的正式改变奠定基础。

(三)运用赞美技术,赋予改变的力量

赞美是指点明来访者身上具备的积极特质,从而给个体赋能。

首先,我与航航共同挖掘了在这两件事上他所体现出来的优点。第一件事,说明他是一个踊跃参与课堂互动的孩子;第二件事,明明知道不是自己的错,却还愿意接受教师的批评,说明他是一个勇敢、能担当、心理素质强的孩子。对于同样的事情,我带领航航从正向的角度去看待,大大提升了他的自信心,积极情绪也在此刻悄悄萌发。

随后,我引导航航再次回想这两件事。其间,我提醒他不要去关注同学的目光,而要用心去感受自己所表现出来的优点。在航航回忆时,我在一旁积极地鼓励。回忆完毕,航航眼前一亮,觉得现在的糟糕情绪只有1分,感觉真的好多了。此刻,积极情绪已经成功地替代消极情绪。

一周后,航航主动来找我,他表示,运用新方法之后,回想这两件事的次数变少了,即便想起也能很快地从回忆中挣脱出来。至此,个案咨询目标基本达成。

作者单位:宁波市海曙外国语学校

编者微评

在本案例中,学生被两件事情的消极情绪所困扰,严重影响了日常的学习。作者从心理学中的"负面偏好"理论入手,探讨了学生被心事困扰的原因。在"烦恼消解"部分,作者借助评分、例外、赞美等焦点解决技术,帮助学生确立了改变的目标,获得了改变的资源;最终用积极情绪成功代替消极情绪,减少了坏事被回忆起来的次数,干预效果显著。

建议作者能在咨询结束后持续用评分技术进行跟进,想必效果会更加清晰直观。

71 赶走"火山人"

郭科琦

A 烦恼来袭

小徐（化名）是一名小学二年级男生，他聪明伶俐，好胜心强，常常因为没能得到教师的表扬和同学们的认可而大发脾气，以致影响正常的课堂教学，还屡次与同学发生冲突。同学、家长对其投诉不断。面对我的劝告和安抚，小徐往往以哭闹或"我要去跳楼！"这样带有威胁性的语句回应。于是，我只能采取冷处理或者让其父母将他带回家，但未能从根本上解决问题。我和家长沟通之后，了解到小徐上幼儿园时就已存在这样的情况，幼儿园教师曾多次介入仍无法帮助孩子有效管理情绪。进入小学阶段，由于生活环境和自身承受环境压力的变化，小徐的愤怒情绪明显增多。

B 烦恼成因

针对小徐的情况，我尝试运用表达性艺术治疗的方式对他进行心理辅导，通过艺术创作、角色扮演等过程让他体验自己的生命故事。

通过小徐的相关叙述，我发现他在家大发脾气的原因往往是他渴望得到家人的关注，尤其是爸爸妈妈的关爱，但觉得自己处处受到家人的约束。当发现爸爸妈妈对弟弟好，却批评、打骂自己时，小徐就会通过大叫、跺脚、生闷气等方式来排解，有时甚至会以撞墙等激烈的方式来缓解愤怒的情绪。

一次，在小徐大发脾气冷静过后，我和他共同书写了"我的愤怒故事"，共同分析愤怒产生的原因。通过梳理，我还发现小徐在学校里情绪失控的原因往往是感觉自己未能达到自我期望或是他人期望，害怕受到他人的批评、责骂。由此可见，愤怒情绪的产生源自个体满足需求的过程受阻，便对他人产生不满。愤怒的情绪就会被转嫁至他人。

C 烦恼消解

叙事疗法将人与问题分开，认为每个人都是解决自我问题的专家，都能通过自己的方法去面对问题。在叙事里，人们可以用各种属于自己的表达方式叙说自己的故事。

（一）外化愤怒，发现"火山人"

问题外化，区分了人和问题，避免了给人贴上负面标签，进而帮助其看清问题本身，修正自己与问题的关系。

在一次沟通中，我向小徐展示了一系列情绪小人（分别代表紧张、害怕、伤心、愤怒等负面情绪），并询问小徐在这些卡片中，谁会经常找上他。短暂的惊讶过后，小徐一眼就选中了"愤怒"。于是，我便追问："上次发脾气就是因为'愤怒'这家伙找上你了吗？"经过认真思考，小徐点点头，似乎开始以另一个角度去思考自己的故事。至此，我让小徐将那个"愤怒的家伙"画出来（如右图）。

愤怒的家伙

之前，小徐一直觉得自己是个"暴躁"的"坏孩子"。当带有负面的自我认同时，他会用更激烈的情绪爆发来对抗这个世界。通过外化问题，他知道了"火山人"的存在，就不再认为自己是"坏孩子"，而是希望找到力量去应对"火山人"的出现。

（二）深入探索，拓展支线故事

由于平时的情绪、行为经常不受控，在和教师、同学多次发生冲突后，小徐被贴上了"暴躁""爱生气打人""坏孩子"之类的标签。这是小徐的"问题故事"。支线故事的发掘，可以帮助其"去标签化"，改变对"问题故事"的固有认识，从而有机会重写自己的生命故事，获得积极的自我认同。

通过与小徐的深入沟通，我发现，在生活中，他不仅有愤怒的"火山人"，还有乐于助人的"皓皓"、喜欢运动的"乐乐"……我便引导他多发展这些美丽的支线故事，如开学前布置教室时，能积极报名参加卫生清扫任务；在运动会中，能代表班级取得第一名的好成绩……

新故事的创造，改变了小徐在教师和同学心中的固有印象。大家开始重新阅读他的"生命故事"，小徐自己也有了更强的信心应对"火山人"的出现。

（三）重组会员，构建积极认同

与生命中的重要他人联结，让他们见证并支持自己生命新故事的发展，可以帮助来访者构建积极正面的自我认同。对小徐而言，父母无条件的关爱、教师积极正向的评价、同学间的友好相处，都是他内心深处所渴望的。

在小徐成功应对"火山人"之后，我给予了积极的评价，并与他一起发掘支线故事。同学们也行动起来，在某次班会课上，大家和小徐一起，用角色扮演的形式一同经历某一次愤怒事件，寻找应对"火山人"的方法……这都成了小徐新故事的资源。他的支线故事得以不断丰厚，全新积极的自我认同也由此不断构建。

生命故事如此精彩,每一个人都可以用自己的方式叙说,找到属于自己的生命力量。未来的日子里,让我们和学生一起成长,一起遇见更美好的自己!

作者单位:宁波市镇海区骆驼中心学校

❤ 编者微评

作者通过"绘画"这样巧妙的方式,将学生和"火山人"做了区分,帮助学生去掉了身上的"负面标签",并引导学生通过自己的力量与之进行对抗。一个个"支线故事"的创造,他人的积极认同,都在帮助小徐不断构建积极的自我认同。性格的改变并不能一蹴而就,期待作者能和小徐继续创造一个个新的生命故事。

东东不再蹲马桶了

王晓萍

A 烦恼来袭

东东(化名)是我刚接手的中班里的一个男孩。进班后令我印象深刻的是每天午睡前,他总是在盥洗室里磨蹭不肯出来。当我催促时,他会涨红了脸,显得不安又焦虑。这时,心领神会的胡老师会马上跟他说:"东东,你去蹲马桶吧。"于是,东东就会在小马桶上坐下来,一直到教师再次询问:"拉过了吗?"这样的情况我默默观察了一周,发现东东九成的日子是"空蹲"。其间,我也曾尝试跟孩子说,没有大便的话不用去蹲马桶,睡觉吧。结果东东辗转反侧没有像平时那样安然入睡,直到我"妥协"了带他去盥洗室蹲一会儿马桶……

B 烦恼成因

(一)寻根源

看起来,每天中午不是东东生理大便的时间点,也不是他不想午睡,而是一种对自己的心理暗示或者心理安慰——蹲过马桶以后觉得安心。我向胡老师追寻根源:东东是双胞胎早产儿,刚上小班时自控能力差,大小便拉出成"家常便饭"。有一天东东拉出三次,有一次直接拉在被子里。整个午睡室弥漫着大便的臭气,小朋友们都捂着鼻子大声说:"真臭,东东大便又拉出来了,羞羞脸。"因为换洗的衣裤没有了,阿姨担心幼儿着凉,无奈之下就把东东连同被子一起抱给了在幼儿园对面上班的父母。从此,每天午睡前东东无论有无大便,一定要蹲马桶,否则就难以安睡。

(二)细分析

了解情况后,我陷入沉思:首先,从东东自身角度分析,他当时虽然还小,但是同伴的过激反应还是让他觉得自己丢脸了;其次,阿姨的无奈之举,让懵懂的他以为自己大便拉出后教师不要他了,被还给父母,让他感觉很不安;最后,通过东东从此每天要蹲马桶求心安的现象猜测,父母也肯定对东东有所叮嘱,这样无形中又加重了孩子的心理负担,让他形成了蹲马桶的习惯。

C 烦恼消解

(一)帮父母解心结

"问题"幼儿背后的家庭至关重要。要改掉东东"蹲马桶"的心理习惯,首先得从家长入手。通过和东东父母坦诚沟通,果不其然印证了我的猜测:东东父母知道孩子大小便控制能力低,对上幼儿园后大小便自理这一关,心里本就焦虑。上学后大小便不断不受控地拉出,东东父母对教师,尤其是阿姨,除了歉意,更多的是紧张,怕给幼儿园带来麻烦,怕教师抱怨,所以每天叮嘱孩子大小便别拉出。那次"被子事件"后他们无奈回家,妈妈更是焦虑得睡不着觉,把孩子狠狠揍了一顿,叮嘱他午睡前一定要蹲马桶。

我向东东父母进行生理学角度的分析,没有大便也蹲马桶容易引发疾病;从心理学角度看,把蹲马桶作为心理依赖,长此以往会对孩子身心发展不利;还有,经常让东东"空蹲"马桶,让他难以在同伴面前建立自信。因此,我请幼儿父母把紧绷的神经松一松,从明天起不要再叮嘱孩子一定要如厕,相信教师有办法。

(二)让幼儿明事理

中班幼儿已经有了被同伴认可的需求,十分在意同伴的评价。解开东东的心结,也需要从同伴的认同开始。

在一次集体教学活动中,我有意安排了语言活动"小米的便便商店"。孩子们通过图片,通过师幼、幼幼之间的互动,知道了原来便便挺有意思的,拉便便是正常需要,只是拉便便的时候要找对地方,随意乱拉是不文明的行为。"如果小朋友大小便拉出了怎么办?"通过共同讨论,幼儿认为大便虽然很臭,但是拉出了不要紧张,可以告诉教师,请教师帮忙清理;不要说别人"羞羞脸",因为每个人小时候都会拉出;可以帮助他一起换裤子等。活动中我留意观察东东的神情,看见他听课时乐得咯咯直笑,放松极了。

(三)助东东松心弦

最后一步棋就是直面东东了。

师:东东,喜欢关于便便的故事吗?

东东:喜欢。

师:你知道只有便便的时候才找马桶对吧?

东东:对。

师:东东,下次有便便的时候可以大声跟老师说"老师,我要便便",你可以做到吗?

东东:可以。

师:东东,老师告诉你一个秘密,王老师小时候便便也拉出过,比你还要臭。(东东听得笑出了声)下次东东有便便的时候叫我一下,也许我也有便便呢?我们可以一起上,但是没有便便我们就不要理马桶好吗?

东东:好的。

很神奇的是,当天开始,东东就不再去蹲马桶了,彻底摆脱了半年多的心理依赖。东东的脸上挂满了自信的笑容。

作者单位:宁波市大榭开发区中心幼儿园

❤ 编者微评

案例中,作者从父母、幼儿的视角出发,尝试换位思考,最大限度地去倾听、了解、发现父母与幼儿的真实需求,解决了幼儿长期的困惑。本案例的作者给大家的启示有:一要尊重孩子,每个孩子情况不同,有明显的个体差异,教师一定要因人而异,从正面给予引导;二要循序渐进,孩子有问题,我们不要简单处理,而是要一步步推进解决,这样才能事半功倍;三要家园配合,纠正孩子的坏习惯仅靠幼儿园单方面的教育和努力是不够的,一定要取得家长的认同和支持。

73 从"火暴辣椒"到"棉花糖"

陈敏飞

A 烦恼来袭

"老师,小顾(化名)用椅子砸我!"我都记不清这是小顾第几次被人告状了。在与他人交往过程中,小顾总是用"暴力"解决问题。我径直走到教室,准备了解情况。可刚到教室,小顾就马上从座位上跳起来,满教室地跑,无论我怎么叫他,他都不过来,一边跑一边嘴里念叨着:"是他先打的我,我才打他的,是他先打的我,我才打他的……"

这样的事情不是第一次了,小顾经常在没弄清楚事情真相的情况下打人。每次和他分析冲突原因,他总是愤愤不平,一味强调别人的过错,却一直看不到自己的错。道歉也是极不情愿的,回到座位上,他还会给你一个不服气的眼神,再附上一个生气的"哼"。

开学不到一个月,学生家长都对小顾的情况有所耳闻,都不愿意自己的孩子和他成为同桌。同学们对他更是避而远之,大家都叫他"火暴辣椒"。

和小顾妈妈沟通后,我得知他在幼儿园时也经常和同学发生冲突,被同学的家长告状。在家里,他遇到不开心的事情就发脾气,还会砸家里的东西,真不知道怎么办才好。

B 烦恼成因

经过一个月的观察,我发现小顾本性并不坏,他不会故意欺负他人。他和同学发生冲突,往往是因为误会。别人不小心碰到了他,他就误以为是别人打他,可能会对他造成伤害,因而会迅速打回去。可见他触觉敏感,易情绪失控。研究表明,有这些特征的人中,一部分是因为生活在冷漠或受宠溺的家庭中。

很不幸,小顾属于前者——生活在冷漠的家庭中。他和爸妈以及外公、外婆三代同堂住在一起。外婆是个很强势的人,典型的暴脾气。每当外公、外婆吵架时,外婆就会操起凳子砸外公、砸家具、砸锅碗瓢盆……这样的情景在他家经常上演。妈妈和爸爸吵架时,小顾就会被叫去门口罚站;每当他犯错了,也经常挨打。

在了解他的家庭背景后,我认为小顾情绪失控所表现出来的火暴脾气、过激行为都来源于他的家庭。家人的暴力行为,促使孩子效仿家长,喜欢用暴怒甚至攻击的方式来解决问题；家人的暴力"示范"，让孩子的情绪不断压抑，最终在某一刻爆发出来。这样的家庭养育出来的孩子，缺乏安全感，遇到非常态的环境，就容易紧张，进而通过打人来先发制人、自我保护。同时，他也迫切渴望得到同情，因此每当我处理他和同学冲突的时候，他一直在强调是别人先动的手，非常希望我能站在他这边，替他做主。

C 烦恼消解

深入了解并分析了小顾脾气火暴的原因后，我从接纳他、释放情绪、转移情绪、控制情绪四个方面加以辅导，取得了一定的成效。

（一）给予接纳，树立榜样

正所谓"解铃还须系铃人"，为了给小顾创造一个温馨的家庭氛围，我和小顾妈妈商定，遇到问题要冷静，当小顾情绪上来的时候，要接纳他、倾听他，不可打骂。至于外婆，我委托小顾妈妈来交流，要让小顾外婆学着管理好自己的情绪，引导外婆多和外公沟通，做好小顾的榜样。

（二）给予方法，释放情绪

为了让小顾更好地释放自己的不良情绪，我给予了他特权——当他生气的时候，可以捶打教师座位上的靠背。这天，作业下发了，他的作业不尽如人意。他嘟起了嘴巴，一把将作业本塞进了课桌里。我赶紧把靠背放在他的桌上，他咬牙切齿地捶打。果然，打累了，宣泄了，他就拿出作业开始订正。

除此之外，我还教给了小顾简单实用的释放方法——大声吼出来、去操场跑步、深呼吸等。这些方法简单易操作，随时都可以让小顾释放情绪，让他安静下来。

（三）给予帮助，转移情绪

要转移小顾的不良情绪，就得转移他的注意力。所以，我就进一步了解了小顾的兴趣爱好。当得知他爱看动漫时，我就播放了他爱看的《汪汪队立大功》，让他看了个尽兴。

这样，每当他和同学发生口角，情绪上来的时候，我就让他先静静心，然后和他聊汪汪队，聊得他眉飞色舞，眼看着他的负面情绪转移得差不多了，再和他谈口角之争。他就会欣然接受，还会主动向对方道歉。

（四）给予关注，控制情绪

为了让小顾更好地控制情绪，我号召全班同学一起来关注他，帮他一起控制情绪。班级里有个约定：当小顾发脾气的时候，在其附近的同学都要快速跑到他身边，一边跑一边喊"着火啦，着火啦，我来给你浇浇水"。由一开始紧张的跑动，到喊了几遍后欢笑声充满了整个教室，坏情绪就这样被赶走了。

一次，眼看小顾就要和同学打起来了，周围的同学一起喊起来："着火啦！着火啦！我来给你浇浇水！"喊着喊着，小顾的气消了，心平气和地来到我面前讲述了事情的经过。我当着全班同学的面表扬了他，同学们齐刷刷地鼓起掌来，小顾低下头笑了。此时的小顾，已不再是"火暴辣椒"，而是一粒甜蜜可爱的"棉花糖"了！

作者单位：宁波市奉化区西坞街道中心小学

编者微评

学生发起脾气来，不仅自己无法静心学习，还影响了班上的人际关系。如何引导他们管理好自己的情绪，做情绪的主人？作者通过深入了解班上情绪失控学生的家庭情况，从情绪的根源入手，给学生提供正确的方法，让其及时释放负面情绪，尽快回归理性的状态。作者通过家校配合，同伴合作，让其在充满友爱的氛围里，有效控制情绪，走向温和与理性。

74 "恐龙姐"也有温柔心

胡 斐

A 烦恼来袭

小王（化名），三年级女生，胆子很大，情绪和行为经常不受控制，常和同学发生矛盾。这样的行为导致班内同学都害怕她，甚至有时还会因为她的"压制"，帮她做一些不情愿的事情。小王的"威名"让大多数同学闻之色变，对她产生了排斥，不愿意和她成为同桌。

在一次午间管理时，小王情绪爆发了，事情源于组长小漫（化名）去向她收取中午作业，可是她并没有完成。于是，小王就说："你的作业借我抄一下，等一下我就交给你。"由于小漫说了一句"不行"，小王感到非常生气，用力地将自己的桌子推开，并用铅笔戳了一下小漫的肚子。事后，小王却表现得一脸无辜，认为自己并没有做错，在我询问时保持沉默。

B 烦恼成因

小学阶段，很多学生心智发展尚未成熟，情绪容易受到外界的影响产生剧烈波动，继而出现一些不良行为。他们缺少积极的应对方式，有时也不知如何表达自己最真实的需求。小王经常和同学产生摩擦,在大多数情况下,我都会选择批评小王。久而久之,每当事件发生,小王潜意识中就认为自己有"问题",并抱着一种无所谓的态度。

小王的爆发看似仅仅是因为小漫的一句"不行",其实是因为她内心渴望得到我的赞许,希望自己上交作业的行为得到认可。当自己期许得到的结果被同学阻断后,她在过往行为模式的驱动下,直接反映出来的就是愤怒的情绪,进而做出失控的行为。

◐ 烦恼消解

(一)尊重感受,建立信任

小王经常和同学发生口角,当她向同学出手时,我意识到这一次情况和以往的不同,必须花费更多的精力来解决。

在交流过程中,我发现小王之所以生气,更多的是希望以"作业及时上交"来换取教师良好的印象。而我面对小王出现的一些不良行为,常常会因为主观判断,给她贴上"问题儿童"的标签,这让她很少有机会表达出自己行为背后的真实需要。

在了解事情的整体情况后,我抛弃了小王身上的既往标签,以温和的态度倾听她的叙述;用"去专家化"的叙事语言,对小王当下的情绪给予共情,借此走入她的内心,并由此与其建立起信任关系,为之后的深入探讨埋下伏笔。

(二)巧用媒介,外化暴躁

案例中的小王心智尚处于发展期,严肃的对话方式并不能起作用。这类学生更喜欢游戏、绘画等愉快的沟通方式。在之后的交流中,我以儿童的视角和语言与小王沟通,并结合情绪卡片、想象图画,尝试将问题外化。

之前,小王一直觉得自己是个"暴躁"的"坏孩子"。因为带有强烈的负面认同,她变得很消极,有时也会用更激烈的情绪爆发来对抗。因此,小王在我给她的情绪卡片中,一眼就选定了"愤怒";紧接着她画了一个头顶高耸火山口的恐龙小人,这就是她的"自我"。我通过外化问题,帮助她知道了"恐龙姐"的存在,看清楚是谁的出现导致她情绪、行为失控。她逐渐不再认为自己是"坏孩子"了,而是希望找到力量去应对"恐龙姐"的出现。

(三)深入探索,寻找支线

很多时候,当我们把眼光盯在问题上时,往往忽略了问题以外的很多精彩故事。虽然小王在生活中被贴上了"暴躁""女霸王"之类的标签,但通过和她的深入沟通,我发现,其实除了"恐龙姐"以外,小王身上还存在着"动动""乐乐",当它们出现的时候,"恐龙姐"的威力就会减弱。

因此，我尝试引导她去发展这些美丽的支线故事。元宵节撞上开学日当天的教室卫生，是她动手打扫的；腿脚受伤同学的午饭是她帮助取餐、送餐；在美食工坊社团，她做了一回巧手达人，制作奶茶和同学分享……与此同时，"恐龙姐"爆发的情况也在逐渐减少。

对小王而言，我积极正向的评价、和同学间的友好相处，都是她渴望的。我通过与任课教师和家长的配合，在小王每一次成功应对"恐龙姐"后给予积极肯定的评价，同时共同发掘和丰厚她新的支线故事。在我们的努力下，班内同学也一起行动起来。在一次心理辅导活动课中，同学们通过绘画的方式，一起探索了不少应对"恐龙姐"的方法，如深呼吸放松、转移注意力、唱歌、画画等。

新故事的创造，改变了小王在我和同学心中的固有印象。大家开始重新阅读她的生命故事，小王也有了更强的信心应对"恐龙姐"的出现！

作者单位：宁波市宁海县梅林第二小学

❤ 编者微评

目前小学生情绪问题日益多发，作者尝试使用叙事疗法的理念，通过问题外化、寻找支线故事的方法，帮助学生成为自己情绪和生命的主人，找到属于自己的生命力量。这种方法可以很好地走进学生的内心，获得学生的认同，更大限度地和学生建立共鸣。

但这种方法需要作者长期、耐心地进行辅导，同时为学生建立起良好的外部环境，让任课教师、家长、同学共同配合。而在帮助他人展开生命故事的同时，助人者本身也在寻找自己的生命故事。

75 静待天晴

胡晶晶

A 烦恼来袭

在幼儿园或者家里经常会出现幼儿情绪失控的场景。在我的班级里就有这样一个小女孩——小婧（化名），6周岁的她经常会因为一些小事而情绪失控。

场景1：午睡结束，孩子们陆续起床并尝试自己穿衣服。小婧坐在自己的床上发呆,一位小朋友走到她床边说:"小婧,你快点穿衣服啦!"小婧突然两只手捂住自己的脸大声哭起来,面对教师的询问她没有回答,只是继续哭泣。

场景2:活动时间,小婧在艺术区进行剪纸挑战。一开始她很专注,但没多久艺术区就传来小婧的哭声:"我总是剪不好,总是要剪到外面。"教师鼓励她慢慢来,但小婧还是一直哭,最终挑战失败。

场景3:户外活动时间,小婧开心地玩着扭扭车。不一会儿她被旁边的攀爬架吸引了,小婧放下扭扭车,跑去攀爬区。等她再回来时发现扭扭车被其他小朋友骑走了,小婧大哭了起来:"我要扭扭车,我要扭扭车。"教师蹲下身安慰了她很久,但小婧一直激动地大哭,无法平静。

B 烦恼成因

从案例中可以看出,小婧自我调节情绪的能力较低。她不知道如何用正确的方法表达内心感受,所以在遇到问题时经常哭闹且不易接纳成人的引导与帮助。小婧的情况引起了我极大的关注。我担心长期、不当的情绪处理方式会影响小婧的身心健康以及今后的人际交往。所以,我准备逐一突破制约幼儿良好情绪发展的瓶颈,期望通过描述情绪感受、丰富情绪"词汇库"、关注情绪产生的原因、掌握舒缓情绪的方法等多元策略引导小婧进行情绪管理。

C 烦恼消解

(一)引导描述情绪感受

情绪的调节须建立对情绪的识别,为此我做了一些尝试:

1. 选择情绪绘本助其识别情绪

我借助情绪类绘本《我的情绪小怪兽》《饥饿的吉姆》《我好难过》等,把抽象的情绪直观化,帮助小婧理解人有不同的情绪。在共同阅读的过程中,小婧和绘本中的人物产生情感上的共鸣,渐渐地明白了自己经常大喊大叫、哭闹的现象背后是自己愤怒的情绪在作怪。

2. 借助生活情境助其描述情绪

利用一日生活中的教育契机,在观察小婧的情绪变化中,我发现,引导她说出内心的真实感受能更好地帮助其识别情绪,为情绪命名。一次离园时间时,小婧边换鞋子边哭泣,我让她先深吸一口气,然后引导她说出心里的想法和感受。小婧哭了一会儿说:"小朋友们都换好鞋子走了,只剩我一个人了。"我说:"原来你有点着急害怕了,怕赶不上园车吗?"小婧拼命地点头,竟然停止了哭泣说:"那我要快点了。"看到她的表现,我更加坚定在具体生活情境中引导幼儿描述感受具有一定的价值,并决定今后进行更多的尝试。

3. 通过艺术表征助其表达情绪

为了更好地让小婧将情绪表达出来,我鼓励她尝试做心情记录。每天小婧都将自己的心情画下来,随后我们再一起交流,让情绪表达成为她平常生活中的一部分。渐渐地,我了解到哪些事情会导致小婧开心、生气、难过等,为后续进一步引导提供了原始的资料。

(二)丰富情绪"词汇库"

幼儿掌握丰富的情绪词语才有可能为情绪准确命名,找到更多表达情绪的适宜方式。在教室里,我添加了情绪瓶、情绪卡片、情绪树洞等多种媒介,让小婧了解情绪原来有很多种,慢慢地引导她体会情绪的细微差别。如小婧非常生气时,我会说:"你很愤怒,你像火山爆发了一样。"小婧难过时,我会说:"你难过得像一只小刺猬,把自己缩成一团。"渐渐地,小婧掌握了更多的情绪语言,当面对激烈情绪时,她减少了大喊大叫,而是说:"我很生气,我现在是一只愤怒的霸王龙。"

(三)关注情绪产生的原因

当幼儿能意识到某一种情绪会和某一个事件、场景相关联时,他们就能为自己情绪变化找到相应的线索,并从事件本身着手去改变情绪。我借助 EMMO 记账 App(记录每日心情的软件)进行家园合作,请家长记录小婧的情绪变化。随后我会和小婧一起交流并找寻情绪背后的原因。现在的小婧明白了同一件事对不同的人会产生不同的情绪反应,学会辨别事情的轻重缓急可以很好地控制自己的情绪。

(四)掌握舒缓情绪的方法

引导小婧掌握舒缓情绪的简单方法也很重要,如请她贴近自然,增强移情感受等。我让小婧在纸盘上画不同表情并摆放到各种植物上,当小婧将她制作的表情纸盘贴在一棵大树上时,我说:"我觉得大树现在很开心,因为有这么多的小朋友来看它。"此时,她就和万物产生了共鸣。多次尝试后小婧的共情能力得到了很大提升。

最近,小婧哭闹的次数越来越少,声音也越来越小了……

作者单位:宁波滨海国际幼儿园

编者微评

作者通过多种策略对幼儿小婧的失控情绪进行跟进,比如利用情绪类绘本引导幼儿识别、理解各种各样的情绪;丰富幼儿的情绪"词汇库",用表达情绪的适宜方式来丰富幼儿的情绪词汇,让幼儿勇敢地说出来;在家园合作中关注幼儿产生情绪的原因,引导幼儿学会辨别事情的"轻重缓急",很好地控制自己的情绪;用接近大自然的方式,引导幼儿多样化地表达情绪,进一步提升她的共情能力。作者用以点带面、层层递进的方式让幼儿的失控情绪有了很大的改善,值得称道。

76 体育生的烦恼

郑蒙蒙

A 烦恼来袭

灿灿(化名),女,17岁,高二年级学生,成绩中等,独生女。近两周,她经常在体育训练时段请假回家。灿灿自述,一想到要体育训练就会紧张害怕,肚子一阵一阵地痛,呼吸困难。这种症状已经持续两个半月了,现在甚至会控制不住地呕吐。经医院系统检查后,报告显示有轻度胃炎,与症状程度不符。

灿灿反映,初中时她在学校跑步成绩是数一数二的,同学们都觉得她很厉害。进入高中后,两次县内体育比赛她都只获得了第五名,成绩不好,她心里很失落,觉得自己不适合跑步。高一年级体育训练,因跑步策略与训练教师的理念不符,灿灿时常被批评。高二年级时换了训练教师,训练由跑步改为三级跳。她对新项目不熟悉、没信心,一起训练的同学基础好、技能好,自己相形见绌。灿灿表示,跟妈妈哭诉,不想做体育生,跑步再也不能给她带来快乐,但是妈妈认为必须要坚持下去,不能遇到困难就退缩。

班主任反映,灿灿之前阳光开朗,但近期状态明显不好,需要关注。灿灿测试焦虑自评量表(SAS)分数为68分,显示为中度焦虑。

B 烦恼成因

灿灿的焦虑症状,从一开始的紧张害怕,到现在的躯体化反应,都在传递她对体育训练的排斥。

我与她经过深入探讨,发现引起其焦虑的主要成因有以下几点:

(一)成就感的缺失

初中时,灿灿学习成绩优良,体育运动能力强,很多同学都崇拜她。进入高中后,同学们都是原先初中里面学习较优秀的学生,她失去了成绩优势。在体育方面,县运动会的结果对她打击很大。无论是学业还是体育,她都找不到成就感,进而引发了自我怀疑。

(二)负面情绪的积累

灿灿平日乐观开朗,但在沟通方面比较被动,遇到问题常采取逃避态度。高一年级时跟训练教师理念不合,她没有主动表达自己的想法,选择沉默。高二年级训练项目转变后,她又陷入自我怀疑中。她尝试与妈妈沟通,但妈妈的回应不是她想要的,她便沉浸在伤心难过中。长期的负面情绪积压,让灿灿有一种强烈的无力感,她没有办法去解决,没有信心去面对。

(三) 归因的不合理

灿灿在体育训练中遇到挫折,没有积极地去转变方法,而是归因为自己能力不足。高二年级时学习三级跳,她没有看到自己身上的优势,只看到小组成员基础好,自己比不上。错误的、单一的归因方式,让灿灿处于长期的自我否定中,进而产生了焦虑症状。

C 烦恼消解

鉴于灿灿目前的症状,我建议她先问诊心理医生,根据医生诊断,接受科学、系统的治疗。在学校心理咨询层面,我采用以意象放松训练为主,认知调整为辅的策略来综合实施。

(一) 建立关系,情绪疏导

第一次咨询,我运用倾听、共情的方式与灿灿建立了安全、信任的关系。她觉得训练教师和家长都不理解她,想要逃却不知道逃到哪里去,不禁失声痛哭。我轻轻安抚她,不做任何评判和干预。

(二) 修正认知,接纳自我

灿灿初中时跑步成绩是校内数一数二的,到县运动会时变成了全县第五名,这两个名次不存在可比性。我引导灿灿应客观认识自身跑步的能力,不存在到了高中就下降的情况,那是因为竞争群体发生了改变。对灿灿来说,接受客观事实还不够,最重要的是树立自信。我和灿灿一起分析县运动会的比赛成绩,结合平常训练的优秀成绩,增强她的自信心。

(三) 意象训练,调整状态

根据灿灿的心理症状,我与她达成一致,采用意象放松训练和系统脱敏疗法相结合的方式开展辅导。

经过沟通,我将灿灿的焦虑情境按照等级来划分(0—10 分,10 分表示最焦虑)。其中,6 分表示下午第二节课,会偶尔想到体育训练;7 分表示下午第三节课,控制不住会想到体育训练;8 分表示下午第四节课,有想吐的感觉;9 分表示第四节课下课,肚子痛,呼吸困难;10 分表示坐在教室里,想到底是去训练还是请假,越想心越乱,有时会直接冲进厕所呕吐。

我引导灿灿在放松状态下,将 6 分情境进行意象想象,通过呼吸调整和认知转换来缓解焦虑。整个辅导过程共有五次放松训练,每次一个情境,最后在 10 分情境收尾。灿灿表示,现在的 10 分已经不是原来的 10 分了,经过前面的放松训练,10 分就像是 7 分的紧张程度,是可以控制的。

(四)改善环境,氛围加持

从前几次的咨询过程中,我可以感受到灿灿非常重视训练教师的评价。在此,我鼓励灿灿主动出击,和训练教师沟通,把自己的担忧说出来,并希望教师能够督促她训练。同时,我与训练教师交流,深入了解灿灿的训练状态,并表达灿灿需要不断提升自信心的想法。此外,班主任与家长联系,建议在家多倾听、多陪伴。

整个辅导过程,我从"情绪—认知—社会"三个层面挖掘资源,给予力量,综合采用肌肉放松训练、意象放松训练、系统脱敏法、理性情绪疗法进行引导和帮扶,收到了较好的效果。

作者单位:浙江省象山中学

❤ 编者微评

本案例中,学生的焦虑与学校竞争环境、自我认知水平高度相关。一个优秀的个体进入到整体优秀的环境中,如何找到并定位并有效调整身心状态去提升自己,是很多重点高中学生的阶段发展目标。作者系统、有层次地缓解学生的焦虑情绪,引导学生正确认识自我,让学生重新树立信心,更好地接受学习和体育训练的挑战。

由于咨询目标定在缓解焦虑引发的身体症状,作者在咨询过程中较为关注焦虑情绪的处理,而对认知层面的调整有所弱化,后续咨询需要适当平衡。

揭开 TA 的神秘面纱

蒋 琼

A 烦恼来袭

一天清晨,科学教师刚到校就急匆匆地来找我反映一件"非常严重的大事":"昨天下午趁你外出之际,你们班的小高(化名)和小虎(化名)两名男生在女厕所偷看。被我抓了个现行后,小高以'女生还没脱裤子呢,没有看到'这种话来搪塞。更令人气愤的是,小虎居然还以'女生也在男厕所门口偷看'的话来辩驳。"

虽然事情已过了一天,但看到科学教师那颤颤巍巍的样貌,我依旧能感受到他对这种行为的气愤一点都未减少。科学教师希望我对小高和小虎做出严肃的批评和教育,以彻底清除这种"流氓行为",杜绝其他学生的效仿。

于是,我把小高和小虎请进了办公室。两个学生承认了在女厕所门口偷看的事情,也从他们口中得知了在男厕所门口偷看的三位女生,但是当我问他们去女厕所偷看的原因时,两个孩子一直沉默不语,还红着脸、低着头。"是不是觉得男生和女生很不一样,想看看究竟怎么回事?"两个学生听我这么一说,都使劲地点点头。我接下来可以做什么呢?怎样做才能解开学生心中对"性"的神秘面纱呢?一连串的问题浮现在我的脑海里……

B 烦恼成因

(一)自身原因——处于性器期

按照弗洛伊德的人格发展阶段的划分,3—6岁这一年龄阶段的儿童正处于人格发展的第三阶段——性器期。弗洛伊德认为此阶段儿童的兴趣在于生殖器,喜欢抚摸或显露生殖器并有性欲幻想。这个时期对人格的健康发展极为重要。顺利地解决这一时期的矛盾冲突可以使"超我"或良心得到发展,并促进性别行为的形成。若矛盾不能被解决,以后就会产生许多行为问题,包括攻击行为和各种性"偏离",如裸露癖等。

我们班的小高和小虎这两个学生刚读一年级,尚处于性器期,出于性好奇的本能,才出现了去厕所偷看的事情。这也就不难解释,我们班的女生也存在这种现象了。经查证,班级里的确有三个女生也曾在男厕所门口偷看过。

(二)外部原因——缺失性教育

小学阶段的性教育普遍以高年级阶段的青春期教育为主,低段的性教育是缺位的,但又非常重要。低段性教育的形式有讲故事、讨论、做游戏、角色扮演等。低段性教育的内容包括性生理、性心理、性道德、性法治四个方面。"性生理"是指教师向学生介绍生命的孕育过程、身体的私密部位、男孩和女孩性器官的差异、性器官的清洗等;"性心理"是指教师要培养学生男女有别、男女平等的思想;"性道德"旨在培养学生互相尊重、互相理解的品质;"性法治"是指学生在了解自己身体私密部位的基础上,应保护自己的私密部位,学会拒绝陌生人甚至熟人触碰、抚摸私密部位的行为,如果遇到危险,学会求助他人。但这些教育在小学低段并没有被落实到位。

因此,我想采取讲故事的形式,向男生和女生同时介绍性生理和性法治知识。

C 烦恼消解

(一)精心地选材

经过大量的筛选,我最终确定用《小鸡鸡的故事》和《乳房的故事》开展性教育。这两本绘本的内容囊括了性生理和性法治的基本知识点,不仅介绍了男生和女生身体上的差异,还介绍了生命孕育的过程,让学生们明白自己是怎么来的。最重要的一点是,绘本详细介绍了身体的私密部位,并告诉学生们应该喜爱并保护自己的身体,非常符合我的教学目标。

我决定将这两本绘本留在教室里,供学生们进行读书漂流活动。经过几天的观察,我发现学生们对这两本绘本很感兴趣,心里想着时机成熟了。

(二)特殊的课堂

某日,我向学生们宣布要上一节特殊的课——故事课堂,学生们听后都拍手称赞!课堂上,当我拿出这两本绘本时,学生们在下面小声议论着,都说看过这两本绘本。我趁机给学生们讲起了绘本里的故事,学生们听着故事,看着图片,明白了男生和女生的特征,认识了男生和女生之间的区别。在讲绘本时,学生们有时候捂着嘴偷偷地笑,有时候低着头思考。我特别关注了被科学教师认定为"流氓"的小高和小虎两个学生,从看到绘本图片一开始的异常兴奋和激动,到后来的平静和认真,再到后来眼睛里充满了光芒……

讲完绘本后,我还让学生说说自己的感受。我有意地点名了小高同学,他表示从来没有人跟他说过这些事情,原来自己是这么被生出来的。课堂上,我也点名了几位被我"关注"的女生,她们的豁然开朗,让我如释重负!

(三)个案再疏导

课后,我把小高和小虎请了出来,对他们说:"听了老师讲的故事,明白女生和男生的区别了吧?"两个学生使劲地点点头,小高还向我保证:"老师,我再也不会去女厕所偷看了,因为我已经都知道了!"小虎也向我保证,不会犯同样的错误了。

我很庆幸在听完科学教师的话后,控制住了自己的情绪,没有一味地批评学生,而是分析问题的根源,选择了适合学生的方法去解决问题,保护了小高、小虎和三个女生幼小的心灵!

作者单位:宁波市奉化区尔仪小学

编者微评

说起小学阶段的性教育,作者所在的学校做得更多的是高年级阶段学生的青春期性教育,所以在低段学生中出现了"在厕所门口偷看"的事件。面对这个棘手的事件,作者不是采用"堵"而是采用"疏",以绘本为载体,通过通俗易懂的语言、颜色鲜明的图画,用讲故事的方式,向低段学生传递基础的生理知识。这种让学生喜闻乐见的活动,激发了学生的兴趣和参与度,并保护了学生的自尊心。

第十辑

心理辅导之自我重塑

　　学生在成长过程中,随着年龄的增长,认知能力也不断增强,而烦恼也往往如影随形。由于心理过于敏感、自尊心过强等,造成一些学生情绪波动大,或产生"炸毛",或甘做"局外人",或自卑不敢交友等,而很多家长又好心办"坏事",使问题更加严重。由此,作者们在案例中立足班级活动圈,从多方面进行干预与疏导,帮助他们树立正确的自我观、交友观,并积极与家长沟通,家校合力,共同探寻心理健康的维护路径,终使孩子们走出心理误区,踏上健康、自信、快乐的成长之路。

78 易"炸毛"的男孩

方红维

A 烦恼来袭

致远（化名）是一名四年级男生，本性纯良，遵守规则；性格上易被激惹，一激就炸毛，容易脸红脖子粗，有时还咳嗽、呕吐，砸文具盒、扔书。有一次，班主任和三个男教师，费了好大劲才压制住他。当班主任催他交作业（包括非考试学科的作业）、提醒他上课认真听讲时，他就会发脾气。课间，致远肆意和别人追打疯闹，结果也会"炸毛"，哭着回来，以致同学都讨厌他，不愿和他接触。此外，他一紧张也会"炸毛"，尤其是考试完发卷时，怕考得不好被妈妈骂，就会把试卷揉成一团；在校紧张时还会尿裤子；过马路时，甚至会担心车子撞到他。他在想法上比同龄人幼稚些，内心总是喜欢别人对他好一点，觉得自己的优势很少，但自认为英语成绩挺好的。

B 烦恼成因

致远是个规则性较强的学生，但心理又比较幼稚。当他做完作业被催交时，内心便认为自己已完成却被别人催很没面子；上课不听讲，教师提醒他，他就发脾气，觉得是被侵犯了自尊；而从他自己觉得英语挺好（其实是比语文、数学好一些），会从弱项中找到相对强的，可以看出他还是很想体现自己的优势的。

因此，我认为致远应该是自尊心太强，很好面子。自尊心强的人，很容易被别人激怒。然而内心又有点自卑，他们会把投向外界的攻击性同时投向自己，所以经常评判自己、指责自己。但致远还是很渴望得到关注，于是当他不满时就会通过情绪爆发来吸引教师和同学的注意。这种状态是在他现实的家庭和周边环境的影响下形成的。

C 烦恼消解

（一）学会接纳自我，克服自卑

致远易被激惹是因为他有很强的自尊心，这又是他自卑的体现。而在本质上，自卑最深层次的来源是：对负面自我的不接纳。

要让学生学会接纳自我，先要认识自己，知道自己是一个怎样的人，有怎样的性格;让他明白连自己都不认识自己,那别人更不会认识他。辅导时,教师可以引导学生说说自己的性格、爱好及优缺点,尤其是缺点说得越多越好,学着接受不完美的自己。当致远对我说"老师,我一个优点也没有"时,我十分诧异。这样的人往往会看低自己、排斥自己、不接纳自己,变得自卑或自暴自弃;做事上体现为无法集中注意力,学习上应付了事。于是,我引导致远说说他的兴趣爱好。他说:"我喜欢画画,有一次还在美术课上得到老师的表扬。"我立马给予回应:"你画画好,这就是你的优点啊!"这时他的眼睛会放光,话语也更多了,整个人有了一种积极向上之感。

(二)学会合理宣泄,做情绪的主人

小学中段的学生已经具有比较丰富的情绪体验,且能较明确地分辨自己的喜怒哀乐。但对情绪的控制、调节能力还非常弱,尤其碰到不良情绪时,他们往往不明白该怎样合理调控。

我引导致远学会合理宣泄情绪,了解不良情绪会对自身造成危害,会极大地影响生活和学习。我还帮他掌握正确、合理的应对方法,如他心里不舒服,可以把想法说出来,或者拿张纸涂画,出去散步,找人诉说;还可以换个角度想一想,而不能随意发脾气。我还教他一些放松方式,如情绪紧张、激动或呼吸短促时,可进行缓慢的呼吸练习,达到放松情绪的目的;情绪低沉时,可长吸气或有力呼气,进而提高情绪的兴奋性。

(三)学会积极乐观,阳光成长

乐观是一种性格倾向,使人能看到事情比较有利的一面,期待更有利的结果。也许有些学生天生就乐观,有些则相反,致远应是后者。但心理学家发现乐观心态是能通过后天培养的。

要培养乐观心态,首先要学会感恩。我要求致远每天感恩三件事并记录下来,让他明白生活是充满美好与快乐的,应积极对待生活。其次,要倾听学生的心声。我和致远有个约定,当他遇到困难和情绪问题时,要来找我倾诉,以便让他尽情地释放自己,认真地面对自己。最后,要理智对待自身的错误。人都会犯错,只要改正就没问题。我和致远商议,一起把不良行为分解成若干个小目标,分别矫治,实现从点到面的突破;把好的行为目标也进行分解,一个一个培养并做记录,以便进行阶段性评估,让他看到自己的进步,体验成功的喜悦、健康、阳光地成长。

如今,这位曾经容易"炸毛"的男孩,遇见我不再一脸怨气,而是羞涩地微微一笑。他在慢慢地尝试改变自己。他告诉我还会有情绪爆发的时候,但很多次都能自己意识到,会用数数等各种方式让自己先冷静下来,还能接受班主任指出错误了。致远逐渐显现出对自我的接纳和情绪的调控能力,更多了一份平和和自信。

作者单位:宁波市海曙区洞桥镇中心小学

编者微评

每一个孩子都是独一无二的。他们都会很优秀,只是需要我们来做心灵上的领航员。面对"炸毛"男孩,作者耐心了解到其行为背后连着强烈的自尊心;随之,作者用爱去感化,引导他接纳自我,管理好情绪,在感恩中记录幸福体验,层层递进,助其自我成长。易被激惹的人有完美主义倾向,比较自我,改变很难,除非本人有意愿。为此,关键是让他们接纳易被激惹状态下的负面情绪,在灰暗的心灵上放进一束阳光,静待风雨自然流转。

79 摘掉心尖上的"帽子"

杨静娜

A 烦恼来袭

戴帽子的卡卡(化名)是在小班第二学期开学时入班的,开学前由妈妈带领着来幼儿园熟悉教师和环境。在和妈妈的沟通中,我们得知这是她第一次上学。因为免疫系统功能异常,导致卡卡头发、睫毛都会脱落。她患上了普秃,一种临床上少见的病症,需要教师多加关注。

正式开学的那一天,在自我介绍环节中,卡卡低着头,想说话却不敢,而其他孩子对她一直戴着帽子感到很奇怪。午睡时,教师几次提醒卡卡摘帽子,但她还是不愿意摘,坚持要戴着帽子睡觉。有个好奇心强的孩子趁着卡卡睡着了,偷偷摘掉了她的帽子,卡卡突然被惊醒,大声哭了起来。自此以后,卡卡更加不愿意和别的小朋友交流、玩耍,甚至早上来幼儿园时还有严重的分离焦虑。

B 烦恼成因

(一)"与众不同"带来的敏感与自卑

4周岁多的卡卡已经有了自己和别的小朋友不一样的意识。在其他女孩都喜欢扮演公主、戴美丽皇冠的年纪,她认为自己戴不了皇冠,永远不可能成为公主。她很在意别人会因为她的头发而嘲笑她,所以习惯把自己藏在帽子里。别人不经意的一瞥,都会被她捕捉到,进而认为大家是在嘲笑她,把她当作怪物。卡卡变得越发敏感和自卑,失去了和小朋友交往的勇气。

(二)"摘帽事件"引发的焦虑与恐惧

初入园时的"摘帽事件"触发了卡卡强烈的恐惧感,给她内心带来了巨大的影响。她原本想要用帽子来隐藏自己,结果却一下子暴露在了其他孩子面前。她害怕小朋友们在看到她真实的样子后,会把她当成异类。

(三)交往经验缺乏产生的孤独感

2周岁时就患上普秃的卡卡,在本该开始社会交往的年龄被迫过着家庭和医院两点一线的生活。疾病让她鲜有外出和同龄人接触的机会,也使她缺少与同伴交往的技巧。小班段孩子一般以独自游戏为主,合作游戏较少。班级里其他孩子也很少会主动邀请卡卡参与游戏。因此,与同伴交往经验的缺乏让卡卡内心的孤独感越来越重。

C 烦恼消解

这项帽子不仅被戴在卡卡的头上,同样也被戴在她的心尖。针对她的情况,我自身首先要有一个正确的认识:卡卡所需要的是理解、尊重,而不是同情、怜悯。为此,我决定从改变班级环境入手,为卡卡营造一个易被接纳的环境,再逐步改变卡卡对自己的认识,提升她与同伴交往的自信心;并通过活动让卡卡逐步掌握与同伴交往的技巧,最终促进卡卡人际关系的发展。

(一)创造接纳的环境

晨间谈话时,我向班内的孩子们正式地介绍了卡卡,并解答了他们的疑惑。每个人出生的时候都是有头发的,但疏密程度不一样。如果新生儿没有头发,一般属于异常情况,比如父母遗传,或与一些疾病相关。不过,这些通过后天的治疗,会得到明显的改善。我告诉大家,通过卡卡一家的努力,他马上就会长出头发的。在一次美工游戏"创意帽子"中,有个孩子将自己制作的帽子送给了卡卡,卡卡主动摘下了自己的帽子,乐呵呵地戴上了朋友送她的"新帽子"。

(二)建立交往自信

通过对卡卡的观察,我发现她在艺术领域很有天赋。对卡卡来说,艺术活动能够激发她的兴趣。因此,在组织艺术活动时,我给了卡卡更多展示自己的机会,同时鼓励卡卡在其他伙伴面前进行表演,从而建立起了她的自信。我了解到卡卡是自理能力和自尊心都较强的孩子。于是在幼儿园的班级生活中,我决定让卡卡担任为期一周的小班长,根据在园表现再斟酌考虑她是否能够续期班长的职务。

(三)培养交往的能力

对卡卡来说,除了家、医院、幼儿园,很少有与其他人交往的场所。这导致她养成了在家中独自玩耍的习惯。因此,我建议家长多带卡卡参加集体活动,比如社区的公益活动、图书馆的绘本阅读活动等,在生活中努力为其寻找主动交往的机会,进而提高她的交往能力。在幼儿园里,教师也时常引导卡卡主动交朋友,一起玩耍和游戏,促进其交往能力的提高,消解她得病以来产生的"孤独感"。

孩子在与同伴交往的过程中,不仅学习了如何与人友好相处,还学习了如何看待自己、对待他人,不断提高适应社会生活的能力。在小班孩子入园阶段,我们总会发现个别孩子由于个性特征、养育方式、成长经历等因素,存在着一定程度的同伴交往障碍。要提升孩子与同伴交往的能力,教师首先需要了解孩子的成长经历,分析问题的核心因素。在本案例中,对卡卡来说,被理解、接纳的班级环境是促进其融入集体生活的前提。

经过一次次的谈话,孩子们渐渐接纳了卡卡的"与众不同"。因为同伴的善意行为,卡卡产生了足够的安全感,渐渐地也尝试和其他小朋友进行友好交往。我在卡卡的优势领域内,为其制订了代理班长职务的方案,促使她更快地融入班级,建立起班级归属感;在园内园外创设更多的交往环境,提高了卡卡的交往能力,让卡卡摘掉了心尖上的"帽子"。

作者单位:宁波市奉化区第三实验幼儿园

编者微评

卡卡因为自身免疫系统的问题导致与班上的同学格格不入。在了解了卡卡的情况后,作者不是一味地去隐藏卡卡,而是从她的角度出发,引导她在班级中展现自己,让她建立起自信心和自尊心,为其交友能力的提高打下基础。家校合作,让卡卡打破心灵的枷锁,走出家门,走出幼儿园,走向社会,不但可以消除疾病带给卡卡的痛苦回忆,而且有助于卡卡更好地融入集体、融入社会。作者为类似特殊群体的教育提供了借鉴案例。

80 一个自命"再世华罗庚"的孩子

段静静

A 烦恼来袭

四年级接班的第一次家长会后,小丁(化名)交上这样一篇日记:"老师在上面讲话,家长们一个个睡去了,老师走下来把家长们一个个叫醒……妈妈开会回来,骑自行车打瞌睡,与车相撞,出车祸了……"哪个孩子会希望自己的妈妈出车祸呢?小丁自担任数学课代表起就自命为"再世华罗庚",但在校内几乎看不到他的笑,即使笑,也是在同学被批评时;若有同学稍惹到他,他就会以拳脚来还击……同学们对小丁避之不及,有的女同学甚至不敢与他做同桌。在同学中不能受到关注,他只能在课堂上争取表现的机会。学习"飞入菜花无处寻"的诗句时,小丁得意地说:"那还不简单,一把火烧了油菜地,还怕蝴蝶不出来?"习作课上学写最喜欢的生活用品,他写《我最心爱的草纸》……

是怎样的成长经历、生活环境养成了自命为"再世华罗庚"的小丁?

B 烦恼成因

我通过各种渠道对小丁的成长经历和生活环境做了深入了解:爸爸是渔民,妈妈在海边打杂,小丁从小缺乏爸爸妈妈的关怀;爸爸妈妈工作很辛苦,但挣钱少,对自己所处的环境不满,经常在家抱怨,深感自己的无能、社会不公。小丁是家中的龙凤胎弟弟,从小家人对他的期望值就高,认为他什么都比姐姐强,什么事都由他说了算。因此,他可以不把任何人放在眼里,即使身边的人对他再好,他觉得也是应该的。这使得他从小不知道感恩,不知道宽容,以自我为中心,缺乏与同伴交往的能力。

小丁可以被初步评估为人格障碍。对年龄在18岁以下的中小学生而言,由于人格还处在形成和发展阶段,尚未最后定型,因此不宜提"人格障碍",而可称之为"个性障碍"较为妥当。对"个性障碍"的诊断,目前尚无完全一致的标准,一般认为其特征主要如下(诊断标准中有5条以上吻合):对批评的反应是愤怒、羞愧或感到耻辱(尽管不一定当即表露出来);喜欢指使他人,要他人为自己服务;过分自高自大,对自己的才能夸大其词,希望受人特别关注;坚信他关注的问题是世上独有的,不能被某些特殊的人物了解;对无限的成功、权力、荣誉、美丽或理想有非分的幻想;认为自己应享有他人没有的特权;渴望持久的关注与赞美;缺乏同情心;有很强的嫉妒心。

对这种类别的问题的处理,关键在于解除自我中心和学会爱别人。

C 烦恼消解

(一)忽略问题

起初小丁对学语文不屑一顾,认为像自己这么聪明的人不应该学语文,数学才是他的天地。为此,我建议语文教师在语文课堂上给他特权——听不听由他,不听时允许他看课外书,只要他不故意捣乱。持续了两周,小丁见自己在课堂上真的受到了优待,第三周起他不在课堂上看课外书了,但一回到课堂交流就又会回到原来的"捣乱状态"。

（二）建日记档案

第三周的一日，小丁与同学发生冲突，回家哭诉。家长带小丁到学校质问那个同学，为什么欺负小丁，对小丁百般袒护。我让家长到心理辅导室，列举日记中小丁出现的各种问题，帮助家长认识到孩子目前存在的问题和长久发展下去的后果。家长知情后积极配合，会在孩子面前多说正向的内容，不再处处以小丁为中心。

（三）肯定优点

新学期，在报名工作中，我让小丁负责收齐数学作业，并由他自选帮手协助数学教师对数学作业做出评价。报名结束后，我再找小丁谈话，肯定其优点，帮助其分析自我、找到自我，并帮助他制订了新学期的近景和远景目标。

（四）获得信任

我让小丁聊一聊小时候的故事（家庭、幼儿园、小学的部分经历），以便更充分地了解他，让他与我建立信任关系；指导他写心理日记宣泄不满情绪；让他继续担任数学课代表，鼓励他与同伴交往。

（五）展现自我

我尽力给小丁表现的机会，让他多参与班级活动，如活动设计、辩论赛、感恩故事会交流等，尽量让他在每天晨会后讲一两个感恩故事。小丁语文成绩开始稳定，和同学的矛盾开始减少，但这样的小改变在一定程度上是由班内的监督制度和竞争方式带来的，小丁本质上的改变还需要各方面的共同努力。

学生的行为问题或心理问题不是个体的问题，而是系统的问题。想要自命"再世华罗庚"的小丁彻底改变还需要一段较长的时间，需要学校、家庭齐心协力地采取正确的教育与辅导。要允许学生犯错误，更要允许学生用较长的时间来改正错误。我们只有抱着这样的心态，再加上科学的管理和教育，才有可能创造出一个又一个教育奇迹……

作者单位：宁波市象山县丹城第二小学

编者微评

该个案的问题比较多，问题的澄清需要凭借良好的辅导关系。作者从忽略问题入手，肯定优点，帮助学生分析自我，在获得学生的信任后，给学生提供各种展现自我的机会，使学生不断地修正自己，健康成长。

精神分析学派十分重视童年对一个人人格形成的影响。从这个孩子的童年生活环境来看，可以说家庭是形成他人格的温床，想要做好这个个案，争取家长的配合尤为重要。学生良好个性特点的培养的重要性要和家长取得共识，引起家长足够的重视，才能真正帮助学生长远发展。

 让"自卑精灵"走出心灵迷宫

阮亚君

A 烦恼来袭

"老师,我家孩子比较特殊,我们想跟您聊一聊。"这是第一次家长会后,某位学生的父母拉住我,向我细说孩子的特殊。从他们口中,我得知小雅(化名)是一名患有脆骨病的女孩。新学期伊始,无论她走到哪都会引来异样的目光:"看,她走路一瘸一拐的样子真搞笑。""瞧,她个子怎么那么小!"……校园中,她不敢出现在人多的地方,怕撞是一个原因,更多的是怕别人的指指点点:上厕所,她趁没人的时候悄悄去;上课时,她不敢上台,害怕被人注目;与他人交流,不敢正视,低头躲避他人的目光;她总是一个人躲在教室……有时,我发现当其他同学上体育课时,她会踮着脚尖眺望操场,一旦有人走过来,她又会低着头一瘸一拐地钻进教室。

B 烦恼成因

我知道小雅很想融入集体,和同学们交往,一起拥抱快乐,可她又不敢。她自卑,她不知如何像正常的学生一样学习、生活。通过平时的观察以及与其父母不断地沟通交流中,我对小雅大致有了一些了解:

(一)自身身体缺陷,产生自卑心理

自身的身体缺陷,导致小雅在哪都能引来异样的目光。面对旁人的指指点点,她越发觉得自己形象的"丑"——佝着背、瘸着腿,走起来还一摇一晃。因此,她不敢与人对视。外界的消极评价、恶意的标签使她愈发自卑,加重了她内心的焦虑。

(二)集体活动不足,缺乏交际能力

因为生病,小雅只读过断断续续半年时间的幼儿园,可以说小雅几乎没有和同龄孩子一起参与集体生活、一起学习、一起玩耍的经历。融入集体,对她来说太难了,她不懂怎么和同伴交往,更不会主动去参与他们的"完全性系数高"的活动。

(三)家长观念保守,滋长消极心理

每个人的性格塑造都离不开原生家庭的影响,父母的态度和行为会直接影响孩子性格的养成。小雅的父母可能是出于保护孩子的缘故,很少带孩子参与户外

活动,哪怕是牵着小手到小区里散步。其实,家长的这种观念,无形中给了孩子"我是特殊的,我是残疾的"这样的意识,滋长了孩子的消极心理。

C 烦恼消解

(一)立足班级活动圈,营造舒适的心理环境

1. 同伴互助的交往圈

良好的同伴关系是满足学生社交需要、获得社会支持和安全感的重要来源。对小雅而言,在校园环境中,最容易从同学那里得到支持、帮助。在班级中,我会动员同伴支持,助力双向靠近,除了期待小雅主动靠近朋友,还要引导玩伴多关心、爱护她,让她有安全感、舒适感。

2. 教师扶持的成长圈

所谓"亲其师才能信其道",对于小雅,我和其他教师商议,要给她更多的关心和帮助。学习中,教师要给予她更多的鼓励与掌声;比赛中,创设平台,让她施展才艺;活动中,安排同学和她一组,让她感受到集体的温暖;生活中,在好天气到操场玩,享受生活的乐趣……多方面的照顾,为她营造舒适的心理环境,让她渐渐敞开心扉,迈过自己内心的障碍。

(二)家校合力,维护心理健康

我和小雅的父母进行了多次沟通,让他们一起来维护小雅的心理健康。

1. 家校配合,共建心育环境

对于小雅,解决其心理问题的根本目标是:让她认识真正的自我和学会用适合而灵活的方式与人交往。这个目标不是短时期内能实现的,仅凭教师的心理辅导较难实现,还需要家长来配合,并付出长期的努力。

2. 提供学习,提升辅导能力

家长的教育观念、知识与方法及自身的心理健康水平等都会影响孩子的心理健康状况。为此,我推荐了特殊教育专家给予家长帮助,让他们掌握一定的心理健康教育理论知识,根据孩子的实际情况进行辅导。

(三)情绪宣泄,增加心理健康因素

我和小雅有一个秘密基地,就是资源教室。在那个基地里,我和她一起谈心、做游戏。每次我都会把她最爱的小兔玩偶放在她的怀里,拉住她的小手开始我们的聊天。每次她总能给我惊喜:抬头盯着我看,对着我笑,愿意和我分享她的点滴生活……在这样的共情倾诉中,她的笑容多了。

我带她去情绪宣泄室器材区,让她用泡沫棒打败藏在心里的"自卑小怪兽",迎接"自信积极小精灵"。她双手拿着泡沫棒,用力打过去,她笑了,我也笑了。随后她开心地牵着我的手进入教室。我想那个住在她心里的胆小、自卑的"小精灵"已经慢慢走出心灵迷宫了。

世界上没有两片相同的树叶,更何况我们的学生。作为教师,我们要及时发现问题,尽早干预,让每个孩子都能身心健康,向阳成长。

作者单位:宁波市余姚市泗门镇中心小学

❤ 编者微评

案例中的小雅,因自身的身体残疾,产生自卑心理。作者在深入了解后,从多方面对该生的心理进行干预与疏导,帮助她消除自卑心理,开始健康、自信、快乐地成长。学校层面,同伴互助、教师扶持,营造让学生感觉舒适的心理环境;家长层面,合力共建、提供学习,探寻维护学生的心理健康;学生自身,借助资源教室,增加积极心理因素。普通学校中的特殊学生,多多少少还是存在的,我们要多多关注他们的心理健康。

82 请别讨厌我

鲍莹莹

A 烦恼来袭

小美(化名),一个四年级女生,由于父母工作的原因,本学期由贵州省转校来到本校。由于她性格内向,学期过半还是不能融入班级;同学间活动时,她都被排斥在外。即使被同学欺负,她也不会向教师求助,反而觉得这是正常的现象。在班级里,她处于被边缘化的状态。心理上,长期不被肯定,她变得更加自卑和敏感。课间,小美经常一个人默默地坐在位置上。期中考试过后,家长反映,小美有厌学的情绪。小美觉得同学们都讨厌自己,学校里很没有意思,所以不敢来学校,每天早上都拖拖拉拉不肯进校门。某日,小美由班主任带进心理辅导室求助。

B 烦恼成因

(一) 自身因素

1. 人际交流不善

小美性格内向,平时不会主动跟同学交流。同学们都比较喜欢跟开朗的人交流,所以她在学校里并没有知心的朋友。她认为同学们也不喜欢自己,因为怕被同学们拒绝,所以也不敢主动去交朋友。当被同学排斥的时候,她也只能默默忍受着。

2. 自信心不足

因为学习成绩不好,长期的不被肯定,使她产生挫败感,变得越来越自卑,越来越不自信,与其他同学的距离越来越远。小美正处在自我意识发展的时期,非常看重别人对自己的评价。她的内心渴望被看见、被理解、被认可、被赞美,她也希望自己能成为家长、教师、同学心中的"好孩子"。在家庭和学校的双重压力下,她逐渐形成了"我什么也做不好"的不合理认知。习惯"自我否定"的小美,变得苦闷。

3. 卫生习惯差

小美每天蓬头垢面,总是给人一种邋遢的感觉。她的课桌总是很乱,桌下的地面总是很脏,她的衣服总有污渍,身上还会有异味。同学们基本都是躲着她走,几个调皮的还会叫她走远一点,甚至当离她近的时候还会踢她、推她。当大家表现出嫌弃的表情或行为时,她从来都不敢反抗,也不会告诉教师和家长。这导致同学们对她的排斥愈演愈烈。

(二) 家庭因素

小美的父母刚来到新的地方工作,非常辛苦。家里孩子也多,小美还有一个妹妹、一个弟弟。忙于生计的父母,身心俱疲,他们为孩子的温饱问题已经花了太多的时间,所以不太关注小美的心理状况,与她的沟通和交流较少。小美也不会就在学校里发生的事情主动和家长交流。当她出现不想上学的情绪之后,家长的处理方式也是指责,指责她不爱读书,没出息,尽会给家里添乱。父母并没有能力帮助孩子解决问题,使得本就非常无助的小美更加苦闷。

(三) 教师的区别对待

教师有时会将课堂提问、示范的机会向优等生倾斜,对像小美这样的后进生的学习能力和课堂感受会有所忽略。教师在与学生的交往过程中,时常会对优等生表现出更多的关心和爱护,对后进生的态度就会冷淡一点。一些会看眼色的孩子就会以教师的喜好捧高踩低,对成绩不理想的小美就有了排斥的行为。

烦恼消解

（一）改变自己

在与小美的交流中，我感受到她对同学们这种排斥行为的强烈不满，她非常希望能融入到同学们中间。她说："我其实是想跟同学们说话的，但是我不敢，同学们都讨厌我，他们肯定不愿意和我说话。"于是在辅导过程中，我采用了情境模拟的方式，让小美把我当作同学，进行主动提出加入游戏的练习。我也把小美当作同学，当碰到有同学欺负自己的时候，有人做让自己不舒服的事情的时候，大声地说："你不可以这样对我！"

此外，我在教学的过程中，设计了一些团队游戏，让她找到归属感和团队感，愿意主动与人交流和沟通；也设置了一些需要自己主动去与对方交流的活动，一步一步，利用脱敏法，慢慢地增强小美与人交往的主动性。

我和小美一起分析同学们不喜欢她的一个重要原因——邋遢。我建议小美先尝试整理自己的课桌，把学习用品分类摆放，时刻关注地面卫生；再把自己的手洗干净，进而把自己全身收拾得干净清爽。

（二）寻找外援

我邀请小美的父母参与辅导，一起分析孩子心理问题的成因，并告诉他们如果不加以关注，对小美的影响非常大。我请家长每天至少抽十五分钟时间和小美交谈，了解她在学校里发生的事情；发现问题，及时对孩子进行引导，多关注孩子的闪光点，多鼓励，让她感受到父母的关爱。经过一段时间的实践，父母和小美的关系得到缓解，大家都开心了不少。

疏离的同伴关系是小美遭受同学排斥的重要原因。于是我和班主任合作，在班级里开展"发现更优秀的自己"主题班队课，在课堂中引导孩子们发现每个同学的闪光点。我抽取小美为闪光"轰炸"对象，让同学们对小美进行"优点轰炸"。在活动中同学们一一说出了她的优点，帮助小美建立同伴关系。

作者单位：宁波市奉化区裘村镇中心小学

编者微评

在辅导过程中，作者争取到小美父母和班主任的支持，让生命中的"重要他人"发挥作用，这是辅导获得理想效果的重要因素之一。教师、父母、同学、朋友是孩子生命中的"重要他人"，教师应不断提高自身素养，善于倾听和积极关注，用自己的爱心和专业技能帮助学生渡过难关。父母是孩子的第一任教师，当孩子出现异常行为和情绪问题时，应冷静对待，给予孩子信任和安全感，必要时应求助专业人士，接受科学的干预。

 "我"不是"局外人"

朱 英

A 烦恼来袭

每个人都想成为优秀的人、大家喜欢的人,不想当"局外人"。

小俊(化名)是班里的"捣蛋鬼",他一心只想着玩,但又不知道怎么和别人玩。比如他不会先与同学沟通,却喜欢突然用手"打"同学的头和肩,以引起同学的注意,这样他很开心。在他的心里,这就是玩。

在学校,上课时小俊经常自顾自看书,不专心听讲。他每天不做作业,总看漫画书,把书里打抱不平的一套也用到了学校:看到他的朋友与别人发生矛盾时,他就会"出手相救"。他与一般同学完全不同的行为模式,使他无法融入集体,显得格格不入。

他喜欢动手,却不喜欢整理自己的学习用品。他的桌面是班级中最乱的,横七竖八地放满了书。当组长收作业时他总说:"我忘带了。"同学们见到他、路过他的课桌,都绕道而行。在班级里,他仿佛就是个"局外人"。

B 烦恼成因

(一)人际关系差造成自我意识欠缺

渴望交友是小学生的正常需要。如果一个人长期得不到教师和同学的关爱,他就会比较压抑、孤独,甚至走向自我封闭。小俊在班级里没有知心朋友,缘于他片面的交友观。他觉得一起动手玩的才是朋友,根本不管别人的感受。

(二)成长环境异常造成人际交往障碍

在家里,由于父母离异,小俊从小和奶奶生活在一起,受到奶奶的溺爱。奶奶包办了一切。奶奶过分的关心,其实剥夺了他遭受挫折、困难的机会,导致他心中只有自己,没有别人。

(三)渴望朋友却又无法融入环境的焦虑

小俊渴望和大家成为好朋友,但交友方式不当。和同学发生矛盾时,他总认为大家都不喜欢他,不信任他,觉得自己很委屈。

C 烦恼消解

教育的核心是爱与责任,教育面对的对象是全体学生。教师应看到每个个体的存在,懂得在孩子渴求的地方洒下几抹阳光。在与"局外人"的交流过程中我感受到以下几点:

(一)改变认知,树立正确的交友观

正确的交友观对学生的人生具有重要意义,能让学生产生正向的认知,有助于提升学生团结协作的能力。

首先,我需要给他找个朋友。小俊很喜欢同桌小王(化名)。在他的心里,小王是他的好朋友。我就先和小王谈话,达成约定。接着我又找到小俊,告诉他:"小王很乐意和他成为朋友。但小王不喜欢只会动手的朋友,他喜欢看书,不是你所看的漫画,你可以和小王交流有关课程学习方面的书,一起讨论,一起进步。"他表示同意。我想这是交友成功的第一步,相信不用多久他会有更多的朋友,感受更多同学的爱。

其次,我还推荐给小俊一些绘本和阅读文本。班队课上,我开展了角色扮演的活动,通过分析场景中出现的问题,提出解决方法,让孩子知道对此类情况的处理方法。每次活动我都会有意无意地安排小俊参与。

经过一段时间的观察,我发现小俊动手次数少了,有一些同学愿意和他一起玩了。友谊的确立是同伴关系发展的第一步。

(二)树立信心,形成正确的自我观

自我欣赏或是积极的自我对话能够帮助学生提升自尊。教师应鼓励学生对自己更多地运用积极评价,帮助学生认识到自身的学习潜能,树立学习信心,激发学习兴趣。只有看见自我,才能看见世界。

我肯定了他近段时间的进步,并提出了新的要求:其实你很聪明,如果能在上课时更专心听讲,肯定能有更大的收获。同时,我要求小王帮助监督小俊,在他旁边设置爱心座位,辅导并带动他完成当天的作业。我还专为小俊设置了"进步卡"和"鼓励卡",记录他的点滴进步,反馈学习的情况等。

经过一段时间的观察,我发现小俊上课时比以往专心了,还能积极举手发言,按时交作业。

(三)摆脱依赖,体验自立的喜悦感

要想说服小俊奶奶不一手包办,那是比较困难的。因此,我从小俊自身入手,说服他自己的事情自己做。

首先,我让小俊知道小王很独立,希望他能从中受到好朋友的感染。对儿童的

学习而言,书本学习占 20%,课堂学习占 10%,榜样学习占 70%,教师要充分利用同伴间的学习,促使学生变优秀。其次,我设置了每周一次的"内务评比",比比谁的书桌最整洁。

经过一段时间的观察,我发现小俊的书桌没有以前那么脏乱了,作业忘带的次数也少了,他也能自己主动整理书包。这让我很是欣慰。

对"缺爱"孩子的教育,需要一个长期的过程。作为教育工作者的我们绝不能操之过急,否则只会前功尽弃。我们要有孙悟空的火眼金睛,敏锐地察觉每个学生在成长过程中所产生的各种变化;根据每个人的不同性格、状况,及时调整相应的教育引导策略,让他们在错误中反思,在教育中成长,在引导中找到方向,让他们认识到自己并不是一个"局外人"。

作者单位:宁波市江北区甬江实验学校

 编者微评

> 在每个班级里,总有那么一个或几个"局外人",他们是教师眼中的后进生,是学生眼中不受欢迎的同学。但其实每个孩子都有交往的需求,他们也渴望得到教师和同学的关爱。如何引这些"局外人"入"局"呢?作为教育工作者,我们应寻找合适的切入点,引导他们发现自己并不是"局外人"。作者在本案中采取了一系列有效的引导方法和手段,成功让"局外人"成为"局内人"。这一过程足以对读者起到借鉴作用。

84 "青蛙"变"王子"

李明艳

A 烦恼来袭

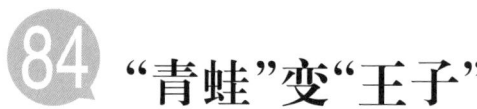

小泽(化名)走进心理辅导室时,并不像多数人那样显得拘谨不安。他大大咧咧地进来,很随意地拉了一把椅子坐下。没等我开口询问,他倒先对我的辅导室评论了一番。我微笑地看着他,等他切入正题。

终于,小泽说出了他的困扰。他今年读六年级,担任校大队干部,即将毕业。他总担心,自己能否与别人处理好关系。他与同班同学的关系一直都不是太好。比如,小王(化名)是个没头脑的,平时整天想着玩。小泽觉得他没有上进心,不愿与这样的人交友。而小陈(化名)是班长,聪明过人,但办事常以自我为中心,听不得批评,有时难免与小泽发生摩擦。但是,小泽还是愿意与小陈交往。所以,他的烦恼是:如何让小陈能变得谦虚随和一些呢?

B 烦恼成因

小泽的主要诉求是:他想改变别人。看来,他遇到了同伴交往的困惑。

我是熟知他的,虽不是班主任,但在他们班级有任课。他在班里也算是知名人物,学业成绩一直不错,但人缘一直不佳。小泽在班里一直比较张扬,喜欢引人注目。他有个外号——"青蛙",一则是因为他总在署名处画个青蛙,二则是因他在课堂上确实有点"聒噪",话多,爱发表各种意见,时而炫耀,时而哗众取宠。

小泽与同伴关系有点紧张。处于青春期的他喜欢争论,以自我为中心,有点理想主义,容易以偏概全等。聪明的他意识到了这些问题,特来寻求帮助。

交往能力的欠缺也使他觉得不知如何与人愉悦相处。他想关心人,但不知从何说起;他想赞美人,但常常词不达意。交友愿望强烈,然而他总感到没机会,也总感到没适合自己的伙伴。

C 烦恼消解

我给小泽倒了杯温水,点头微笑传递我的同理心。我让他先谈谈自己。他谈起来滔滔不绝,把从小到大的获奖历程自豪地列举了一遍,还附带介绍了优越的家境条件。他认为自己聪明、成绩好、学习能力强,不怕吃苦,只是由于自己有时太过"坦率直言",不是很有人缘。不过,他又补充说,与那些"俗人"交往也没多大意思,只是白费时间,与己无益。

不知不觉午休询谈到点了。小泽要上课,我约了一周后再聊,他一口答应。

他走后,我思考该如何进行第二次询谈。从旁观者角度,不难看出问题至少有一半是出在他自己身上,我决定在下一次谈话时给他一面"镜子",让他有机会"照一照"自己。

一周之后,小泽如约前来。坐定之后,我递上一张纸和一支笔。"请想一想,谁是你认为最难相处的人?写下他的名字和他的优缺点。有一条写一条,记在纸上。"小泽写下了小陈的名字。

等他完成这一任务,我又让他如法炮制,在另一张纸上写下了自己的优缺点。半小时之后,小泽把两张纸交给我。我飞快地看了一遍,果不出所料!但我不露声色,让他仔仔细细地将两张纸上的内容做一下对比。"是不是有着某种程度的相似之处?"我提示他。

小泽的确聪明,他马上看出了其中的蹊跷:从本质上看,小泽和小陈是同一类型的人。在写优缺点时,小泽把同一个性格特点用了两种色彩的词汇来描述。比如，他认为小陈自负自傲，而自己是自信自尊；小陈是以自我为中心，有点自私，而自己则是独立性强，办事有主见，坚持原则。诸如此类，自己的优点到了小陈那里就成了缺点。看着看着，小泽不由得脸红起来。

我顺势向小泽解释了人的心理防御机制中的投射作用。作为心理保护手段，人们往往把自己身上的缺点和不足之处投射到别人身上。比如，有害人之心的人总对别人处处设防，担心别人会害自己；骄傲自负的人最看不得别人自以为是。然而，"察己可以知人，察今可以知古"，自己和别人有时就像面镜子，可以相互参照，引起自我反省。

明白了这层道理后，小泽在以后的询谈中，再也没提如何改变小陈的事了，而是很虚心认真地请教改变自己缺点的方法。根据他的具体情况，我一方面启发他的认知模式向更好的方向改变，另一方面又制订了一系列行为训练让他完成，让他在实践中真切地有所感受和体验。由于他有改善自我的强烈愿望，他的努力大获成功，半年之后，他与第一次来时有了很大不同。据他说，他现在容人之量比过去大多了，人缘也好得多了。当对他人的言行举止有反感时，他马上会想想自己，在自己身上有没有类似的缺点。有则改之，无则加勉。我为他的转变感到高兴，同时也为"镜子疗法"的成功而欣喜。

小学毕业后的每个教师节，小泽都会发来暖心的问候。我想，稚嫩的"青蛙"已经变成可爱的"王子"了。

作者单位：宁波市鄞州区贵玉小学

编者微评

随着年龄增长，认知能力增强，学生开始渴望走出家庭，与伙伴交友。处于青春期的学生更渴望和同龄人交流，"物以类聚，人以群分。"同龄学生面临着同样的问题，有着更多的共同语言。案例中的小泽，最初只是想改变他人，渐渐地，从与作者的询谈中明白了改变要先从自己开始。作者借"照镜子"，帮助小泽改善与人沟通的交往困惑。聪明的小泽，借助作者的指引，从同伴、集体对自己的反应中发现自己、认识自己，进而完善自己。终于，稚嫩的"青蛙"变成了可爱的"王子"。

85 美丽女孩破"茧"化蝶

林蓓聪

A 烦恼来袭

家庭教育对孩子的影响重大,良好的教育氛围有助于孩子的身心健康。很多父母出于对孩子负责,在孩子的成长阶段中,好心办"坏事",给孩子带来了伤害。在我的从教生涯中,曾经遇到过这样一个美丽的女孩:

小葛(化名),独生女,9岁,小学二年级学生。她美丽可人,聪明伶俐,成绩优秀,字迹优美,多才多艺,能歌善舞。可当教师不在教室时,她经常和同学发生争吵,或者一个人待在角落;遇到小挫折,经常泪流满面。在同学们的眼中,小葛是个骄傲的小公主,虽然成绩优秀,但是向她请教问题时得不到她的帮助,甚至态度恶劣。班级的值日她都不做,更不用说其他劳动了。

B 烦恼成因

对于小葛的种种表现,我对她进行重点观察。据了解,小葛从小跟着爷爷奶奶生活,极受宠爱,读一年级时才回到父母身边。小葛的父亲是公务员,对女儿的期望很高,但教育方式粗暴。小葛的妈妈文化程度较低,对孩子的教育一概不管。生活上小葛衣来伸手,饭来张口,逐渐养成了她的公主心理,织就了重重"茧"缚。

(一)一重"茧":娇气与孤僻

在小葛幼小的心灵中,她感到自己与别的同学不一样,逐渐变得不合群、孤僻,但同时她又想引起别人的重视。为引起别人的重视,她时常跟同学闹别扭,还从家里带新奇的玩具到学校。

(二)二重"茧":自理能力很差

受爸爸的影响,小葛感觉自己只要成绩好,其他都无所谓,造成了她动手能力差、不爱劳动的状况,所以她经常不做班级的值日。

(三)三重"茧":挫折耐受力差

由于父亲平时工作很忙,没时间陪她,小葛的内心深处没有安全感,进而形成敌对情绪,用厚厚的"茧"自我封闭,一旦碰上不顺心的事,就以乱发脾气来发泄。

与其他同学相处不好或碰到困难时,她就打电话让家长来学校。

出于对亲情的需要,小葛常用异常的表现衬托出自己的与众不同,以便得到同学与教师的关注。根据这些现状,我认为小葛遇到了因个性偏差造成的学校适应障碍。

C 烦恼消解

根据小葛的实际情况,我决定采取综合性辅导对策,从稳定情绪入手,调整她的认知,指导她的行为,让她破"茧"化蝶。

(一)实施关爱,打开心结

了解和沟通,是开展教育的首要条件。一天,小葛跟一个同学吵架,哭得很伤心。我把她叫到辅导室。她哭着向我诉说:"他们在玩游戏,我经过,小王(化名)把我推倒了,都不跟我道歉。平时大家都不愿意跟我玩,我总是一个人待着。"说话间,我发觉小葛焦虑不安。由于时间关系,我安抚好她之后,约定几天后再谈。之后连续两天,我都找机会和她聊天,与她建立友善的关系。

(二)发展能力,培养自信

我和小葛进行了两次面谈,帮助小葛调整认知。小葛告诉我,她的爸爸只要求成绩,妈妈只管生活的吃喝,自己就像个读书机器,考得好他们就到处去炫耀,并未真正在意她。看着楚楚可怜的小葛,我帮助她分析:

第一,父母要求她成绩优秀与爱她并不矛盾,应该体谅父母的苦衷。

第二,父母到处去炫耀她的成绩,是因为她是他们的骄傲,这是爱她的表现,可以试着和爸爸妈妈沟通一下。

经过我的分析后,小葛似信非信,要求回去后再想想。

(三)抓住时机,助其转变

再次见到小葛时,她告诉我,她已经想通了,也在努力地改变,但和妈妈还是没办法沟通。听了她的话,我给她播放了短视频《一个离家出走的女孩的故事》。她看得泪流满面,等她情绪稍微稳定,我和她定了一个"契约":利用空闲时间,多找教师和爸爸妈妈沟通,寻求他们的理解与帮助。

(四)广开渠道,创造环境

沟通是心灵的桥梁,我知道要对小葛进行辅导,还需要建立一个较好的辅导环境,这就需要家校联手。

1. 与小葛父母的沟通

这次面谈以后,我多次和她的父母交流小葛在学校的情况。在我的努力下,她的父母开始认识到原先对孩子的教育存在着很大的问题。

2. 与其他任课教师的沟通

我向其他任课教师介绍了小葛的情况及要采取的辅导方法,希望他们能在课堂上多关注小葛,及时肯定她的细微进步,创造她在群体中自我展示的机会。

(五)破"茧"成蝶,体验成功

经过我的心理教育与辅导,小葛对自己有了深刻的认识,努力改正,能和同学和睦相处,劳动中不怕脏不怕累,期末时还被评为"三好学生"。父母也反映她开朗多了,由于个性偏差造成的学校适应障碍问题已经得到改善。

总之,对于孩子,我们更应考虑他们还有哪些需要未满足,做好适当的"填补"。对孩子的爱要如春风化雨,润物无声,助人自助,使其破"茧"化蝶,还孩子一对美丽而有力的翅膀,在茫茫的人生旅途中自由自在地飞翔。

作者单位:宁波市宁海县岔路镇中心小学

> **♥ 编者微评**
>
> 家庭教育对孩子的影响重大,良好的教育氛围有助于孩子的身心健康,但是很多父母出于对孩子的负责,在孩子的成长阶段中,好心办"坏事"。本案例中,小葛的家庭教育就存在这样的问题。作者认识到这一点后,就对其时刻关注,追究其烦恼成因,考虑其需要上的欠缺,进行适当的"填补",使小葛的个性偏差得到较大的改善。此过程也显示了作者的爱心与心理辅导技能。

第十一辑

心理辅导之校园无欺

　　近年来，校园欺凌事件频发，成为社会关注的热点话题。校园欺凌形式多样，但原因多是孩子成长环境欠佳，家庭教育缺失或不当，使一些孩子从小就"骄纵""蛮横"，甚至"凶悍"，而被欺凌者常常胆小怕事，缺少自我保护意识，助长了欺凌行为。由此，作者们在案例中进行双向发力，同时对欺凌者和被欺凌者双方进行心理辅导，从多方入手，在让学生合理宣泄情绪，重塑认知，并借助班级管理制度，促进同伴互助的同时，加强家校沟通，创建良好的人际交往环境，最终达到改善学生行为的目的。

86 杜绝"狐假虎威"式的校园欺凌

沈丽萍

A 烦恼来袭

前一段时间,小成(化名)在日记里写道:"小涛(化名)总是问我要钱,如果不给,他就威胁要把我早晨在学校补回家作业的事告诉老师。"无独有偶,和另一个学生小景(化名)聊天时,他也提到有类似的情况。

小涛是谁?他是我们班的小管家,经常帮助教师们管理班级。但孩子们的日记,让我意识到班级中可能存在"狐假虎威"式欺凌(下文简称"狐"式欺凌):即欺凌者借助于更强大的权威力量(这里特指教师),霸凌其他同学。

B 烦恼成因

其实我们班已经上过以"欺凌"为主题的班会课,而且我也旗帜鲜明地表达了对欺凌零容忍的态度。为何受到欺凌的学生和旁观者都不向我报告呢?难道学生没有意识到这是欺凌吗?随后的问卷印证了这一点。(见图1)

问卷结果显示,7%的学生选择 A,82%的同学选择 B,11%的学生选择 C。由此可见,"狐"式欺凌有很强的迷惑性:当出现"狐"式欺凌时,学生普遍认为那是班干部的管理行为,但方法可能不妥。

除了学生方面的原因,班主任也要负一定的责任。我在接手班级后,还没有建立合理、有效的班级制度,形成良好的班风。同时我又频繁外出听课、学习,导致班级管理松散,为"狐"式欺凌的发生提供了机会。

> "狐"式欺凌问卷调查
>
> 小Y在班级中成绩较差,经常晚交作业,影响小组上交作业的速度。小Z是班干部,在催小Y上交作业。因为小Y交得慢,小Z骂她是笨蛋,并让小Y交出5元钱,不然就让别的同学也骂她白痴。你认为小Z的这个行为属于:
>
> A.在管理同学,这样的做法是可行的
> B.在管理同学,但是做法需要商量
> C.这是欺凌行为

图1 "狐"式欺凌问卷调查

C 烦恼消解

百兽见到狐狸避逃不及,不是因为害怕狐狸,而是因为狐狸身后站着大老虎;同样,学生并不是害怕班干部,而是班干部背后站着教师这一只"大老虎"。因此,要防止"狐"式欺凌的发生,可从弱化"老虎"的绝对权力、强化"小狐狸"的服务意识、激发"百兽"的个人效能感入手。

(一)弱化背后的"大老虎","小狐狸"无权可借

"狐"式欺凌的发生,是因为"小狐狸"已经成功借助"老虎"的威力,形成了自己的绝对权力。因此,只有弱化"大老虎"的绝对权力,才能有效减少"狐"式欺凌。为此,我进行"自我革命",充分放权,通过集体商量来决定班级中的事务。

我们通过发挥制度作用,变"虎威"治班为"班规"治班,注重形成正确的集体舆论。我们班通过集体讨论、修改总结、投票表决,制订了各项公约,如卫生公约、列队公约、就餐公约等。每项公约和学校的三项竞赛挂钩,做到责任落实到户。

这样一来,对于班级事务,我们严格按照班规行事,强调制度遵守,而非角色遵从。"大老虎"再也不是高高在上的主宰者,"小狐狸"自然无权可借。

(二)强化服务意识,"小狐狸"无威可耍

班干部是"官本位"思想在未成年人中的衍生物,要弱化班干部的权力象征,就应该从源头上改变对它的认知:班干部不是班级的领导者,而是为大家服务的班务员。因此,我们班级在选定班务员时,集体讨论并起草了《管理人员守则》,以规范班务员的管理行为。(见图2)

《管理人员守则》是班务员的"紧箍咒"。从"大老虎"身边的借权者变成"百兽"旁边的服务者,"小狐狸"自然无威可耍。

> 管理人员守则
> 1. 不骂人,文明管理。
> 2. 不偏袒,公平管理。
> 3. 管理人员要以身作则。
> 4. 每位同学有三次"受提醒"机会,间隙不少于一分钟。
> 5. 以组织活动来管理班级(朗读、背诵、看书等)。
> 6. 采用小组竞赛制,给赢的小组加星。

图2 管理人员守则

(三)激发"百兽"的个人效能感,"小狐狸"无人可欺

1. 开展通识教育,揭开"狐"式欺凌的迷惑面纱

"狐"式欺凌中鲜少出现抗议者和打抱不平者,是因为学生普遍对它认知不足,觉得被欺凌者是"咎由自取"。因此,我通过班会课,组织学生全面认识"狐"式欺凌。

2. 建立下情上达渠道,增强学生的"求助"意识

任何欺凌行为若得不到阻止,久而久之,被欺凌者会形成习得性无助思维。尤其在"狐"式欺凌中,欺凌者因班干部的身份往往得到更多的理解而被宽容对待。为此,我重申不管欺凌者的身份是什么,都要做到公平公正的处理,并鼓励学生在遇到或看到欺凌行为时,通过写日记、传纸条、发信息等方式来求助。

3. 开设心理辅导课,培养学生的同理心和自信心

一个自信的孩子,很难被欺凌。同样,一个有同理心的孩子,会将心比心,理解对方的感受,很难成为欺凌者或无动于衷的旁观者。因此,我通过心理课,让

学生在游戏和活动中设身处地地感受、体会,进而培养学生的同理心,建立自信。(见表1)

表1 五节心理辅导课

心理课	活动方式	活动目的
《语言有温度》	"石头剪刀布"游戏	赢的同学向对方说一句厌恶的话,让学生感受到言语欺凌的危害
《认识我自己》	"照镜子"游戏	让学生明白每一个人都有自己的优缺点
《我是独一无二的》	"找叶子"游戏	让学生明白每一个人都是独一无二的存在
《不完美的自己最真实》	"优点大轰炸"游戏	让学生明白每个人都有优点,不要因自己的缺点而妄自菲薄
《不做易爆的"小气球"》	"吹气球"游戏	让学生明白不能用错误的方式,发泄自己的坏情绪。我们可以换一个角度来看待问题,重拾自信,重获快乐

一封封求助信件,是欺凌行为的"照妖镜";一堂堂心理辅导课,是学生自信心的"加油站"。当"百兽"面对强权者有勇气说出"No"时,"小狐狸"自然无人可欺。

"狐"式欺凌,其本质是个体之间因权力不平等引起的欺凌与压迫。因此,通过创设民主的班级氛围,建立合理的制度,加强对班务员依法管班的约束;再通过一堂堂心理课,培养学生的同理心,提高学生的自信心,增强学生自我保护的意识,才能最大限度地杜绝"狐"式校园欺凌。

作者单位:宁波市余姚市舜水小学

编者微评

校园欺凌近年来已成为全社会的热点话题,越来越多的人认识到它的危害。教育部印发的《关于开展校园欺凌专项治理的通知》,更是引起了举国讨论。虽然对校园欺凌的定义已经很清晰,但是由于欺凌者是班干部而产生的"狐"式欺凌却容易被我们忽视,进而导致次生危害。作者通过改革班级管理,建立班级制度,完善班干部管理条例,开设心理辅导课,提高学生的自信心,最终有效杜绝了"狐"式欺凌的发生。

87 "霸王龙"变形

童维维　姚丹丹

A 烦恼来袭

小榕(化名),男,11岁,有轻微的支气管炎,身体稍胖,时常因为座位空间的大小与前座的小凯(化名)发生口角。多次教育后,小榕表面上应承,转头又是老样子。天热的一日,体育课后,两人又因为座位空间大小问题,从言语争执到肢体冲突,小榕在理亏的情况下哮喘发作,所幸情况不是很严重。事后,教师将两人分开,但小榕坐到新的座位后,依然还是会与前面的同学发生矛盾,故意用笔去戳前面同学的背,去拉前面女生的辫子,导致他人火冒三丈。他稍稍偃旗息鼓,但是没过多久又是故伎重施。

平时课堂上,小榕表现得我行我素,有时将铅笔盒扔到地上,发出怪响;有时故意大声咳嗽几下;有时用镜子的反光照其他同学的眼睛,破坏课堂纪律。他还故意找茬,提一些莫名其妙的问题刁难教师,有时因教师口误说错一句,他便"杠精"上身,一发不可收拾。似乎别人不舒服,他才开心,同学们都叫他"霸王龙"。同班其他同学的家长纷纷向班主任告状,接班的教师更是叫苦不迭,找他谈话,与其父母交流,可是收效甚微。他自己也想改变。我便把他请进了"阳光坊",希望他有所改善。

B 烦恼成因

通过多渠道的调查和了解,我总结出导致他具有攻击行为倾向的原因:

(一)生理发展

儿童心理学认为攻击性行为在10—11岁是第二个高发期。对小学生而言,主要是语言攻击、谩骂诋毁,造成对方的心理伤害;更进一步的是身体上的攻击,最常见的是打架,最为严重的是故意伤害。小榕具有这一阶段攻击性行为高发期儿童的显著心理特征,若不及早干预,会影响到其今后发展,乃至影响成年后的生活、工作等。

(二)个人因素

首先,小榕情绪不稳定,抗挫能力差。他常因一点小事发脾气,如平时在课堂上教师说他某个题目做错了,结果订正了两遍还是出错,他就会气愤地撕掉作业本。其次,他自尊心强,接受不了别人对他的批评。一旦别人批评他,他很快就会做出防御型的自我保护。此外,他不懂如何合理地与同伴交往,如何与他人进行有效沟通,表达自己的意愿。

(三)成长环境

小榕的父母是慈溪新市民,初中文化水平,家庭教育方式存在欠缺:(1)教育方式简单粗暴。爸爸管教比较严格,一旦小榕做错事,就会暴打一顿,以示警告。小榕以前不敢反抗,四年级以后,他的反抗越来越激烈。(2)妈妈过分溺爱。每当教师反馈孩子的问题时,妈妈总会找原因为其开脱责任。于是,孩子也学会了遇事把原因归咎于他人。(3)家庭沟通缺乏技巧。据小榕反映,平时一家人很少会坐下来心平气和地沟通。

C 烦恼消解

(一)尊重接纳,倾听真实想法

在第一次辅导时,小榕就很抗拒:"你想骂就骂吧!我是从小被骂大的,我才不怕呢!"我意识到他平日里有太多不被接纳的时候,因此缺乏对他人的信任。辅导中,我传递给他一些信息:你是个坦诚的孩子,我愿意帮助你。也许是我的真诚感动了他,到第三次辅导时,他终于愿意放下内心的顾虑,详细讲述他与小凯的事情。两人在幼儿园时就经常打闹,他把对方当朋友,可对方不爱理他。我发现他只是站在自己的角度看问题,没有意识到自己的不足,但我还是肯定他能坦诚交流。

(二)认知重塑,改善行为、问题

小榕跟他人发生冲突,很重要的一个原因是认知的错误。因此,我首先让他用换位思考的方式,体会他人的感受。比如,跟教师唱对台戏时,小榕采取换位思考的方式后,确实有所收敛。其次,我帮助他树立规则意识。在情景模拟中,小榕明白只有懂得规则,才能更好地与他人相处。最后,我还引导他正确对待挫折,做好情绪管理。虽然实际操作起来有点难,但是经过一学期的努力,还是可以看到小榕有明显的进步。

(三)家校合力,创建良好环境

由于小榕父母的文化程度不高,我决定每周定时与他们沟通,推荐一些育儿学习资料,对他们进行指导和帮助。我鼓励他的父母对小榕的学习生活多一些肯定,及时表扬他完成的每项任务,但表扬内容要具体,表扬的态度要诚恳。同时,我告诉家长,自己要起到榜样作用。家长积极配合,及时在微信中反馈自己的做法。

（四）同伴互助，合理宣泄、沟通

由于小榕体型、性格上的不同，部分同学非常怕他，故意躲得远远的。于是，我通过开设团辅课"听听我心声"，让小榕在学生间的相互交流中，体会其他同学的真实想法，彼此敞开内心的大门；重点是让小榕知道如何进行有效沟通，找到合理宣泄情绪的有效途径。课后，我还成立了同伴互助小组，让小榕回归集体，感受温暖，纠正原先的不良行为。

到五年级期末，小榕有了较大的改变，成绩也有所上升，与同学交往也变得融洽很多。"霸王龙"变形后，我看到了小榕的笑容与成长。

作者单位：宁波市慈溪市开发小学　宁波市慈溪市潭北小学

编者微评

一些不良行为的纠正，需要经历意识的唤醒，从被动到主动，再到付诸实际行动，还需外在的鼓励和督促。在辅导中，小榕从开始的排斥抗拒，到打开自我的心扉。这种发自内心的点燃触动，源于内心被尊重、被理解的渴望。作者创设了善意的周围环境，激活了他内心渴望改变、渴望理解、渴望获得认可的内部驱动力。虽然小榕偶尔还会有一点行为的反复，但他能马上意识到自己的不足，并主动放下"攻击"，相信他能一步步稳稳地前进。

88　小老虎"拔牙"

黄玉环

A　烦恼来袭

接手现在这个班级的第一天，班上的小硕（化名）同学就给了我一个"开门红"——体型庞大的小硕在课间无缘无故推倒了班级里的涵涵（化名），导致涵涵嘴唇嗑破，血流如注！

给受伤的孩子处理好伤口后，我了解了当时的情况。下课铃声响过后，涵涵起身收拾书包和课桌，正在她专心整理的时候，身后的小硕大喊：快让开！还没等涵涵反应过来，她已经被推倒在地。我问小硕："小硕，这件事情你觉得自己哪里做得不对？"面对我严厉的面容，小硕并没有流露出一丝的恐慌，他很是淡定地回道："她挡路了，我就是推了她一下，我要过去交作业！"

面对蛮不讲理的小硕,我联系了他的父母,并讲述了这件事情的始末。本以为,小硕的父母会好好教育小硕。但是,出人意料的是,我还没有把话说完,小硕父母就急着反驳:"老师,小硕很老实的,欺负别人的事情他是不会去做的,会不会是对方孩子先动的手啊……"一番谈话下来,小硕父母完全是在为自己的孩子做辩护。

小硕我行我素的问题事件频发,奖惩制度在他身上一点效果也没有,从任课教师到学生家长都对小硕颇有微词。

B 烦恼成因

(一)过分溺爱、包庇

我了解到小硕父母是个体经营户,餐饮生意十分红火,是别人口中的"土豪"。因为生意繁忙,他们无暇细心照顾小硕。小硕长期和爷爷奶奶生活在一起。作为家里唯一的孙子,小硕是家里的小皇帝,爷爷奶奶对他千依百顺、言听计从。稍有不顺心,小硕就会大哭大闹,每当这时爷爷奶奶就会"缴械投降"。长此以往,小硕的牛脾气见长,越来越自我。

(二)坏榜样的影响

小硕的爸爸由于业务繁忙且压力很大,因此脾气异常暴躁,经常在家里和妻子吵架,甚至大打出手。小硕告诉我,他觉得爸爸很可怕,但也很厉害。稚嫩的语言反映了爸爸的言行对小硕至深的影响。因此,在小硕的观念里,生气、大吼甚至打人都是一种很"厉害"的表现。这种被歪曲了的价值观,在潜移默化中逐渐根深蒂固根植在小硕的心中,影响了小硕的行为。

(三)破罐子破摔

心理学研究上有个现象叫作"破窗效应",就是说,一个房子如果窗户破了,没有人去修补,隔不久,其他的窗户也会莫名其妙地被人打破。

任何坏事,如果在开始时没有被阻拦,逐渐形成风气,最终会改也改不掉。小硕就是如此,他因为自身的不良行为,自小受到同伴及其他长辈的指责。随着次数越来越多,他内心也会越来越麻木,甚至是破罐子破摔,变得越来越乖戾。

C 烦恼消解

(一)溯源——从家庭教育的源头开始

在了解了小硕的家庭环境之后,我和小硕的父母有了一次深入的交谈,并告知他们小硕在学校的表现,也分析了孩子行为背后的原因。因为我捧着一颗真诚的心,且注意了交流过程中的言辞,列举了很多事例,小硕父母终于理解了学校教师的良苦用心,答应会多陪伴孩子,时刻在孩子面前注意自己的言行举止。有了小硕父母的配合和引导,小硕在学校犯错误的次数逐渐减少。

（二）满足——深究马斯洛的需求层次理论

依据马斯洛的需求层次理论,因为不良言行被班上同学排斥的小硕,其内心的社交和自我实现等需求是长期得不到满足的。因此,我安排了小硕担任班级卫生包干区的值日生,并给予适当的奖励。我们班级卫生包干区是实验楼一楼至四楼的走廊,一日两扫一捡。光是上下一楼至四楼的楼梯就是一件非常消耗体力的事情,因此接到任务后的小硕,忙碌了起来。

时不时的表扬,也让他收获了成就感。有一天,我当着班内全体学生的面读了学校群里的一条政教处卫生检查公告——表扬 305 班卫生包干场地格外干净,并附带了一张小硕低头捡垃圾的照片。班上的孩子们自发鼓起了掌,这对小硕来说非常难得,从被排斥到被接纳,甚至是赞扬,他慢慢找到了自我价值的归属。这也逐渐改变了他的言行。

（三）期待——巧用罗森塔尔效应

罗森塔尔效应,亦称"人际期望效应",指的是教师对学生的殷切希望能戏剧性地收到预期效果的现象。

为了改变小硕的自我认知,我尽量去挖掘小硕的优点。经过一段时间的观察,数学教师告诉我,小硕的数学思维很敏捷,数学课上看似心不在焉、调皮捣蛋的小硕其实知识点掌握得都不错。于是,我和数学教师商量,编织一个"善意"的谎言。

有一天,数学教师特意根据小硕知识掌握的程度和擅长的方向,出了一张练习卷。果不其然,小硕答得相当理想,于是午间休息时,数学教师将小硕请到了办公室,悄悄告诉他,从这张练习卷中,看到了小硕的数学天赋,并嘱咐他一定要好好学习,并给他讲了很多数学家的故事……

小硕变得越来越遵纪守礼,虽然偶尔还是会犯错误,但是表扬逐渐多于批评……

作者单位:宁波市北仑区小港中心学校

❤ 编者微评

出生于独生子女家庭的孩子,由于方方面面的原因,个别孩子会存在"骄纵""蛮横"等性格特点。文中小硕同学的行为问题无疑和其原生家庭的教育存在密不可分的关系。文中,作者由表及里,从根源入手,与小硕的父母进行推心置腹的交流,并且熟练运用相关的心理学知识,对学生的行为进行科学的矫正,让学生重新进行自我定位的同时,收获了自我认同感。就这样,作者替一只凶悍的"小老虎"成功地"拔牙"了!

89 不想被欺凌的小文

王红梅

A 烦恼来袭

小文(化名),五年级男生,个子矮小,走路含胸,戴眼镜,眼神不敢与人直视。第一次咨询,小文父亲陪她进入心理咨询室。父亲描述:孩子前几天连续两天做噩梦被惊醒,梦中喊话:"别打我,别打我……""我跪下,别打我!"询问孩子后我得知,小文在学校被欺凌了,而且多次发生,怕孩子后期会有心理问题,所以来寻求帮助。

师(拉着小文的手):愿意抬头看看老师吗?(小文抬一下眼后又垂下了眼睑)

师:这几天睡得不好?做噩梦是吗?(小文点头)

师:做噩梦醒来后你感受最深的是什么?例如害怕、担心、焦虑等。

小文:害怕!

师:害怕的时候脑子里出现的是……

小文:他们打我!

师:还有呢?

小文:爸爸妈妈又说我没用。

师:你有好朋友吗?

小文:打我的人就是我朋友,他们向我要钱,我没有了,他们就让我跪下,还扇我耳光!

师:这样的事情有几次了?

小文:两次!

师:没跟爸爸妈妈或老师说说?

小文:我不敢!

师:除了做梦梦到被打,平时会有这样的想法吗?

小文:这几天白天的时候,我脑子突然又会看到自己被打了。我很害怕,不想想到这些,但是它总是跑出来!

师:每一天都会有?

小文:今天没去上学,这样的画面没出现。

师:你有哥哥姐姐吗?

小文:没有,我有弟弟,我喜欢我弟弟。

师：如果你再被欺负的时候，你的弟弟就在你身边，你觉得弟弟会怎么做？

小文：他会帮我出头，他很乖又勇敢，所以爸爸妈妈只喜欢弟弟。

师：他会帮哥哥？

小文：在家里，他跟我抢东西，在外面他还是会帮助我的。

师：爸爸今天带你来，也是在帮助你哟！（孩子听了，主动抬了一下眼睛，望了望我）

本案例中的小文受到了校园欺凌，从一开始的言语欺凌到后来两次被"克米"（敲诈），甚至被一群所谓的朋友挤到校园角落打，使他身心受伤。他的症状属于校园欺凌创伤后应激障碍。其表现为噩梦主题都差不多，白天还有闪现。小文又害怕脑子里出现这些画面。小文整个人的情绪、情感、意志、行为存在负性化改变等，出现不愿去学校的消极反应。

B 烦恼成因

对小文被欺负的现象，我从以下几个方面探究成因：

（一）生理原因

小文个子矮小，在班级里从一年级开始都是坐第一桌。据父亲介绍，小文接受能力也弱，不仅文化科目成绩较差，体育方面更是落后，跳绳、跑步都比不过别人。

（二）心理原因

小文眼高手低，平时爱出风头，上课插话，还表现得沾沾自喜。人际关系不稳定，他喜欢用物质交换友谊。例如，他经常带一些橡皮、水笔等文具送给同学，从而换取友谊。同时，小文缺少主见，喜欢跟在班级里所谓的"老大"后面当尾巴。

（三）家庭关系

小文父母为公职人员，一心希望孩子有出息，因此花大力气将孩子送进名校。父母对小文学习要求高，当小文学习成绩不理想时，他们更是没给小文好脸色，生气时还会对小文拳打脚踢。在小文二年级时有了弟弟后，父母对他管得少了，关注得也少了。父母将家庭重心放在了更讨人喜欢的弟弟身上，只在教师告状时多说几句，大多数也是指责的话语。在家里，小文似乎是多余的，得不到更多的关爱和支持。

在这种环境中成长的小文受到欺负时没有及时求助教师和父母，之后出现创伤后应激障碍是可以理解的。

C 烦恼消解

面对小文被欺凌的现象，我想从以下几个方面帮助他。

（一）处理孩子的情绪

我对小文出现的负性情绪予以理解和接纳，运用认知疗法对小文进行干预，化解他的害怕情绪，并鼓励、引导他讲述内心的感受。认可他的害怕情绪是第一步，也是最关键的一步。

（二）与班主任沟通

在平复了小文的情绪后，我对小文愿意将事情的真相告诉我表示感谢。我和小文就如何正确看待校园欺凌现象进行了交流，让他认识到简单地用打回去的方式是不合适的，处理不好还会造成二次伤害。我告诉小文，这件事情最好的解决办法，就是借助教师和家长的力量，让自己不再孤单。我会将此事告知班主任，请班主任帮忙来处理。

（三）提高孩子的自尊感

我建议小文的父母要从语言和行为等生活细节上表达对孩子的爱和尊重。在亲人面前感受到自己是被重视的孩子，才能更好地爱自己、尊重自己。让孩子更能做到不迎合他人，做独立的自己。面对别人对自己做出不友善或欺侮的行为时，有自尊的孩子就能勇敢地说出来，制止这样的行为。

作者单位：宁波市海曙外国语学校

编者微评

校园欺凌事件中，被欺凌者往往是缺爱的孩子，他在家、在学校、在班级里感受不到足够的爱。所以当他第一次受到欺凌时，他会认为无处求助。渐渐地，欺凌事件多次发生，且越来越严重。作者运用认知疗法安抚小文的害怕情绪并对其父母的家庭教育给予指导。据编者了解，此案例的主角为外校的一个孩子，作者也许看不到自己的辅导效果。

90 长跑女孩的逆袭之路

张 菱

A 烦恼来袭

学校"心灵港湾"的"悄悄话信箱"里静静地躺着一张小纸条。于是，我们迎来了今天的主人公——小琪（化名）。

小琪看上去特别没精神——厚重的刘海遮住了她的额头,身上穿着一件松垮泛旧的 T 恤,脸上带着羞怯的表情。在她的描述中,我惊讶地发现她是一个在群体中长期受到歧视和孤立的孩子。班中的男孩子经常嘲笑她,喜欢起哄。比如,教师要求同学们做一件事时,他们便会一起故意喊她的名字;体育课上大家练习体育项目时,他们也会故意对她指指点点,大声说笑。小琪的书本、文具等常常不翼而飞,有时会被藏在另一个同学的课桌里。只要是她的东西,同学们总嫌脏,发作业时会将她的作业扔到一边,并做出擦手的动作……这样的事情数不胜数。男同学的表现直接而伤人,女同学虽然表现得不明显,但是会在言行中有意无意地避开她,不搭理她,更不和她说话。小琪表示她害怕来上学了。

B 烦恼成因

(一)小琪自身及其家庭原因

通过了解后我得知,小琪性格比较内向腼腆;她的父母是外来务工人员,整日忙于生计,对孩子的关心有限。因此,小琪学习成绩比较普通,甚至较差。又因为家庭经济条件不那么宽裕,小琪的穿着打扮、个人卫生也没那么讲究。

(二)班中其他同学的原因

小学中高年级时,家长易把注意力集中在孩子的成绩上,忽视了对孩子关心他人感受、同情弱者等方面的人文素养的教育。班中同学年龄小,盲从与是非观念的薄弱让他们也加入了欺凌他人的队伍而不自知。还有少部分家长表现出对外地人的排斥,这种心理优越感潜移默化地影响了孩子。

(三)教师、学校的原因

学校教师重视学生成绩是普遍现象。成绩优秀的学生也会自然而然地产生优越感,看不起成绩较差的学生。在班级管理中,成绩好的受表扬,评优评先,也是普遍存在于学校中的一种价值取向。但问题是,一味地以成绩论英雄,带来的副作用之一就体现为对成绩差的同学的歧视。

总之,校园的欺凌现象,从一定程度上来说,是一些社会现象在校园中的反映。

C 烦恼消解

要改变这种校园现象,需要社会、学校、家庭共同的努力,让孩子们能够在一个健康向上的校园氛围中成长,远离校园欺凌的伤害。

(一)塑造好形象——改变从自身开始

改变他人对你的看法,实在是一件不容易的事情。那么"山不过来,水过去",就先从改变自己做起。

我和小琪的家长联系,希望他们能多关心小琪,帮助小琪做些改变:梳理好头发,尽量穿比较有质感的衣服;走路昂首挺胸面带微笑,态度不卑不亢;每天在纸条上列举自己的优点,让自己充满信心;注意言行举止,改掉咬橡皮等怪习惯。

(二)建立交友圈——避免被孤立的处境

小琪性格腼腆,由于长期被欺压,表现得较为自卑。目前的同桌也是她的好朋友,但平时对她颐指气使,动不动就拿绝交威胁她,还在背后说小琪的坏话。

我经常找小琪谈心,知道她不喜欢同桌的行为,但是又怕失去朋友。我告诉她正确的交友观,请班主任换了一名同桌,并在班中找几个性格比较好的女孩子和小琪交朋友。慢慢地,小琪拥有了真正的朋友。

(三)抓展示机会——扩大班中影响力

如何改变他人对自己的看法,除了改变自己,最重要的就是能够得到别人的认可。我试着让小琪回想自己有什么优点。小琪觉得自己在长跑方面比其他人更有韧性,更有耐力。我眼前一亮,觉得长跑可能是她的特长,除了身体条件,她的韧性、坚强的意志也很重要。于是我鼓励她练习长跑,还特意带她去寻求体育教师的帮助。体育教师把小琪招入了学校的田径队,天天跟着训练。

功夫不负有心人。在学校运动会女子1500米比赛中,小琪取得了第二名的好成绩。运动会最能提高班级的凝聚力、同学之间的向心力,小琪的成功赢得了同学们的欢呼和掌声。我想,这欢呼和掌声也是对她的认可吧!

(四)开设心辅课——将心比心有奇效

作为学校的心理辅导教师,我觉得用精心设计的心理辅导课来改变孩子们的想法,可以帮助很多像小琪一样的学生。我相信,多数孩子是善良的,只要正确地引导,一定能提高他们的认知水平。

我和其他心理辅导教师一样,让一堂堂心理辅导课走入校园的每一个班级,也融入孩子们的心灵深处。而小琪也顺利地迎来了毕业,不带遗憾地迈入她新的征程。

一张张求助的便签,一次次努力的尝试,我不希望美好的校园成为孩子们的噩梦。希望我们的努力能够抚平受欺凌孩子的心灵创伤,还他们一个快乐、健康、和谐的校园。

作者单位:宁波市北仑区岷山学校

编者微评

"悄悄话信箱"中的一张求助便签,引起了作者对校园欺凌现象的关注。通过多次和小琪交谈,作者了解了小琪在班里的处境和自身存在的问题。在协助小琪披荆斩棘的过程中,作者充分调动身边的资源——家长、同学、教师,为小琪铺路搭桥。最重要的是作者挖掘了小琪身上的闪光点——她长跑的特长、她坚强不服输的性格,最终让小琪成功逆袭。

91 我不是"矮冬瓜"

丁岑维

A 烦恼来袭

小明是一名七年级学生,因父母工作调动来宁波上初中。入学前他没有和班级同学一起参加军训,开学后一开始还能正常地投入学习生活。有一次在体育课上跑步的时候,有的同学看到他稍胖的体型,嘲笑他为"矮冬瓜"。慢慢地,嘲笑他体型的同学越来越多,小明很生气,但是又没有办法,常常自己生闷气。有时候,班级里几个块头大的同学还会故意去推他、撞他,要是小明表示不满向班主任告状,他们事后还会让班里的同学不和小明一起玩。一段时间后,小明开始出现以身体不适为理由请假,偶尔还会有不愿意上学的情况,家长对此感到非常着急。

B 烦恼成因

通过访谈,我判断小明出现身心问题的原因在于他遭遇了校园欺凌。

校园欺凌是指发生在学校情境中,学生对他人或群体做出的负面行为,包括但不限于言语方面的辱骂、嘲笑,身体方面的攻击、踢打,关系方面的孤立、排斥等。在这个案例中,小明遭遇了同学的嘲笑——言语欺凌,被同学故意推撞——肢体欺凌,同学不和自己玩——关系欺凌。因此,小明出现的情绪低落、躯体不适和不愿上学都是对遭遇欺凌的一种应激反应。

再进一步搜集信息后我发现,小明面对欺凌所产生的反应背后还有更深层次的原因。

首先,从小与父母聚少离多,和爷爷奶奶生活在老家,小明缺乏安全感,形成了不安全的依恋风格,具体表现为行为上的退缩,在陌生环境中不敢主动与人交往。

其次,从老家来到宁波上学,与自己熟悉的环境和好朋友分离,小明失去了原有的社会支持系统,同时没有和新班级的同学参加军训,错失了认识新伙伴的机会。开学后班上的同学很多都有了自己相对固定的伙伴,而小明很难交到好朋友。

最后,小明存在一定的社交焦虑,总是担心别的同学瞧不起自己或者觉得自己做得不好,对他人的言行较为敏感,总是会进行负面加工,如把别人称呼自己"矮冬瓜"看成自己很难看、很差劲。同时,小明缺乏有效的社交技能,不知道如何加入同学的谈话,也不知道如何表达自己的感受和需求,成了同学们眼里的"怪人"。

烦恼消解

基于对小明遇到的问题的判断和心理分析,我采用了基于系统理论的干预方法。在校园欺凌中,存在欺凌者、受欺凌者和旁观者,单一地改变受欺凌者往往难以取得良好的效果,而需要将受欺凌者、欺凌者和其所处的环境一起进行考虑和干预。

因此,在对小明进行辅导的过程中,我分别从小明、小明家长和小明所在班级三个方面进行了干预,帮助小明解决当前的问题。

(一)对小明的干预:积极赋能,调整认知

针对小明在受欺凌过程中存在的负性认知和在人际相处中自卑的心理,我运用美国心理学家埃利斯的情绪 ABC 理论,帮助小明认识到"遭遇欺凌不是我的错",并通过寻找自己好的方面给自己赋能,重新认识真实的自我,用积极的自我评价替换消极、不正确的自我评价。

经过这样的调整,小明再听到同学叫他"矮冬瓜"的时候,不再忍气吞声或者表现得气急败坏,取而代之的是在心里告诉自己:"这只是同学的玩笑,并不代表我就一直是这样了。""能够给别人带来一些快乐,对我来说也没有什么损失,做好我自己就可以。"带着这样的想法,小明在面对同学的取笑时表现得很从容。同学们发现刺激不到小明,也渐渐地不再说起。

(二)对家长的干预:积极倾听,给予支持

在欺凌事件发生后,家长的理解与支持是孩子最安全的庇护所。对于孩子表现出的身体不适但又查不出生理原因,家长容易给孩子贴上"作"的标签,不但不能理解孩子,而且会指责、强迫孩子。我在与家长交谈时,一方面告知孩子当下的身心症状是有其心理原因的,并非孩子的品行问题;另一方面让家长理解孩子安全感的缺乏和父母在孩子成长过程中陪伴的缺失有很显著的关联。因此,在帮助孩子的过程中,家长需要学习积极倾听,鼓励孩子说出自己的感受,设身处地地理解孩子的处境。同时,家长要引导孩子分析事件的性质,梳理事件的来龙去脉,不过早表达自己的观点,进行平等的交流,给孩子一个安全的家庭环境。

(三)对班级的干预:积极引导,互助友爱

对于欺凌行为,班级里其他同学的旁观又会助长欺凌行为的发生。教师可以尝试通过唤起并增强他们对受欺凌者的同理心,有效减少他们的欺凌行为。因此,我联合班主任在班级开展"向欺凌说不"的心理班会,通过"识别欺凌—感受欺凌—拒绝欺凌"逐步深入,引导学生在认知上意识到什么是欺凌,在情感上感受欺凌的

影响,在行为上学会拒绝欺凌,不冷漠旁观,学会伸出援助之手,为营造互助友爱的班级氛围贡献自己的力量。

作者单位:宁波新城第一实验学校

❤ 编者微评

近年来校园欺凌事件频发,很多遭遇心理困扰的学生或多或少都存在曾经被欺凌或正遭受欺凌的情况。小明的遭遇就是其中的一个缩影。作者通过对学生的干预,帮助学生重新认识真实的自我,用积极的自我评价替换消极、不正确的自我评价;通过对家长的干预,要求家长对孩子多一分理解与支持,帮助学生建立起一个安全的家庭环境;而通过对班级的干预,则给学生营造了一个互助友爱的班级氛围。当然,对受校园欺凌者的辅导,作者还要考虑其受到的欺凌类型,如果除了言语欺凌外,他还受到行为欺凌,就应该帮助他学会一些自我保护的方法。

对欺凌说"不",其实很简单

王凌燕

A 烦恼来袭

自九年级第一学期期末开始,小芙(化名)在网络平台或现实中反复遭到同班几名男生的言语攻击,时常被其中一名男生 A 扔粉笔头和踩椅子。她因此感觉受到侮辱,非常难受,日常学习状态也明显受到影响。

但是,小芙不敢有任何回应,害怕自己的反抗会招致更严害的欺负。她也不敢哭,刚开始时她曾忍不住哭,同学、朋友看到后都会来安慰她,但中考临近,大家都很忙,她不想影响别人,所以强行压抑自己的情绪外露。她更不敢告知班主任,因为班主任知晓后一定会联系母亲,而母亲一个人带着两孩子生活已经很辛苦,且妹妹尚幼,所以小芙不想再给母亲添麻烦。

可是,学校的中考百日冲刺仪式以后,被欺凌的影响使小芙更加难以承受。她不仅长时间入睡困难,还噩梦频繁,学习时注意力也难以集中,总是烦躁不安。好朋友曾看到她被欺负后对男生们说"不要这样做",但几次劝说无效后也不再出面,小芙自己又不知道怎么调整,于是选择寻求专业支持。

B 烦恼成因

经了解,小芙认为这些男生在初中前两年中并不曾有恶意伤害他人的表现,但突然会针对自己是因为男生 A 曾给小芙的小学同学 B 送花。B 问小芙,A 是否因为喜欢自己所以送花,而小芙对此未发表观点。但 A 可能认为 B 不接受他是因为小芙在其中捣鬼,因此拉上自己的朋友欺负小芙以报复泄愤。

双方不曾进行有效沟通而产生误会后衍生出报复行为,又因小芙的个性化应对方式不合理而发展并维持至今。生活在单亲家庭的小芙,平时表现得很懂事,体谅母亲的艰辛,习惯不麻烦别人,即使受了委屈也不言语。可见,她在成长过程中形成的应对方式存在一些不合理的部分,比如——

遭遇侵犯时不会及时、明确地表达感受,并设立界线保护自己,告知对方其言行对自己造成的伤害;不允许自己表达自然产生的情绪和感受,不具备诉苦的能力;认为求助会麻烦他人,而麻烦别人则表示自己做得不够好,不值得被人喜欢和爱,因害怕不再被喜欢和爱而放弃触手可及的社会支持。

在人际互动中,有一种只有痛的人(如小芙)才会有的感觉,即感觉有人总是存心去触碰她的痛处。而会出现这种感觉是因为只有痛的人才知道有人在触碰痛处,而碰触痛处的人(如男生们)、旁观者(如好朋友)或者关系亲密者(如班主任和母亲)都不知道,或者认为触碰后的痛的程度没有严重到值得特别关注,以致最初的报复欺负发展成后来的欺凌。

校园欺凌是指学生群体中力量相对较强的一方反复恶意伤害相对弱小的一方,通常表现为以大欺小、恃强凌弱、以众欺寡。尽管具体案例诱因不同、表现各异,但都如小芙的遭遇这般具有故意伤害、力量不平衡和反复发生等特征。

反复被欺凌的影响与中考的压力叠加后,小芙更加焦虑痛苦,因此她鼓起勇气选择改变,选择向外求助。

C 烦恼消解

我与小芙一起梳理了被欺凌的发生和发展过程后,商定以下解决策略——

(一)设立界线

我帮助小芙了解在必要时设立界线的重要性,通过空椅子技术反复练习"我信息"表达——"你们这样做让我感觉受到侮辱,令我非常难受和痛苦,我希望大家能好好相处,请你们停下这些行为"。

在此基础上,我鼓励她在好朋友的陪同下面对欺负时能郑重地表达出来,让对方知道自己受伤害的感受,使其停止继续欺负的行为。

(二)敢于求助

我让小芙明白每个人都有需要帮助的时候,她因为年龄、经历和能力等限制会遇到困难是很正常的,而且母亲和班主任都有帮助她的责任。所以,如果自己无力实施上述的"立界线"策略或者实施无效,建议尽快请班主任帮助协调,必要时请母亲给予支持。

(三)接纳情绪

我帮助小芙了解并接纳情绪产生的客观规律,把伤心、焦虑等情绪当作到自己身体里游玩的客人。每当觉察到它时,先接受它,然后通过注意转移、合理宣泄和理智控制等方式使自己恢复平和状态,从而改善学习状态。

在此基础上,我引导小芙练习呼吸、放松肌肉等,为调适情绪储备可用的方法。当天辅导结束后,我联系班主任建议其留意小芙的近况,并请他在2天后找机会悄悄问小芙两个问题并强调"这对她很重要"——

(1)找心理教师聊的麻烦解决了吗?

(2)是否需要我的帮助?

一周后回访,小芙笑得很温和,她说:"没想到竟然这么简单就解决了,当我说出那句话时,他们好像不认识我一样盯着我,然后走开了,然后就没有然后了……"

作者单位:宁波市慈溪实验中学

❤ 编者微评

确实,我们总是选择运用熟悉的方式来处事,而非选择正确的方式。在校园欺凌的预防和应对中,受欺凌学生本人在第一时间勇敢地表达感受(立界线)是关键,而这却是学生的惯常应对方式中缺失的部分。该案例中,作者的辅导和干预正是聚焦了这部分,为受欺凌学生打开一个新思路。但在个别辅导过程中,作者没有引导学生释放积压的情绪,尚未对受欺凌学生的心理伤害进行修复,需要事后跟进。

93 "丑陋"的是欺凌

熊周红

A 烦恼来袭

盈盈(化名),是一名六年级的小女孩,成绩一般,平时比较内向。进入六年级的盈盈,由于身体发育的缘故,脸上长满了暗疮,体型也"膨胀"开来了;再加上天生皮肤黝黑,显得又黑又壮,因此她很自卑。于是,她很少跟同学交往,立志专心学习。可是事与愿违,班级里的几个男孩子经常恶意嘲笑她,喊她"死肥猪""坑痘脸"。

一次体育课,体育教师要求跑800米。当其他小朋友都在规定时间内完成任务后,盈盈却还在吃力地跑着。这时,其中一个男孩子故意大声朝她喊去:"大肥猪,又笨又黑的猪。哈哈!"男孩子的喊声惹得其他小朋友也发出阵阵哄笑,有几个男孩子也跟着喊:"胖猪,死胖猪!"这使得盈盈的脸一阵阵发红。

从那件事以后,盈盈变得更加自卑,都不敢离开座位去上厕所;书上只要出现"胖""猪"等字眼,她就紧张得全身冒冷汗。她整日惴惴不安,不愿与人说一句话,这严重影响了她正常的学习和生活,最终她的成绩直线下降。这使得盈盈很烦恼。

B 烦恼成因

在盈盈身上发生的状况,很明显是由于同班男孩们的恶意语言欺凌所导致的自尊心严重受伤害。这属于校园欺凌事件,受欺凌者无论是身体还是精神,都伤痕累累。

通过对盈盈的了解,我发现使盈盈产生烦恼的原因有以下几点:

(一)自卑心理

盈盈性格内向,在校几乎不怎么开口说话。临近青春期,身形比较高大,满脸暗疮,再加上学习成绩不是很好,这些都进一步加重了她的自卑心理。当学生对自身的外在和内在都失去自信心时,会表现出的自卑、懦弱、胆小的状态,使得她极易成为校园欺凌者欺凌的对象。

(二)情感缺失

盈盈是单亲家庭的孩子,从小跟着妈妈生活。盈盈妈妈平时忙于工作,只关注了孩子的温饱问题。盈盈从来没有感受过家庭的温暖和亲情的关爱。由于性格懦弱,从上学开始,妈妈常常告诉盈盈,跟同伴之间相处不愉快时要学会忍让。久而久之,盈盈在学校受到语言欺凌后,回到家中却得不到安慰和应有的保护,内心的苦闷和压抑情绪也就积压得越来越深了。

(三)人际交往能力弱

儿童的交际能力在很大程度上取决于父母在儿童交际过程中的教学、强化、示范和安慰。盈盈的人际交往能力相对比较弱,这和她所处的环境、性格相关。父母在她的交际过程中的陪伴是缺失的,导致了她自卑的性格,让她不知道如何与人正常交往。因此,在被同学语言欺凌时,盈盈不懂得如何去寻求其他同伴的帮助,孤立无援地备受男孩欺凌。

◯ 烦恼消解

经过咨询,我对盈盈的基本情况有所了解。盈盈的问题是长期的,伴随着家庭因素而存在,用传统的心理咨询方式来解决她身上的各种问题,将是一场持久战。

我打算采取积极的、正向的焦点解决法,帮助盈盈建立更多的自信;同时结合家庭治疗,利用家庭支持系统,重新构建家庭互动模式,进一步帮助盈盈构建一种互相尊重的良性人际交往方式。

(一)"不自信"问题描述,寻找"自信"例外

盈盈向我述说了对自己的种种"不自信",觉得自己很差劲,才会被男孩子语言嘲讽。因此,我采用了振奋性鼓舞、赞许等咨询技巧,营造了良好的氛围。

我鼓励盈盈发现自己的兴趣爱好,寻找"自信"例外,发现她偶发的自信行为。盈盈喜欢设计,安静的环境能激发她的绘画灵感,并裁剪出别人不会的样板。为此,我联系班主任,将班内黑板报设计的任务交给盈盈,让她发现自己身上的"闪光点",从负面情绪和欺凌行为中走出来。

(二)利用家庭支持系统,构建良性人际交往

盈盈的妈妈也进入了咨询室。我把咨询的一些情况告知了她,她认识到自己对孩子的内心世界关注太少,没有给予她足够的关心。通过爱、接纳和鼓励,盈盈妈妈知道了如何与孩子有效沟通,努力建立母女之间情感的联结,给予相互的情感支持。由于外在形象不佳而受到男孩语言欺凌,盈盈妈妈决定再忙也要陪孩子一起锻炼,食用健康的食物,让盈盈的体型有一定的改变。不仅如此,妈妈也表示会经常带盈盈参加一些社会公益性团体活动,在活动中慢慢构建良好的人际关系。

(三)改善校园欺凌环境,重现文明健康校园

对于那些男孩子,我也把他们请进了心理咨询室。在得知言语上的讽刺嘲笑对他人造成那么大的心理影响后,男孩们表示自己只是觉得好玩而已,也认识到自

己的错误和给盈盈带来的伤害,表示今后不会再开这样的玩笑了。

经过一段时间的治疗,盈盈的状态确实改变了不少。她可以跟那些男孩子进行有效沟通,也从妈妈那里感受到了关爱,从而增强了她的价值感和被需要感。

作者单位:宁波市鄞州区中河实验小学

 编者微评

> 近年来校园欺凌事件频发,上述事件的主人公盈盈因外貌形象被同学语言欺凌导致内心非常压抑。作者通过焦点解决技术,注重挖掘案例中学生的优势和力量,帮助学生探寻解决问题的途径,提高自我认同感。同时,家校联合干预,使盈盈慢慢走出被欺凌的恐惧心理,寻找到支持的力量。作者辅导的效果是很显著的,盈盈知道了在遇到语言等欺凌时,应如何保护好自己,如何寻求帮助,如何调整好心态。这些都帮助盈盈重新构建了一种互相尊重的良性人际交往关系。

第十二辑

心理辅导之转危为机

　　学生的心理危机事件总是因其情绪失控而发生,教师帮助学生化解心理危机,主要也是帮助学生调控情绪。由此,作者们在案例中耐心倾听学生的烦恼,发现问题并及时分析,进行危机评估;辅导时广寻资源,形成多方合力,发挥家庭、学校、朋辈和自身的协同作用;启示学生在回顾、审视自己的生命过程中完成认知转化,从而管理好情绪,走出心理困境。在这里,作者们运用的诸如"诗歌疗法""绘画疗法""情境模拟""法庭辩论""沙盘游戏"等不失为行之有效的方法。

94 女孩手臂上的 100 道疤痕

丁丽娜

A 烦恼来袭

女孩倩倩（化名）在某节数学课上用刀片不停划自己的左手臂。教师发现后及时制止。当看到倩倩的左手臂上有密密麻麻约 100 道疤痕时，班主任立即带她来到了学校心理辅导室。

经了解，倩倩 5 岁时父母离异，2 年前父母双方各自再婚。倩倩从小跟奶奶生活，每逢周末便回母亲住处，生活还算平静美好。事发前一个月，父亲和继母生下一个妹妹。奶奶忙着照顾继母一家，没能像往常一样对倩倩嘘寒问暖。不多久，外婆驾驶电动车时不慎摔倒骨折，母亲只好回老家照顾外婆，以至于倩倩周末无法跟母亲相聚。突如其来的两件刺激性事情，让倩倩觉得自己是个没人要的孩子。渐渐地，她开始上课走神，潦草应付作业，情绪日渐低落。"我是多余的"成了她经常挂在嘴边的一句话。当内心感到孤独无助时，倩倩会尝试用刀片划自己的手臂。一开始有点紧张，但看着鲜血慢慢溢出，她竟感觉些许放松。于是，自伤成了倩倩的发泄方式，手臂上的疤痕越积越多。

事发当天早上，奶奶没叫醒倩倩，她起晚了。走进厨房，她也没像往常那样找到热腾腾的早饭。倩倩只好饿着肚子上学，因为迟到还被教师批评。瞬间倩倩的情绪烦躁到了极点，那种"没人爱"的感觉扑面而来，于是，就有了数学课上的那一幕……

B 烦恼成因

（一）生理原因

15 岁的倩倩，正值青春期，身体迅猛发育，情绪不稳定、易冲动，有时伴有躯体不适症状。

（二）心理原因

第一，认知上：倩倩对外界的人、事、物的认识产生了许多不合理信念，进入了糟糕至极、以偏概全、绝对化的认知误区。

第二，情绪上：倩倩的情绪变化强烈而冲动，有时会极力压抑自己，有深深的孤独感。

第三，意志上：倩倩的意志较为薄弱，碰到困难容易退缩。

第四，行为上：倩倩变得不喜欢与人交往，并伴有习惯性自伤行为。

(三) 其他原因

1. 家庭原因

倩倩的父母离婚又各自再婚。父亲几乎没有参与倩倩的成长，对她的陪伴极少，导致她从小缺乏父爱。母亲经常会向倩倩传递负面情绪，致使年幼的她承担了许多本不该她承受的压力。

2. 应激事件

妹妹出生、奶奶重心偏移，以致倩倩失去了习以为常的关爱。外婆的交通意外，让母亲不得不前去照顾，又使倩倩失去了另一个避风港。

3. 支持系统

倩倩在学校没有好朋友，平时跟教师的沟通也不多，碰到困难，缺乏求助意识，人际系统中的支持力量不足。

可见，倩倩出现了认知失调、情绪失调、行为失调、人际失调等情况。她的自伤行为缘于爱的缺失，并由最初的自我宣泄发展到习惯性自伤，危险等级较高。

C 烦恼消解

(一) 家庭辅导，重新建立情感联结

家人永远是孩子最大的支持。当父亲、奶奶、母亲相继走进心理辅导室后，我告知他们倩倩目前的情况，希望奶奶仍能给倩倩足够的关心和照顾，让她觉得没有被忽视；希望父亲肩负起接送倩倩上下学的任务，并尝试用书写的方式和孩子谈心，增进对孩子的了解；希望母亲平时多打电话问候，加强情感交流，周末陪孩子散心、运动。

当家人和倩倩重新建立情感联结后，她的内心生发出了一股力量，从而助力改变不合理的想法和做法。

(二) 个案辅导，改变心理行为模式

1. 宣泄负面情绪

倩倩对奶奶宠爱妹妹、忽视自己感到伤心，对母亲无法陪伴自己感到无奈。我引导她把心中的委屈说出来，把负面情绪宣泄掉。

2. 纠正认知偏差

当产生螺旋式负面想法,如"我是多余的人""我是没人爱的孩子"时,我要求倩倩停止这些想法,并把它们写下来,然后对自己进行觉察:这种情绪是由什么事情引起的?当时的想法是什么?"我"出现了什么行为?我通过运用合理的情绪疗法,让她意识到人在自己营造的消极思维模式中,会越想越糟糕,进入意识的死胡同。我建议倩倩尝试改变这种认知偏差,用合理的信念取代之,如家人都是爱我的,虽然没生活在一起,但他们对我的爱始终没有减少。

3. 制订行为契约

我和倩倩一起制订行为契约,尝试用替代物来减少自伤行为。我送给倩倩一个减压玩具"发泄球",当课堂上产生不良情绪时,可使劲捏一捏;并建议她把刀片扔掉,这样自伤就被其他行为所取代。课外,倩倩可通过跑步、唱歌等方式来宣泄,也可向心理教师倾诉,以减轻内心压力。

(三)同伴辅导,增强人际支持力量

良好的同伴关系能助力青春期学生的成长。我引导倩倩掌握人际交往的黄金法则,试着喜欢自己,学着悦纳他人,在同学交往中,真诚热情,宽容以待,在集体中找到归属感。此外,我联合班主任及任课教师,发掘倩倩身上的优点,多给她一些鼓励与支持,为她创造展示自我的机会,树立自信。

经过两个月的心理辅导,倩倩的状态明显好转,自伤行为得到有效控制,学习成绩慢慢提高,人际关系逐渐改善。

作者单位:慈溪市教育科学研究所

编者微评

作者对倩倩的心理危机干预,大致分为倾听烦恼、确定问题、危机评估、寻找资源、认知转变、多方助力等几个环节。作者在保证个案安全的前提下,通过家庭、学校、同辈、自身的协同作用,帮助倩倩在回顾、审视自己生命的过程中完成认知转化,走出心理困境。对于这样的高危学生,建议作者后续加强跟踪辅导,以巩固前期效果。

95 更好地接纳自己

吴红花

A 烦恼来袭

二年级男孩小云（化名），内向敏感，不善交际，说话轻声细语，做事谨小慎微，平日喜欢一个人画画。某天，小云和同桌闹矛盾憋红了脸，居然拼命捶打自己的脑袋。我感到很意外，并意识到问题的严重性。我联系家长了解原因，才得知小云在校、在家表现反差很大。他在家爱发脾气，且为所欲为，亲子关系偏差较大，经常和家人处于"对着干"的紧张状态。因小云对不良情绪不会表达，又无从宣泄，有时会通过伤害自我来表达愤怒。

B 烦恼成因

小云的父亲常常出差，很少在家。生活中父亲参与较少，小云从小由母亲代为照顾。美国发展心理学家埃里克森认为，在自主、主动人格发展阶段，如果缺乏父亲的教育和陪伴，男孩容易表现出文弱、阴柔的特质，害怕接触外界。母亲因为忙于工作，社交圈狭小，影响到小云心智和人际交往的发展，导致他常常会大哭或捶打自己借以表达情绪。小云自小体弱多病，家人在养育过程中从饮食到穿戴无一不小心翼翼。家人的心理被小云拿捏得死死的，他总是能找到有效的方法"降服"大人。小云在学校怯弱，抗拒周围同学，在家则无所顾忌，究其根源还是在于亲子相处的模式过于单一，缺少男孩生命中该有的力量。

C 烦恼消解

埃里克森认为，家庭教育，尤其是与父母交往的形式，对孩子的个性特征与道德品质形成起着至关重要的作用。建立良好的亲子关系，有利于形成亲社会的行为模式，进而形成对人、事、物的正确理解与正确态度。这样，当小云第一次在班级出现捶打自己的情况，我就决定干预小云一家的亲子相处模式，采用家庭辅导与个体辅导相结合的方式去逐步矫正，同时配合绘本阅读引导小云珍惜生命，预防心理危机。

（一）生命成长环境调整

1. 感受完整的生命关怀

在小云的成长过程中，小云父亲角色的严重缺位，使得小云认知出现偏差。为了减轻他对母亲的过分依赖，我指导母亲适当缩短和孩子的相处时间，增加家中其他成员接触孩子的时间；尤其是让长期缺位的父亲，意识到问题的严重性，积极参与孩子的生活日常。于是，来自父亲原始生命中阳刚的力量潜移默化地给小云带来积极的影响，家庭结构的完整给敏感的小云的内心注入安全感，他的情绪波动逐步趋向缓和。

2. 创设广阔的生命活动场景

了解到小云每天回家后要在妈妈的逼迫下学钢琴，缺少运动，导致睡眠时间不足，我建议小云练琴的时间前移并缩短半小时，留出自由玩耍的空间，增加活动量。我鼓励他创设速度与爆发的大运动，感受生命正向宣泄的痛快。于是，小云平时就下楼与伙伴一起骑车、玩滑板；周末参加户外活动营，在团队作战中锻炼胆量，在丛林攀缘中增强力量，在探险露营中学着独立。由于改变了单一的生活，小云拓展了户外活动的场所，拓宽了人际交往的渠道，他每一天都有新的体验，并在与伙伴的协同中开始愿意表达内心的想法。

（二）生命个体心理建设

个体需要循序渐进的生命教育。我针对小云的心理特点加以引导，帮助其逐渐认识生命、热爱生命。

1. 情绪主题绘本干预

小学二年级的学生正处于皮亚杰心理发展阶段中所说的"具体运算阶段"。此时，儿童脱离他律时期进入人际阶段，二年级学生的愤怒情绪明显增多却无法正确表达。我选择了符合小云身心发展特点及情绪发展需要的情绪主题绘本，借以提高小云积极情绪认知和控制能力：阅读《爸爸商店》，宣泄对爸爸的"不满"，引导亲子沟通；阅读《换个妈妈会怎样》，学会修复母子关系；阅读《不要随便对待自己》，学会接纳自己、善待自己，做自己的主人。

2. 体验式接纳自我

我创设了更多让小云参与班级管理的机会，让他积极主动地融入到同学中去。如让他参与做劳动小组长，我和小云一起分析工作中遇到的困难，指导小云在劳动中做好组织、协调工作。适度地经历挫折，使小云获得了心理上的独立。

几个月后，在校胆小谨慎、在家任性刁蛮的小云逐渐脱离了心理依赖，学会了合理表达情绪，在家任性的次数减少了，在校学会与同学交往，伤害自己的情况更是不复存在。小云渐渐地焕发出男孩应有的阳刚和活力。

作者单位：宁波国家高新区新明中心小学

编者微评

现代家庭独生子女居多,因家庭成员缺位引发亲子矛盾升级,导致学生心理偏差屡见不鲜。对此,作者积极干预亲子相处的模式,采用家庭辅导与个体辅导相结合的方式逐步予以矫正。本案例中,作者对问题学生双向用力,一方面指导家长调整育儿理念,促使母亲不溺爱、父亲不缺位,优化亲子相处方式;另一方面又用多向体验式帮助学生宣泄情感、释放压力,学会合理表达情绪,让孩子在家任性的次数减少,伤害自己的次数减少,达到了较好的辅导效果。

 "自残君"别烦我

张 昕

A 烦恼来袭

小菲(化名)是一个五年级的女生,在校期间学习成绩较好,也在班级中担任班干部,一直比较乖巧懂事。但是,因为有一次她把垃圾扔到了其他班级的包干区,被其他班级的教师发现,在批评她时,小菲突然情绪爆发,躲在厕所里痛哭,甚至出现了自残的情况。周围劝阻的同学还偷偷告诉教师,这种情况已经不是第一次发生了,她曾经还因为和班级同学闹矛盾,同学说她"公主病",她就拿出小刀想划伤自己的手。

当与小菲妈妈沟通时,我才发现情况比想象的还要严重。她妈妈告知,在家里小菲也曾几次出现自残这样的情况。于是我试着安抚小菲,告诉她学生犯错很正常,改正了就可以。可是她却一直沉浸在自己悲伤的情绪中,不断地诉说着自己内心的挣扎和绝望,并且还告诉我,她控制不了自己的情绪。

B 烦恼成因

被教师批评、和同学闹矛盾都是学校生活中的日常小事,却引发了小菲如此巨大的反应,甚至出现自残的倾向。可见,小菲内心较为敏感、脆弱,应激控制能力较差,容易被负面的情绪冲昏头脑。

我通过和小菲的父母沟通，并和小菲进行几次深入的谈话，发现她出现这样的问题有以下几个原因：(1)小菲是随迁子女，跟随父母背井离乡来到这里生活。为了生计，父母工作非常忙碌，对小菲的要求又较高，希望她能一直保持优秀，出人头地。这样的家庭状况导致她在父母和教师面前都要极力维持良好形象，负面情绪一直得不到及时的排解。(2)小菲的爸爸有重男轻女的陈旧思想，因为妻子连生了两个女儿，所以夫妻关系不算融洽。而小菲妈妈在遇到家庭矛盾时，也采用过大哭大闹、威胁自杀等方法。小菲耳濡目染，但不知如何正确表达以及处理消极的情绪。

烦恼消解

针对小菲情绪管理的问题，我设计了情绪知觉、情绪表达和情绪控制三方面的辅导措施。

第一阶段："诗歌疗法"辅助识别情绪

基于小菲语文成绩很好，又很喜欢古代诗歌这一特色，不同于常见的情绪认知课程，我为她量身定制了"诗歌疗法"，教会小菲从古诗中感受文人墨客内心的丰盈。读诗，可以让人体验失去、怀念等情感，联系到自身的相似经历，会让悲伤变得不再压抑或者刻意遗忘，而变成一种自然的、符合人性的状态。

在遇到事情后，我建议小菲可以选择一首能表达情绪的古诗，以同感自己内心的状态。在充分觉知自己的现状后，小菲可选择大声朗诵的方式，将情绪释放出来。

此举是想引导小菲认识到情绪没有好坏之分，但是由情绪引发的行为及后果却有好坏的区别，由此开启了小菲的情绪知觉。

第二阶段："情境模拟"引导表达情绪

在认识情绪以后，小菲还需要学会表达情绪。我根据小菲在生活和学习中会遇到的"朋友关系""父母相处""学业压力"等问题创设情境，让小菲学到人际交往的技巧。比如针对"乱丢垃圾被批评"一事，我扮演其他班的教师，重现事件，让小菲回到当时的情境中，进行对话练习。小菲一开始不知道怎么表达自己的情绪，在我的引导下，逐渐能够表达自己的想法。

同时，我辅导小菲学习情绪表达的方法，送给小菲五个小帮手："眼睛"——在遇到难过的事情时，可以用哭泣来表达情绪，哭泣对人的负面情绪有一种"治愈"功能；"耳朵"——在学习厌烦时，可以听音乐来帮助我们忘掉烦恼；"嘴巴"——向信得过的好友、同学、教师倾吐烦恼和痛苦，获得精神上的平静；"手指"——通过写小说、日记或者和让自己困扰的人写信，在写作中表达不满、委屈、孤单、害怕等各种情绪；"双脚"——在家里父母发生矛盾而自己又无可奈何时，可以试着走出家门散步、跑步，通过运动的方式合理宣泄自己的情绪。

第三阶段:"法庭辩论"帮助控制情绪

为了帮助小菲更好地控制情绪,同时也给班级里其他孩子提供这方面的知识,我们班开设了独具特色的"班级法庭",旨在解决同学之间的矛盾。当班级中出现较为严重的纷争时,就可以启用"班级法庭",当事双方陈述事情经过,交由评审团和法官评判。此举重在引导学生学会换位思考,理解彼此。改变小菲的认知方式,就是要帮助她,让理性代替情绪,从以情绪为中心逐渐向以问题为中心的调节方式转化。

通过一年的努力,小菲的情绪问题有了很大的改善。直到暑假的一天,我在家中接到了小菲的电话:"老师,我遇到一件事,感到很气愤,以致又出现自残的冲动,但转念一想就很快平静下来了。现在好想和您聊聊……"

作者单位:宁波市象山县林海学校

❤ 编者微评

学生的情绪问题有诸多成因,当然也包括原生家庭因素,这是作为教师无能为力的部分。作者考虑到情绪问题异质性比较大的特点,为学生定制了个性化教育计划。首先,由学生喜欢诗歌的特点出发,将中国古典文化作为素材,教会学生识别情绪,使学生不会抗拒心理辅导。其次,作者辅导小菲学习情绪表达的方法,送给小菲五个小帮手"眼睛、耳朵、嘴巴、手指、双脚",可以视情况合理宣泄自己的情绪。最后,作者重视学生的体验实践,创设"班级法庭"是极为有效的尝试,让学生有机会从不同的视角观察事件,引导学生在面对压力时,用适合的方式发泄情绪,避免出现过激甚至自残行为。

97 刘海风波

卢珊珊

A 烦恼来袭

小马(化名)来自四川高县,是一位小学毕业班的学生。一年级开始,她便跟着父母来宁海读书,老家还有一个大她5岁的姐姐。为了让她接受更好的教育,父母把她带在身边。凡教过小马的教师对她的评价都是挺努力的,和同学们也都聊得来的,每年"三好"学生、积极分子总有她的一席之地。

谁知2021年3月的某个周一清晨,小马一到学校放下书包就毅然走上学校教学楼五楼,站在矮墙上迎风而立,仿佛风一吹她就要掉下,真是惊险万分。幸亏班内有一位男同学注意到了她的异常行为,及时将她从矮墙上拉下来。小马跳楼未遂的行为被班级许多同学看在眼里。当天,同学们又知道了小马要转学回老家的消息,整个班级人心惶惶。

B 烦恼成因

小马到底遇到了什么事?她的心路历程又是怎样的?

小马被同学拉下矮墙后,我马上陪她来到心理辅导室。当她的情绪慢慢平缓后,我通过和小马交谈,知晓小马跳楼的直接原因是由刘海引起的风波:昨晚,小马妈妈强势地带小马去剪掉过长的头发,理发师还给她剪了个刘海。由于小马的头发比较硬,这样刘海就会翘起来,她觉得非常别扭。于是小马整晚没睡好,想象自己第二天去上学会因为刘海被同学们嘲笑的场景,越想越觉得丢不起这个人,慢慢地竟滋生了轻生的念头。其实,小马觉得"活着没意思"还有更深层次的原因,那就是想家、想姐姐。前年过完春节后返校,小马因为要离开家乡、离开姐姐而大哭不已,向父母提出想回老家读书的愿望,但父母没有采纳她的意见。这两年来小马一直要求,但父母一直反对,有时还会对她进行"男女混合双打"。简单粗暴的处理方式,让小马只能把自己的想法埋在心里。

C 烦恼消解

面对小马以及该班级群体及至全校学生,我和学校教师做了以下工作:

(一)心理干预——找出症结,对症下药

我先通过安抚、放松、缓解小马的焦虑情绪,再通过VR情景让她紧绷的神经得以放松。然后通过谈话倾听,我让小马说出了跳楼的原因,她终于如释重负。了解了前因后果,我联系家长进行沟通。家长在了解事情经过后大为震惊,深深为自己的不当教育感到内疚和不安,当天就决定为小马转学,圆了小马多年来想回家和姐姐一起上学的心愿。

(二)团体辅导——释放压力,解读烦恼

以小马事件为基础,我准备立刻对她所在的班级学生进行团体辅导。为了解学生的心理状态,在进行辅导之前,我进行了问卷调查。问题:小马的跳楼和转学对大家有什么影响?你对此有什么看法和想法?有几个目睹小马跳楼经过的学生说,现在一想起这件事仍旧感到非常后怕;也有不少学生为小马转学感到难过,觉得失去了一个很要好的朋友;更多的学生提出如果遇到小马这样的麻烦,应该如何排解自己的消极情绪等。针对以上问题,我连夜备了一堂课——"缤纷的情绪",在心理辅导活动中,让学生认识自己的情绪。当学生说出许多和小马类似的烦恼时,我告诉孩子们应该如何应对,如学会沟通、合理发泄、转移注意力……另外,我让孩子们在这堂课中还懂得了珍爱生命、活好当下的意义。

(三)三方联动——教师、家长、学生全面铺开心理预警

学校以小马跳楼事件为戒,做出了一系列的心理预警和防范措施,主要有:

第一,开学初,教师对有特殊心理问题的学生进行排摸,如发现有反常现象及时进行疏导,并注意疏导方式;同时,应第一时间找家长沟通,将问题反映给家长,找到症结所在,给出合理的建议。

第二,将班级里的心理委员、安全监督员动员起来,并对这些班干部进行培训,提醒他们关注同学的反常言行,发挥同伴互助的作用。

第三,心理辅导室教师在网上搜索关于亲子沟通及生命教育的心理微课,制作成二维码,要求每个家长至少听两节心理微课,并在日常生活中关注孩子的心理动态。据统计,全校 30 个班级,观看微课的家长达 80% 以上,家长们反馈受益匪浅。

作者单位:宁波市宁海县黄坛镇中心小学

❤ 编者微评

　　学生的世界可以很简单,也可以很复杂;有时因为一个发型、旁人的一句玩笑、一个眼神或一声叹息,走上绝路。作者本着对全体学生认真负责的态度,通过专业心理辅导,既妥善解决了学生转学回家和姐姐相聚的"难题",又让该班级全体学生懂得了热爱生命、珍惜生命的意义,学会碰到烦恼时如何去排解的方法。

　　本案例中的小马,最终转学回老家和姐姐团聚,这么简单的愿望却要用如此极端的方式实现,这是非常值得深思的问题。

98 奇妙的沙盘转化之旅

黄晶璐

A 烦恼来袭

源源（化名）是个聪明机灵的小男孩，每天都带着甜甜的笑和教师打招呼。他的笑容温暖而亲切，仿佛早上的阳光，明亮中透着温馨。

可是，最近几天，源源的笑容消失了，落寞的身影之下藏着深深的忧愁。源源会在午睡时翻来覆去睡不着，还会忍不住叹气。我过去拍拍他的小肩膀，询问他："你怎么了？"源源翻个身就继续睡，一言不发。他的行为如此反常，这让我对他更多了几分关注。

又是到了一天的午睡时间，源源依然睡不着，他翻来覆去，小脑袋瓜好似在想着什么。我轻轻走到他的床边，低声地问："源源，你怎么了？看上去好像有些担心。"源源见我如此关心他，便坐直了身体，十分认真地问："老师，我在想，你会死吗？""源源，你想到什么了吗？"我抱着他颤抖的身体轻声地问。源源说："爷爷死了，我再也看不到爷爷了。我很想爷爷。我不想爸爸妈妈死，也不想老师死！"说着，源源的眼眶红了，眼泪止不住地流下来，在我的怀里号啕大哭。

B 烦恼成因

死亡是个沉重的话题，身旁亲人的突然离世，是年幼的孩子第一次面对巨大的身心折磨。这几天的紧张焦虑、惴惴不安，让源源本该开心的笑颜每天笼罩着难以言说的愁云。从和源源的几次谈话中，我逐渐了解到，源源的心理走过了几个历程：

第一阶段：无比悲伤

爷爷的突然离世对孩子的生活造成了巨大的影响。他的身边突然少了一个关心爱护他的人，他的内心充满悲伤。源源明白"离世"代表再也见不到，他很想接受现实，只是一时还难以适应。

第二阶段：惴惴不安

源源身上的安全感极为淡薄，他比很多小朋友都更加敏感，更会察言观色。作为源源最亲密的养育者之一，爷爷是他心底最柔软的依靠。可这份依靠突然崩塌了，源源的世界仿佛也陷入了混乱。

第三阶段：不知所措

长辈的悲伤情绪很容易感染年幼的孩子。父母本身还处在悲伤之中，对源源提出的"死亡"问题一再回避，让孩子更加不知该如何应对。

第四阶段：恐惧害怕

源源的不安还来源于对未知的恐惧，他担忧父母、教师、同伴也会像爷爷一样突然离开他。这种强烈的不安让他日夜难眠，他不明白死亡到底意味着什么，也不明白人为什么会突然就消失了。因为无所知，所以焦虑万分。

C 烦恼消解

待源源情绪稍显平稳，我询问他是否愿意去幼儿园的沙盘室玩玩。"那里有很多玩具，还有你喜欢的沙和土，你可以慢慢玩，我会一直陪着你。"源源同意了，我们由此开启了一段奇妙的沙盘之旅。

源源在往后的几周内，会不时邀请我再去沙盘室玩玩。借由沙盘的象征意义，我逐渐看到他思维的转变以及对现实的接纳。在游戏中，源源的悲伤得到释放，恐惧得到转化。他的心情也在一天天好转。以下是我拍摄的沙盘照片（见下表），为保护幼儿，我隐去了人物，只保留沙盘本身。

沙盘转化记录表

时间	沙盘照片	沙盘主题	幼儿讲述的故事	教师释义
第一周		孤独的小岛	在孤岛中间有一艘船，很多动物和人都想去那里看看，但是过不去，没有一艘船能开到那里	在沙盘中，我看到了孤独、无助。源源讲述的故事本身也在表达着他的不舍与悲伤
第二周		待开发的原始森林	有一片原始森林，很多曾经来过的人死在这里。森林里有坟墓，还有各种动物。这些神秘的部分希望得到开发	森林附近有工作人员出现，故事中的原始森林也渴望被开发，这是源源希望有人来帮助他走出伤痛的表现
第三周		繁忙的码头	这是一个忙碌的码头，很多人等着坐船去外面玩。大海中间有很多好看的鱼	旅行的意义在于重新出发。从源源的故事中，我看到他正准备迎接新生活

续表

时间	沙盘照片	沙盘主题	幼儿讲述的故事	教师释义
第四周		沙漠里的种子	这是一片沙漠,在沙漠的一片高地上,有一颗小种子在等待发芽	这反映了"诞生"主题,从孩子的表述中,我看到了生命力的萌动

亲情是幼儿心灵深处最柔软的部分。在本案例中,我从源源的情绪疏导出发,巧妙地借助沙盘走近他;在此期间一直给予他关怀和鼓励,让源源感受到教师一直耐心地陪伴着他。

与此同时,源源父母意识到陪伴的缺失对孩子性格产生的影响,及时做出了妥善的调整。我们运用绘本《爷爷变成了幽灵》与源源进行情感联结。绘本中蕴含的浓浓祖孙情让源源产生了强烈的情感共鸣,在潜移默化中让他接受了爷爷离去的现实。

不久后,源源的愁容收敛了很多,他会高兴地与我分享周末发生的趣事,告诉我爸爸妈妈陪他一起看的书、走的路、看的风景。他告诉自己:我要开开心心地生活、学习,那样天堂里的爷爷看到了才会高兴地笑!

作者单位:宁波市鄞州区姜山幼儿园

编者微评

对幼儿园的孩子来说,情绪疏导既简单又不简单。简单的是孩子的情绪表达比较直接,爱说就说,爱哭就哭。难的是那些隐藏在悲伤之下的恐惧,恐惧的化解需要一些时间。作者在本案例中非常出彩地将沙盘游戏引入幼儿的情绪疏导中。借由一次次的沙盘游戏,幼儿在边摆玩具边讲故事的过程中表达自己,抒发悲伤和恐惧情绪。作者也在一次次倾听中了解了幼儿的所思、所想,帮助他学会接纳,开启新的生活。

 走出自责的旋涡

马倩姿

A 烦恼来袭

明明(化名),女,9岁,三年级学生。家中兄弟姊妹三人,其父在外务工,其母为家庭主妇,其姐为七年级住校生。平日里明明与母亲、弟弟一起生活,感情很深。一个月前,母亲在送她上学期间,其弟从窗台意外跌落,不幸身亡。自此,明明精神状态转变明显,情绪较极端,时而沉默,时而愤怒,口中常出现"我害死了弟弟,是我的错,我不要上学"等强烈自责性语言。有时明明行为举止异常,如拿头撞课桌、扔书包;有时她整天低着头,不与人对视也不愿交流;偶尔会出现头晕、腹痛等生理现象;上课注意力无法集中,成绩下滑明显,屡次出现不想上学、逃课、不写作业等情况。目前,明明被父亲寄养在姑妈家。

B 烦恼成因

综合明明现阶段的精神状态和行为表现,我判断她患有由负性生活事件而引发的创伤性应激障碍。其语气、神情、动作都透着强烈的内疚和自责感,并有厌学心理,伴随轻微身体症状,有低程度自伤行为。

亲人意外离世对家庭成员而言都是巨大的打击,孩子也不例外。一方面,至亲突然走了,孩子会感到孤单、无助、害怕;另一方面,看到大人伤心痛苦,她内心的恐惧感也会加深。但与成人不同的是孩子对死亡的认知能力有限。心理学家皮亚杰提出,儿童对死亡的理解能力与他们认知发展紧密相关。9岁的孩子虽对死亡有一定的理解,但死亡观依旧不清晰,容易受到某一因素的影响而产生不合理的认知。明明弟弟的意外死亡发生在其上学期间,她却偏偏错误地认为"弟弟是因我去上学才死",这成为其心里痛苦和性情改变的直接原因。

事后,父亲立即将明明送至姑妈家寄养。在孩子还没有机会处理心中伤痛前,强迫其进入新的环境,这是导致她不良情绪和异常行为程度加重的间接原因。无论是弟弟的离世或她与父母的分离,都是一种依恋感的丧失和剥离。当独自被抛进新环境时,明明会加深对逝者的思念和自责,并重复悲伤和失去的体验,消极情绪逐渐在内心积压而加重心理障碍。

烦恼消解

（一）绘画：走进孩子的内心世界

心理绘画是一种心理投射技术，可让人在无防御的状态下表达真实自我。鉴于明明年龄较小、拒绝与人交流等特点，利用心理绘画技术是走进孩子内心的首把钥匙，也是与她建立互信关系的关键一步。我引导明明画下全家福。结果她只使用 1/3 的纸面来作画，可见其内心防御性较强。画中只有三人，她和妈妈一左一右牵着弟弟。我观察到孩子刚画完时露出一丝笑，可随即又拿笔用力涂掉自己。这说明她对妈妈和弟弟有强烈的爱与依恋，但对自己充满了怨恨。我拿起画仔细端详后问她是否与妈妈、弟弟在一起时最开心，是否特别爱弟弟并想保护好他。果然，明明使劲地点点头。可当我继续追问为何不画爸爸还把自己涂掉时，她却低下了头不肯说话。

（二）宣泄：释放孩子的压抑情绪

精神分析学认为一切心理障碍都是因压抑造成的，只有将压抑释放，才能消除。让孩子学会宣泄，述说、哭泣是减轻悲痛的良方。因此，我先用聊天的方式帮助明明宣泄情绪。聊天开始时，孩子情绪平稳，平静地讲述着自己的家庭。当说起弟弟时明明却开始抽泣，开始情绪激动，泪流不止，表现出强烈的悲伤和自责。待她情绪平复，我又引导她给离世的弟弟写信，写下自己想说的话和遗憾，并且大声念出来。当完成整个宣泄过程后，她深呼了一口气，似有"如释重负"的感觉。而我始终扮演着一位倾听者，及时递上纸巾，轻拍她的背，让她感受到自己的情绪正在被积极地接纳。

（三）家人：不可或缺的外部支持

家庭疗法指的是通过家庭成员间的内部交流和相互关心来改善家庭心理功能，促进家庭成员的心理健康。家人是孩子心中的保护神，是他们赖以生存的一切。因此，我积极邀请明明父母参与沟通，并建议他们尽快地将明明接回家，倾听孩子的诉说，多给予关爱。明明回归家庭后，从家人处获得了鼓励和支持，较快地从悲伤和自责中走出来，渡过了心理难关。

（四）改变认知，积极接纳自我

认知行为疗法是指通过改变思维和行为来纠正不合理的认知，以消除不良情绪和行为。明明知道弟弟的死与自己无关，她之所以出现一系列症状，都是由不正确的认知带来的干扰。因此，本阶段我通过对话来帮助明明分析、解决问题，引导其觉察不合理的信念，并与之辩驳。如：死亡不是小小的"我"能左右的，但"我"却能左右在弟弟离世之后自己的反应和人生；失去至亲，但爱依然存在，自己和身边的人同样需要爱；学生的本职是学习，如常生活，活在当下……沟通结束时，明明眼里泛着泪光,但眼神却是坚定而充满希望的。

再次见到明明时,她已经愿意看着我的眼睛、热情地和我打招呼了。相信她已经走出了自责的心理旋涡,重新积极地面对生活,获得了崭新的自己。

作者单位:宁波市海曙区古林镇实验小学

 编者微评

本案来访者因亲人意外离世而引发创伤性应激障碍。作者用绘画疗法,敏锐地洞察来访者的心理状态,并用尊重、理解的辅导态度与来访者建立互信关系。同时,作者结合家庭疗法、认知行为疗法帮助来访者直面困扰、改变认知,顺利度过本次心理危机。

但本案只解决了来访者短期应激障碍,缺乏后期跟踪辅导。建议作者尝试渗透家庭心理辅导,促发亲子沟通,鼓励孩子多表达、学会宣泄,用积极的态度和科学的方法解除困扰。

 说出你的想念

鲁盼盼

A 烦恼来袭

在一堂关于认识死亡的心理健康课后,小优(化名)眼含泪意,来到了学校心理咨询室,急切地想要约定一个咨询时间。在得到我的肯定回答后,她眼泪滑落,但坚定地转身离开。这让我对这位来访学生充满了好奇,同时也感受到了她的坚定与坚强。

小优,女,17岁,高三年级学生,学习成绩稳定,人际关系良好,是班里的班长。班主任评价她努力、认真,是非常可靠的学生干部。她父亲在6周前突发疾病去世,目前的家庭构成为妈妈、小优、妹妹。短暂地请假回老家和长辈们一起处理完父亲的身后事之后,小优便返校继续学习。返校后她情绪持续低落、不安,时常担心自己未来的路要怎么走,要如何照顾好母亲和妹妹;如果去上大学了,家里会不会有困难。想到未来,小优还有很多愤怒的情绪,一方面对爸爸的突然离去有怨,另一方面对亲属们的话语有恨。母亲是普通家庭妇女,在父亲离世前主要负责家

里的日常,偶尔打打零工;面对突变,母亲仍在悲伤之中,常常在小优面前哭诉:"如果没有你们两个,我就跟着你爸爸去了。"其间,小优偷偷听见亲戚们在母亲面前提到"卖房子""改嫁"等字眼。小优对母亲的情况非常担心,但不知道如何和她相处,反而会有想要逃离的想法,继而又为自己的想法感到羞愧。

B 烦恼成因

到了约定的第一次咨询时间,小优准时来到咨询室,向我倾吐了她的困惑与烦恼。这位刚经历丧亲之痛不久的学生,在提及父亲去世一事时,表情并没有什么变化,好像已经做好了心理准备;提及茶不思、饭不想,天天以泪洗面的母亲和葬礼期间亲戚们讨论在老家盖房子,处理宁波的房子等各种现实问题时,却情绪崩溃,激动地提出了很多自己的疑惑:"我的感受有人关心吗?我照顾不好妈妈该怎么办?亲戚们的想法是为了母女三人好,还是别有所图?"

青少年面对死亡事件时的哀伤过程中会有4个共同的主题,即面对生活的巨变、体验丧亲的痛苦与失落、在哀伤中继续生活、重新诠释死亡。

根据小优的描述,我初步判断小优的主要问题是丧亲事件后的适应性障碍。周围的成年人没有帮助小优理顺目前的生活状态,还呈现了更多的现实困境,增加了她对未来的不安感。

C 烦恼消解

(一)倾听

哀伤是个体丧亲后的自然反应。每个个体的哀伤期长短和强度都不同。在咨询的过程中,我注意接纳小优的各种复杂情绪,帮助她澄清情绪来源。这一案例中,平时表现成熟的小优在家庭环境中几乎没有机会表达自己的哀伤。第一次咨询,她也表现得已经处理好了自己的悲伤,只愿意展现对未来的忧愁;而第二次咨询,在我的积极接纳后,小优终于因失去父亲这件事放声大哭,坦然面对自己对父亲的思念。

(二)支持

在小优第一次咨询后,我主动与班主任联系,设置班级观察员。虽然学生自述日常学习未受影响,也不存在轻生等负面想法,但来自教师与同学的关心依然能给她带来与生活的正面联系。

在咨询过程中,我们共同讨论了其母亲的情况,分析她的困境以及可能的解决方案。从小优的描述中,我发现其母亲的哀伤处理方式也有较大的问题,她的睡眠及情绪存在问题都出现了症状。我建议小优和母亲沟通就医的相关事宜,同时厘清自己的能力界限。我告诉小优,母亲自己拥有解决困境的能力,作为女儿所能做的,不是帮助她解决问题,而是帮助她找到解决问题的信心。

基于对未来的恐惧,我们共同探讨了未来的能力增长空间。我鼓励小优说:"作为高三年级学生,你的能力限制显而易见,但发展中的你拥有无限的可能性,未来的你在未来的生活中不见得会一帆风顺,但也绝不会一筹莫展。"在讨论过程中,小优的不合理信念被逐渐觉察,很多现实困境带来的糟糕情绪得到缓解。

(三)重生

在咨询推进的过程中,随着现实问题的逐步解决,小优开始倾吐对父亲的怨念。我见时机成熟,便使用空椅子技术,帮助小优回忆与父亲的温情记忆,让她进一步表达哀伤,向父亲告别。父亲去世后,小优一直尝试做家庭的大家长,去承担家里的各种压力。她也在此时表达了对父亲的感谢。曾经的父亲,一直用自己的方式扛起整个家庭,为母女三人带来安定的环境。未来,小优相信自己也会有更强壮的臂膀,和自己的母亲、妹妹组成一个团结温暖的家庭。

作者单位:宁波市鄞江中学

❤ 编者微评

> 丧亲无疑是造成心孩子心理危机的重大生活事件,也是一个巨大的心理丧失。高中学生面对丧亲之痛时,除了情感上的分离,可能还会面对许多生活压力的叠加。作者在帮助学生的过程中,调动社会资源,开启心理动能,综合解决了相关问题。本案例中的学生小优在心理课后求助,说明心理教师仍须守好课堂,增加心理资源的辐射能量。值得注意的是,对于逝者的情感,学生从有一些怨念到理解、思念,这样正向的情感联结更有助于她走出哀伤。

 忧郁的"云"消散了

韩 英

A 烦恼来袭

小云(化名)是一名六年级的女生。在学期初的心理普查中,我发现她焦虑自评量表(SAS)分值达68分,处于中度焦虑。

我和班主任联系后,了解到该生很文静,在班级中话不多,没有什么好朋友,独来独往。虽然学习成绩处于中下游,但她热心为同学服务,脏活、累活她都干。该

生曾在作文、日记中多次流露出轻生的念头,撩开她的袖子,能看到左手臂上有几个被烟头烫过的痕迹。

班主任为此事已经和小云的妈妈沟通过多次,并和小云有过谈心,但她还是郁郁寡欢。

访谈时,小云情绪低落,她低沉地表述自己很孤独,很绝望,就像在悬崖边行走,快要坠入深渊了。她每天都睡不好,吃不好,对学习也没有兴趣。

B 烦恼成因

(一)缺爱的原生家庭

小云没有在爸爸呵护下幸运地长大。从小到大,一年里她见不到爸爸几次,和妈妈相依为命。她敏感又懂事,为了让更多的人能喜欢自己,总是力所能及地帮妈妈分担家务,热心为班级出力。十几年里,小云无时无刻不渴望爸爸能改变,能多回家几次。但希望越大,失望越大,在她即将小学毕业的时候,爸爸妈妈的婚姻也将走到尽头。

(二)缺失的社会支持系统

小云没有社会支持系统,就像她日记中写到的,没有人帮得了她:外公外婆和其他亲戚都远在百里之外;妈妈也没有什么朋友,没人能向妈妈伸出援手。小云很自卑,觉得和班级里的同学都不一样;她不敢交朋友,和同学相处也小心翼翼的。她把自己一层层包裹起来,像一座孤岛,隔绝了和外界的联系。

看着每天以泪洗面的妈妈,想到自己即将成为一个没有爸爸的"野孩子",小云感觉天都要塌下来了。

C 烦恼消解

(一)重建社会支持系统

面对小云的这种情况,教师们各司其职。

我作为心理教师及时跟进,对小云进行一周一次的心理疏导,并通过组建同质小团队,开展心理小团辅活动。在一次次的心理小游戏、沙盘游戏、心理绘画中,小云和小伙伴们敞开心扉,相互支持、陪伴、疗愈。在一次沙盘游戏中,小云触景生情,泣不成声。小组成员无声的陪伴给予了她无穷的勇气,在一个个温暖的拥抱中,小云感觉自己充满了力量。

班主任在班级中引导学生形成正确的舆论,成立了"帮帮团"互助小组,让小云在班级里感受到集体的温暖,觉得这个世界上还是有很多人在意她,愿意帮助她的。任课教师则在学科上给予小云更多的关心和帮助,将教学难度设计在她的"最近发展区",不失时机地激励她"跳一跳,摘桃子"。

面对大家的关爱,小云由衷地说,这世上只要有一个在意她的人,她就一定不会去死。

(二)改变不合理的认知

在个体辅导中,我决定采用认知行为疗法(CBT)改变小云"即将成为'野孩子'"的不正确的认知,从而调整她的行为、情绪。小云在原有认知中一直认为,父母如果离异,她就会成为"野孩子"。我向小云澄清"野孩子"的概念,只有没有双亲,且没有教养的孩子才被称为"野孩子"。我告诉小云:"班主任老师是这样评价你的,虽然你的学习成绩有待进一步提高,但你人品好,做事认真负责,待人彬彬有礼,她非常喜欢你。"我开玩笑说,她离"野孩子"的距离真的有十万八千里。同时,我重视小云的潜能,通过CBT中的语义分析技术纠正其认知,如果爸爸、妈妈真的离婚了,但至少妈妈还是会一直爱你的。说到这里,小云的神情轻松了很多。

咨询结束后,小云说她对爸妈离婚这件事看开一些了,不再那么害怕他们分手。

(三)指导家庭教育方法

我意识到,要帮助小云走出困境,妈妈也是不可或缺的帮手。但小云的妈妈现在的情绪也是一团乱麻,自顾不暇。于是,我和小云的妈妈有了一次推心置腹的谈话。

首先,我作为孩子的妈妈,非常同情小云的妈妈一个人带孩子,希望她能主动寻求他人的帮助,改变现状。其次,我建议小云的妈妈调节好自己的情绪,和没有家庭责任感、不爱自己的男人分开,说不定是一次改变命运的契机。再次,我将小云的情况如实告知她,希望她在日常生活中能给小云更多一点的关注。当得知孩子的状况后,小云的妈妈非常震惊,表示要改变孩子,先要改变自己,自己要尽快从不良情绪中走出来,为今后的生活早做打算。

经过三个月的多途径干预,小云的脸上终于露出了久违的笑容,打消了自杀的念头。回测SAS量表,她的分值下降到50分。

作者单位:宁波市鄞州区宋诏桥小学

♥ 编者微评

人们常说,每一个孩子的出生,都凝结着父母浓浓的爱。其实并不如此,案例中的学生就没有得到过多少父爱。该生很不幸,但又很幸运,在她无助的时候,学校的教师、同学都伸出了友爱之手。通过三个月的小团体活动、个案辅导等形式的干预,小云终于抛弃了轻生的念头,脸上出现了久违的笑容。这三个月中,学生压抑过、痛苦过、纠结过,但最终勇敢地走了出来,心灵得到了成长。作者这次危机干预的辅导非常有效。

后　记

如果说，"100"意味着圆满和终结，"101"则预示着新的开始和超越。前些年，我们已经出版了6本来自一线教育工作者实践的著作，形成了"'101例'德育·心育系列丛书"，集中展现了宁波市德育和心育（心理健康教育）的成果。教育需要更多的"101"。今天，我国社会形势和教育形势都发生了很大变化，而这些变化必将在很大程度上影响亲子关系、师生关系、家校关系等，给孩子们的健康成长带来更多新的挑战。因此，在这一时代背景下，如何从全生命周期的视角来审视当下孩子们成长中的各种烦恼，如何为他们提供个性化的成长指导，就成了这个时代的教育工作者需要思考、研究与探索的重要课题。正是为了对现实问题做出积极的回应，《直面成长的烦恼——中小幼心理辅导101例》应运而生。

说起烦恼，人皆有之，尤其是正处在身心迅猛发展阶段的少年儿童。《直面成长的烦恼——中小幼心理辅导101例》的作者们，既关注学生中常见的心理困惑，如同伴携行、师生桥梁、亲子纽带、学业乐成、生涯规划等；也着眼于学生负向情绪的积极转化，如知行升华、自我重塑、转危为机、校园无欺等；更聚焦新时代出现的新问题、新矛盾，如多胎共育、双减时空、危情应对等。由此，我们不难看到学生在成长道路上无时不有、无处不在的烦恼，而当学生在教师、家长的帮助下有效地破解时，烦恼也就成了学生成长的阶梯和财富。

正如倡导德育工作一体化一样，目前心理健康教育工作也在积极推进一体化，本书也是对推进心理健康教育一体化的一种有益试水。本书案例涵盖了幼儿园、小学、初中、高中各学段学生的心理问题，有利于不同学段的教师从更系统、整体的视角审视学生当下所面临的问题，用联系的、预防的、发展的理念为学生提供成长指导，从而实现不同学段心理健康教育工作的有效衔接。

在这里，我们要衷心感谢本书的每一位作者，正是由于他们的辅导实践、反思提炼，才有了本书精彩案例的呈现。为了使辅导效果事半功倍，在"亲子纽带""生涯规划""转危为机"等板块，许多作者秉持"家长同样需要不断学习，更新自己的教育观念"这一理念，双管齐下，双向发力，在让孩子获得成长的同时，使家长也得到了很好的成长；在"同伴结行""知行升华""校园无欺"等板块，许多作者在进行个体心理辅导的同时，不失时机地开展团体心理辅导，不仅使个体辅导和团体辅导互为补益,相得益彰,而且以点带面,预警或者消除了班级中类似现象的萌动。同时,每一位作者都力求精益求精,不断用心打磨,在修正辅导案例的过程中提升了自我。如果日后遇到类似案例,相信他们会做得更加出色!从这个意义上说,在这次编写工作中,作者与被辅导者也是共同成长的。

同时,我们也要衷心感谢宁波大学园区图书馆馆长、宁波市教育心理研究分会会长尹晓军先生,正是由于他卓有成效的工作,将心理健康教育落在实处,才使越来越多的学校扎实而有效地开展这项工作,优秀辅导案例不断涌现;衷心感谢宁波出版社教育出版中心黄彬和陆红亚两位编辑,正是由于他们的专业和敬业,不断提出建设性的修改意见,才使本书日臻完美;衷心感谢本书编写团队,正是由于他们的担当和坚守,沉浸在节假日里的笔耕不辍,才使本书高质量地按时完成;衷心感谢中国《德育报》社原社长、总编辑张国宏先生在日理万机中欣然命笔,拨冗为本书撰写序言。张先生的序言既高瞻远瞩,又衔接地气,让我们受益良多。

本书的编写或许已告一段落,而对中小学、幼儿园德育和心育的研究却永无止境。"一套丛书在手,遇到麻烦不愁",这是我们编写丛书的初衷,倘若夙愿成真,我们则倍感欣慰。

编者
2022 年 4 月